SCHRIFTENREIHE
DES GEORG-ECKERT-INSTITUTS
FÜR INTERNATIONALE
SCHULBUCHFORSCHUNG

(BIS 1975 INTERNATIONALES SCHULBUCHINSTITUT)

Herausgegeben von
Professor Dr. Ernst Hinrichs
Direktor des Georg-Eckert-Instituts für
Internationale Schulbuchforschung

Band 22/XI

Selbstverlag des Georg-Eckert-Instituts für Internationale Schulbuchforschung
Celler Straße 3, D-3300 Braunschweig
Gesamtherstellung: poppdruck, 3012 Langenhagen
Braunschweig 1988
ISBN-3-88304-111-4

GEMEINSAME DEUTSCH-POLNISCHE SCHULBUCHKOMMISSION

Zum wissenschaftlichen Ertrag der deutsch-polnischen Schulbuchkonferenzen der Historiker 1972–1987

XX. deutsch-polnische Schulbuchkonferenz der Historiker
1.–6. Juni 1987 in Poznań (Posen)

Redaktion:
Wolfgang Jacobmeyer

Inhalt

Vorwort

Walter Mertineit hatte als Vorsitzender der deutschen Seite in der Gemeinsamen Deutsch-Polnischen Schulbuchkommission noch angeregt, daß die Kommission eine Bilanzierung ihrer bisherigen Arbeit unternimmt. Es ist ein Gefühl der Trauer, das ich angesichts dieses ersten Bilanzbandes empfinde, weil Walter Mertineit ihn nun nicht mehr in die Hand nehmen kann. Aber es ist auch ein Gefühl der Befriedigung über die Tatsache, daß Walter Mertineits konzeptionelle Vorstellungen über seine Lebenszeit hinauswirken, und der Sicherheit, daß ihn das nicht eindimensionale, sondern außerordentlich differenzierte Ergebnis seiner Anregung gefreut hätte.

Dieser Versuch einer Bilanz der wissenschaftlichen Leistungen, vor einer für 1988 vorgesehenen Bilanzierung des pädagogischen Ertrags, wie sie die deutsch-polnische Schulbucharbeit seit 1972 in nüchterner und undemonstrativer Weise erbracht hat, kann gar nicht anders als vielfältig und differenziert ausfallen. Denn diese gemeinsame Arbeit ist keiner einzelnen wissenschaftlichen „Schule" verpflichtet. Sie ist vielmehr wissenschaftliches Bemühen selbst, durch persönliche Kenntnisse und Erfahrungen geprägt, durch individuelles Nachdenken und einen hohen Grad von fachlicher Autonomie gegenüber außerwissenschaftlichen Anforderungen gefiltert. Dem Leser erschließt sich der hier vorgelegte Zugang zu den Hintergründen wissenschaftlicher Reflexion, in denen die gemeinsame Schulbucharbeit wurzelt, vielleicht am ehesten darin, daß neben den bestätigenden Überlegungen auch solche stehen, die zeigen, an welchen Stellen die bisherigen Bemühungen noch unvollständig geblieben sind. Der vorliegende Band ist also keine „Jubel-Schrift", sondern er subsumiert, wie Wissenschaft sich in den Dienst gestellt hat, die historischen Beziehungen zwischen Deutschland und Polen in Divergenz, Konflikt und Übereinstimmung auszuloten. Daß vielfache Überlegungen betonen, angesichts der vergleichenden historischen Fragestellung befinde man sich erst am Anfang eines – vermutlich langen – Weges, ist nicht nur ein so detailliert noch nicht erhobenes Arbeitsergebnis, beleuchtet nicht nur die Kompliziertheit der Materie, sondern stellt auch vor Augen, daß die vor 16 Jahren vielleicht eher naiv definierte Fragestellung noch nichts von ihrer Kraft verloren hat. Wissenschaft hat die Aufgabe, unsere Köpfe durch Reflexion auf Vorrat zu bereichern, damit wir nicht der Versuchung erliegen müssen, eindimensionale Lösungen für Gegenwartsprobleme zu konstruieren. Dazu möge dieser Band beitragen!

Ernst Hinrichs

Kommunique der XX. deutsch-polnischen Schulbuch-konferenz der Historiker

Im Rahmen der Vereinbarung der UNESCO-Kommissionen der Bundesrepublik Deutschland und der Volksrepublik Polen fand vom 1.—6. Juni 1987 in Poznań (Posen) die XX. Schulbuchkonferenz der Historiker statt.

Das Thema lautete: „Zum wissenschaftlichen Ertrag der deutsch-polnischen Schulbuchkonferenzen (1972—1987)“.

Die Konferenz wurde vorbereitet und durchgeführt von dem Instytut Zachodni im. Zygmunta Wojciechowskiego in Poznań in Zusammenarbeit mit dem Georg-Eckert-Institut für Internationale Schulbuchforschung in Braunschweig. 50 Historiker aus beiden Ländern nahmen an ihr teil.

Die Konferenz wurde von den beiden Vorsitzenden der Gemeinsamen Deutsch-Polnischen Schulbuchkommission, Prof. Dr. Klaus Zernack und Prof. Dr. Antoni Czubiński, eröffnet.

Die Teilnehmer gedachten des Todes von Professor Walter Mertineit, des Vorsitzenden der Kommission 1974—1987.

Der Außenminister der Volksrepublik Polen, Marian Orzechowski, sowie der Minister für Bildung und Erziehung, Frau Joanna Michałowska-Gumowsa, richteten an die Konferenzteilnehmer Grußtelegramme.

Die einzelnen Sessionen wurden geleitet von den Professoren Dr. Henryk Samsonowicz, Dr. Ernst Hinrichs, Dr. Czesław Madajczyk, Dr. Karl-Ernst Jeismann und Dr. Henryk Olszewski. Insgesamt wurden 10 Referate von folgenden Autoren gehalten: Prof. Dr. Gerard Labuda (wegen der Abwesenheit des Autors von Prof. Dr. Jerzy Strzelczyk in einer Kurzfassung vorgetragen), Prof. Dr. Hartmut Boockmann, Prof. Dr. Klaus Zernack, Dr. Michael G. Müller, Prof. Dr. Janusz Tazbir, Prof. Dr. Jacek Staszewski, Dr. Hans Henning Hahn, Prof. Dr. Rudolf Jaworski, Prof. Dr. Maria Wawrykowa, Prof. Dr. Lech Trzeciakowski, Prof. Dr. Jörg K. Hoensch, Prof. Dr. Marian Wojciechowski, Dr. Włodzimierz Borodziej, Prof. Dr. Christoph Kleßmann, Prof. Dr. Hans-Adolf Jacobsen und Prof. Dr. Mieczysław Tomala.

Den an die Schulbuchempfehlungen anknüpfenden und die Ergebnisse der Historiographie analysierenden Referaten folgten zahlreiche Diskussionsbeiträge. Eine Zusammenfassung des wissenschaftlichen Ertrages der Konferenz wurde von Professoren Dr. Gotthold Rhode und Dr. Stanisław Trawkowski vorgetragen.

Am 4. Juni 1987 fand eine wissenschaftliche Exkursion nach Lednica, Lednogóra, Gniezno und Biskupin statt.

Der 15. Jahrestag der Gründung der Kommission und die XX. Jubiläumskonferenz wurden von dem Stadtpräsidenten der Stadt Poznań und von dem Posener Wojewoden durch einen Empfang geehrt. Der Gesandte der Botschaft der Bundesrepublik Deutschland, Herr Johannes Bauch, würdigte ebenfalls das Jubliäum mit einem Empfang für die Konferenzteilnehmer.

Der Direktor des Georg-Eckert-Instituts, Prof. Dr. Ernst Hinrichs sprach eine Einladung zur XXI. Schulbuchkonferenz in die Bundesrepublik Deutschland aus.

Im Anschluß an die XX. Konferenz fand eine Präsidiumssitzung statt.

Die Teilnehmer der Konferenz waren von der vorzüglichen Organisation und von der besonderen Herzlichkeit des Empfangs beeindruckt.

gez. Prof. Dr. Antoni Czubiński *gez. Prof. Dr. Klaus Zernack*

Konferenzteilnehmer

Deutsche Teilnehmer:

Prof. Dr. Klaus Zernack, Berlin (Vorsitz)
Prof. Dr. Peter Böhning, Bielefeld
Prof. Dr. Hartmut Boockmann, München
PD Dr. Hans Henning Hahn, Köln
Dr. Elfriede Hiller, M.A., Braunschweig
Prof. Dr. Ernst Hinrichs, Braunschweig
Prof. Dr. Jörg K. Hoensch, Saarbrücken
PD Dr. Wolfgang Jacobmeyer, Braunschweig
Prof. Dr. Hans-Adolf Jacobsen, Bonn
Prof. Dr. Rudolf Jaworski, Tübingen
Prof. Dr. Karl-Ernst Jeismann, Münster
Prof. Dr. Eberhard Kolb, Köln
Prof. Dr. Christoph Kleßmann, Bielefeld
OStR i.R. Dr. Enno Meyer, Oldenburg
Dr. Michael G. Müller, Berlin
PD Dr. Rex Rexheuser, Lüneburg
Prof. Dr. Gotthold Rhode, Heidesheim

Polnische Teilnehmer:

Prof. Dr. Antoni Czubiński, Poznań (Vorsitz)
Prof. Dr. Marian Biskup, Toruń
Dr. Włodzimierz Borodziej, Warszawa
Dr. Tadeusz Cegielski, Warzawa
Doc. Dr. Erhard Cziomer, Kraków
Doc. Dr. Romuald Gelles, Wrocław
Prof. Dr. Zygmunt Hemmerling, Warszawa
Prof. Dr. Karol Jonca, Wrocław
Prof. Dr. Jerzy Krasuski, Poznań
Mgr. Zbigniew Kulak, Poznań
Prof. Dr. Czesław Łuczak, Poznań
Prof. Dr. Czesław Madajczyk, Warszawa
Prof. Dr. Władysław Markiewicz, Warszawa
Prof. Dr. Henryk Olszewski, Poznań
Prof. Dr. Hubert Orłowski, Poznań
Prof. Dr. Franciszek Ryszka, Warszawa
Mgr. Marek Rzeszotarski, Warszawa
Prof. Dr. Stanisław Salmonowicz, Toruń
Prof. Dr. Henryk Samsonowicz, Warszawa
Prof. Dr. Jacek Staszewski, Toruń
Prof. Dr. Jerzy Strzelczyk, Poznań
Mgr. Andrzej Syta, Warszawa
Dr. Andrzej Szczesniak, Warszawa
Prof. Dr. Janusz Tazbir, Warszawa
Prof. Dr. Mieczysław Tomala, Warszawa
Prof. Dr. Jerzy Topolski, Poznań
Prof. Dr. Stanisław Trawkowski, Warszawa
Prof. Dr. Lech Trzeciakowski, Poznań
Prof. Dr. Bogdan Wachowiak, Poznań
Prof. Dr. Maria Wawrykowa, Warszawa
Prof. Dr. Marian Wojciechowski, Warszawa
Prof. Dr. Jerzy Wojtowicz, Toruń
Prof. Dr. Anna Wolff-Powęska, Poznań
Doc. Dr. Ryszard Wołoszyński, Warszawa
Prof. Dr. Wojciech Wrzesiński, Wrocław

Gerard Labuda

Das Mittelalter in den Schulbuchdiskussionen zwischen Polen und der Bundesrepublik Deutschland: Erfahrungen und Aussichten auf Zukunft

I. Allgemeine Bemerkungen

Die Schulbuchgespräche mit dem Ziel, das Bild der Geschichte des polnisch-deutschen Zusammenlebens zu korrigieren und zu verbessern, können auf eine 60 Jahre lang dauernde Tradition hinweisen. Diese Gespräche vor 60 Jahren haben angesichts des anwachsenden politischen Konflikts zwischen Polen und Deutschland kein Ergebnis erzielt. Sie wurden in den Jahren 1956/57, worauf in letzter Zeit Enno Meyer unsere Aufmerksamkeit gelenkt hat, auf seine Initiative wiederaufgenommen. Obwohl auch sie zunächst kein sofortiges Ergebnis erzielt hatten, haben sie doch eine dauerhafte Spur hinterlassen in Form von Thesen „Über die Darstellung der deutsch-polnischen Beziehungen im Geschichtsunterricht", geschrieben von Enno Meyer, und in Form von „Antithesen", wenn man das so kurz sagen darf, geäußert von polnischen Historikern und von den nächsten Antworten Meyers und anderen deutschen Historikern.[1] In der Bundesrepublik Deutschland war schon damals ein spezielles Institut, das „Internationale Schulbuchinstitut" in Braunschweig tätig, das sich zum Ziel setzte, alle deutschen Nachbarn zu den Diskussionen über den Inhalt von Schulbüchern anzuregen. In Polen gab es weder ein entsprechendes Institut noch eine Institution, die damals als Partner an solchen Gesprächen hätte teilnehmen können. Es gab auch in den 1950er Jahren kein ihnen förderliches politisches Klima. Diese Voraussetzungen sind, wie wir wissen, erst nach Abschluß des Vertrags zwischen der Volksrepublik Polen und der Bundesrepublik Deutschland über die Grundlagen der Normalisierung ihrer gegenseitigen Beziehungen am 7. Dezember 1970 entstanden. Im Jahre 1972 wurden in beiden Ländern die UNESCO-Schulbuchkommissionen eingerichtet mit dem eigenen Auftrag, für die Verfasser von Schulbüchern besondere Empfehlungen zur Erarbeitung von Geschichts- und Geographieschulbüchern zu stellen. Im Laufe der vieljährigen Beratungen ist es den Kommissionen gelungen, nicht nur entsprechende „Empfehlungen" in Form von kurzen „Thesen" zu erarbeiten, sondern auch in weiteren Konferenzen diese „Empfehlungen" mit reichen Kommentaren in Form von Referaten, Diskussionsbeiträgen und Berichten über viele wichtige Probleme und Ereignisse in den polnisch-deutschen Beziehungen seit dem Altertum bis an die Schwelle der Gegenwart zu bereichern. Während dieser Arbeiten haben sich bei den Teilnehmern gewisse Verallgemeinerungen, Erfahrungen und Schlußfolgerungen angesammelt. Ihre Formulierung und Analyse kann einen besonderen Einfluß auf den Verlauf unserer weiteren Arbeiten ausüben.

1. Es lohnt sich zu überlegen, was ein Schulbuch darf, und was es nicht darf. Das Schulbuch dient dem Übermitteln von historischen Tatsachen, die durch die Autorität des Verfassers beglaubigt sind. Das darf es, das soll es tun. Gleichzeitig aber darf es , kann es solche Tatsachen nicht nach Gutdünken interpretieren, d. h. deren Genese und Voraussetzungen darlegen, alle Möglichkeiten deren Verstehens und Erkennens deuten. Am häufigsten handeln Schulbücher nach dem Prinzip „Roma locuta, causa finita". Die Rolle des Kommentators fällt restlos dem Lehrer zu, der den Schülern und Studenten eine kritische Rezeption von Tatsachen und Ereignissen oder sogar die Abfolge der Tatsachen und Ereignisse nahelegen soll. Wenn also die von uns erarbeiteten „Emp-

fehlungen“ erfolgreich auf die Köpfe der Abnehmer einwirken sollen, so müssen sie durch vollständige historiographische Strukturisierung umgebildet werden, die das historische Bewußtsein sowohl der Schüler als auch der Lehrer weiter entwickeln würde.

2. Die Schulbücher stellen die historische Wirklichkeit am häufigsten eindimensional und linear dar, als System von einzelnen Ereignissen, während doch die Realität ungeachtet dieses Prinzips vieldimensional, kontinuierlich, strukturförmig ist. Dem Schulbuchverfasser ist sie am häufigsten in der zweiten Form geläufig, in der breiterer und reicherer Gestalt, und nur die Technik des Unterrichts zwingt ihn im gewissem Sinne dazu, sie in die erste Form umzubilden. Die Falsifikation der historischen Wirklichkeit findet gewöhnlich im Augenblick der Veränderung der historischen Tatsachen statt, d. h. solchen wie sie tatsächlich sind, zu historiographischen Tatsachen, die sich auf ein subjektives Urteil über Ereignisse und die Notwendigkeit ihrer selektiven Auswahl gründen, manchmal sogar exempli gratia. Wir sind deshalb bereit, die Historiker, in diesem Fall die Schulbuchverfasser, mit dem Vorwurf der Falsifikation zu belasten. Die Ursachen der Falsifikation liegen aber viel tiefer; und deswegen stoßen alle Versuche zu deren Beseitigung auf bedeutend größere Schwierigkeiten, und diese, das müssen wir ehrlich zugeben, sind manchmal fast unüberwindbar. Die auseinandergehenden Meinungen der Historiker über die Tatsachen sind nicht allein Gebilde der Historiker; das Wesen der Sache liegt nämlich darin, daß die Widersprüche in den Tatsachen selbst stecken. Im Kampf der Gegensätze entstehen sowohl individuelle und komplexe Tatsachen und Ereignisse wie auch ganze Züge von Entwicklungen wie: Materie – Energie, Natur – Kultur, Klassenkampf – menschliche Zusammenarbeit, Gesellschaft – Staat, Auflösung der ethnischen Gemeinschaften – Vereinigung der ethnischen Gemeinschaften, Zusammenprall und Miteinander von Kulturen und Weltanschauungen. Diese Widersprüche und Zusammenwirkungen treten auf allen Gebieten der Geschichte hervor. Aber die Tatsachen offenbaren gleichzeitig alle Kräfte der Kreativität, Mitwirkung und Mitempfindung. Sie treten ebenfalls überall auf dem Gebiet der Geschichte hervor und werden von uns unter dem Namen von „Beziehungen“ erfaßt. Sie bilden auch zusammengenommen die Geschichtsprozesse. Die Aufgabe des Historikers beruht darauf, die Wirklichkeit in allen dialektischen Zusammenhängen, also sowohl des Üblen, wie auch des Guten vorzuführen. Es ist also fast nicht zu vermeiden, daß die als Ergebnis der Kämpfe und des Zusammengehens sich gestaltenden politisch-deutschen Beziehungen von den deutschen und von den polnischen Historikern jeweils anders aufgefaßt werden. Das einzige, was die „Empfehlungen“ und „Kommentare“ leisten sollten, ist, daß sich aus der Darstellung von Tatsachen keine antagonistischen Bestrebungen in diesen Beziehungen zunächst auf ideologischer Ebene ergeben, und dann, nachdem sie auf die Ebene des praktischen Handelns übertragen worden sind, daß sich aus ihnen keine Steigerung des Antagonismus entwickelt. Die Aufgabe von „Empfehlungen“ sollen also nicht zur Vergrößerung dieser Widersprüche, sondern zur Entschärfung durch Erklärung ihrer Genese und nachher zu ihrer Abschwächung in Zeit und Raum führen. Diesem Ziel dienen also vor allem die „Kommentare“.

Die Nützlichkeit von solchen allgemeinen Schlußfolgerungen können in dem analytischen Handeln geprüft werden.

3. Nachdem wir fortwährend in der Sphäre der Verallgemeinerungen geblieben sind, müssen wir uns noch eine Frage von grundsätzlicher Natur stellen. Nämlich, wenn wir vergleichen: 1. Zeitbereich, 2. Inhalt und 3. Methode der Bearbeitung der mittelalterlichen „Empfehlungen“ mit den neuzeitlichen, besonders mit denen, die die letzten Jahren betreffen, sind sogleich Disproportionen im Rahmen der ausgewählten Themen und in Form ihrer Verfassung zu beobachten. Beeinflußt wurde dieses durch zwei „Voraussetzungen“:

a) Als wir die ersten „Empfehlungen“ formulierten, ließen wir uns im großen und ganzen von den tatsächlich existierenden Disproportionen leiten, die im Schulunterricht zwischen der mittelalterlichen und der neuzeitlichen sowie in der neuesten Geschichte auftreten;

b) Wir waren uns dessen nicht bewußt, daß es, je näher wir an die Gegenwart gelangen, desto schwerer sein würde, sich von Hinweisungen und Belehrungen auf einem hohen Grad der Verallgemeinerung befriedigen lassen. Das Bewußtsein, daß auf den Verlauf des polnisch-deutschen Schulbuchgesprächs nicht nur Widersprüche in den Ansichten über die Tatsachen und Ereignisse einen Einfluß ausüben, also Faktoren, die jedenfalls im großen Ausmaß subjektiv sind, sondern auch Widersprüche, die in den Tatsachen und Ereignissen selbst immanent enthalten sind, also Faktoren, die als solche objektiv sind, erlaubt, die Leistungen der Kommission in hellerem Licht erscheinen zu lassen. Man darf nicht fordern, daß die Kommission je nach Bedarf oder um des Kompromisses willen beliebige Tatsachen umstülpte bzw. anpaßte; man muß vielmehr danach streben, nicht nur das Prinzip suum cuique in deren Interpretation zu beachten, sondern auch vor allem die feindlichen, von vielen Generationen ausgebildeten Schemata auf beiden Seiten zu beseitigen.

Nach diesen theoretischen Erwägungen wollen wir nun zu den mehr praktischen Überlegungen übergehen.

II. Übersicht über das Erreichte für das Mittelalter

Wenn wir die bisherigen Leistungen berechnen und deren Bilanz erstellen, so zeichnet sich ein „Debet“ und ein „Habet“ ab. Wir sehen also die Ergebnisse und die Mängel sowohl im Bereiche der Themen selbst als auch in der Methode und dem Inhalt ihrer Bearbeitung. Lassen wir uns daran erinnern, daß die „Empfehlungen“ folgende Probleme berücksichtigten:

1. Slawen und Germanen im Altertum und frühen Mittelalter
2. Die Entstehung der europäischen Staaten im Mittelalter
3. Das Kaisertum und die deutsch-polnischen Beziehungen im hohen Mittelalter
4. Schlesien und Pommern in der Frühgeschichte Polens (10.–13. Jh.)
5. Die mittelalterliche deutsche Siedlung im östlichen Mitteleuropa[2]
6. Polen und der Deutsche Orden

Sogar oberflächliche Kenntnis der deutsch-polnischen Beziehungen reicht aus, um festzustellen, daß diese 6 Themen weit davon entfernt sind, auch nur die grundsätzlichen Bestandteile dieser Beziehungen zu erschöpfen. Es ist nicht zu bezweifeln, daß wir anfangs unter dem Druck von „Sachverzeichnissen“ der Schulbücher in den Haupt- und Oberschulen handelten. Unsere Auswahl war eine einfache Wiederholung der Themen, die im Schulunterricht bearbeitet wurden, und ich würde dazu sagen: mehr im deutschen als im polnischen. Indem wir jedoch diesen Themenbereich erweitern wollen, müssen wir mehr an die Lehrer als an die Schüler denken. Die didaktische Praxis an den Universitäten belehrt uns jedoch, daß der Bereich der mittelalterlichen Geschichte Mitteleuropas mit nicht weniger wichtigen sozial-wirtschaftlichen als auch politisch-ideologischen Prozessen erfüllt ist als die der neuzeitlichen Geschichte.[3] Nennen wir hier von diesen beispielsweise nur solche, die eigentlich für das Verständnis der Geschichte Europas in der Neuzeit unentbehrlich sind. Es sind das:

1. Christianisierung und Kirchenorganisation in Mittel- und Osteuropa (10.–12. Jh.)

2. Genese der allgemein-europäischen Martkwirtschaft und Urbanisierung von Mitteleuropa (13.–16. Jh.)
3. Entstehung der Stände- und Nationalmonarchien in Mitteleuropa (13.–15. Jh.)
4. Polnisch-deutsche Kulturbeziehungen (religiöse Ideologie, Kunst, Wissenschaft und Bildung)
5. Ausformung des neuen mittel- und osteuropäischen Staatensystems bis zum Ausgang des Mittelalters (Jagiellonische Monarchie, Skandinavische Union, osmanisch-türkische Expansion in den Balkanländern, Habsburgische Monarchie).

Hoffentlich müssen die Mitglieder der Kommission nicht davon überzeugt werden, daß eine Ergänzung unserer „Empfehlungen" um die oben genannten Themen nicht nur zur Erweiterung des Mittelalterbildes im Schulunterricht beitragen, sondern auch den schon vorgenannten Problemen mehr Zusammenhang und Kontinuität verleihen könnte.

Ad 1. Die Beschäftigung mit den Christianisierungsprozessen von Mitteleuropa muß überhaupt nicht ausführlicher begründet werden. Man könnte hier drei Zonen unterscheiden: a) den polnisch-deutschen Grenzraum zwischen Elbe, Oder und Ostsee, weiter b) Polen in dessen historischen Grenzen um das Jahr 1000 und c) den polnisch-russischen und polnisch-baltischen Grenzraum. Eine viel diskutierte Frage bildet immerhin das Problem, aus welchen deutschen Zentren die erste christliche Mission nach Polen ausgegangen sei und wie sich die älteste Kirchenorganisation zwischen Elbe und Bug gestaltet hat.[4]

Ad 2. In dem Kapitel über die deutsche Kolonisation im östlichen Mitteleuropa wurden die Reform des polnischen Dorfes und die Anfänge der Städte nach deutschem Recht zum Hauptgegenstand der Analyse. Unerörtert blieb der weitere Verlauf von Urbanisierungsprozessen in diesem Teil Europas, der einerseits die Grundlage für die Herausbildung zweier Agrarsysteme, d. h. der Grundherrschaft westlich der Elbe, und der Gutsherrschaft und Gutswirtschaft östlich der Elbe schuf, andererseits ganz Mittel- und Osteuropa in das internationale System des Warenaustausches und in den Ausbau der Handelsstraßen bis zum Dnjepr und Schwarzen Meer einbezog. Zu diesem Abschnitt der polnisch-deutschen Beziehungen gehört auch die Geschichte der Hanse.[5]

Ad 3. In den letzten Jahren rückte die Frage nach der Genese der „Stände- und Nationalmonarchien" in den Vordergrund der am häufigsten diskutierten Themen auf verschiedenartigen Beratungen und wissenschaftlichen Zusammentreffen. Bis vor kurzem zog das Thema hauptsächlich solche Historiker an, die sich mit der Geschichte Westeuropas beschäftigten, nämlich Frankreichs, Englands, Spaniens, Italiens und Deutschlands; jetzt kommen noch skandinavische Länder, die Jagiellonische Monarchie, die Donauländer (Ungarn, Böhmen) zur Diskussion hinzu.[6] Mit der Staatsverfassung ist die Genese der europäischen Nationen eng verbunden. Zwischen diesen beiden Ereignissen, der Entstehung der Feudalstaaten und der feudalen Nationen, besteht ein Verhältnis von gegenseitigen Beeinflussungen und Ergebnissen. Die Entstehung der europäischen Nationen ist Ergebnis der staatsbildenden Feudalisierungsprozesse in Gesamteuropa; gleichzeitig gewannen diese Staaten in den sich herausbildenden „feudalen Nationen"[7] grundlegende Unterstützung ihrer politischen und kulturellen Verbindung. Die Wichtigkeit dieser Frage hat schon Klaus Zernack in seinem Referat ausführlich angesprochen. Es besteht also keine Notwendigkeit, dieses Problem ausführlicher darzulegen.

Ad 4. Daß der ganze Komplex der kulturellen Beziehungen aus dem Diskussionsprogramm der Schulbuchkommission ausgeschlossen wurde, halte ich für die bedauerlichste Entscheidung; denn gerade unter diesem Gesichtspunkt der Beziehungen könnten die positiven Seiten der polnisch-deutschen Nachbarschaft kreativ dargestellt werden. Das Feld zum Meinungsaustausch ist hier sehr weit. Es lohnt sich daran zu erinnern, daß schon im Jahre 1946, also gleich nach dem Krieg, die polnische Wissenschaft im Werk von Marian Friedberg ein vollständiges Register von gegenseitigen Einwirkungen und Rezeptionen auf diesem Gebiet vorgelegt hatte.[8] Trotz der inzwischen vergangenen Jahre hat dieses Werk nicht an Wert als ein Ausgangspunkt zur Diskussion verloren; es zeichnet sich durch ernsthafte Gelehrsamkeit und maßvolle Schlußfolgerungen aus. Natürlich ist der Fortschritt in den Forschungen beider Länder in den letzten 40 Jahren sehr groß gewesen. Auch deswegen ist gerade jetzt die Zeit gekommen zum Vergleich und zur Gegenüberstellung der gewonnenen Ergebnisse und zur Ausarbeitung einer zusammenfassenden Darstellung dieser Thematik.[9]

Ad 5. Die Gestaltung des Systems der europäischen Staaten kennt drei Phasen: a) seine ersten Grundlagen bildeten sich um das Jahr 500 unserer Zeitrechnung heraus, nach dem Untergang des Römischen Imperiums, wobei sie hauptsächlich Gebiete des Mittelmeer und Westeuropas umfaßten, weiter b) um das Jahr 1000, als sich die Konturen der mittel- und osteuropäischen Staaten abzeichneten (Skandinavien, West-, Ost-, und Südslawentum), und endlich c) um die Wende des 14./15. Jahrhunderts, als die Konturen des neuzeitlichen europäischen Staatensystems zu entstehen begannen, darunter vor allem die mittel-, süd- und osteuropäischen Staaten (Skandinavien, Jagiellonische Monarchie, Rußland, Türkei und Luxemburgisch-Habsburgische Monarchie). Erst vor diesem Hintergrund ist die Geschichte der polnisch-deutschen Beziehungen deutlicher zu sehen, darunter auch besonders die Rolle des Deutschordensstaates in Preußen.[10]

Nachdem ich die bekannten „Empfehlungen" mit neu vorgeschlagenen verglichen habe, möchte ich unsere Aufmerksamkeit darauf lenken, daß jene „Empfehlungen" mit dem Vorsatz der Beseitigung und Abschwächung strittiger Meinungen über jene sechs Ereignisse und historische Prozesse in der polnischen und deutschen Historiographie erarbeitet wurden; demgegenüber haben die neu vorgeschlagenen den Vorzug, daß sie sowohl den Kontext für jene Ereignisse vom antagonistischen Charakter umreißen können als auch gleichzeitig imstande sind, solche Tatsachen aus den polnisch-deutschen Beziehungen vorzuführen, die auf ihr Zusammenleben und auf ihre Mitverantwortung für das Schicksal Europas hinweisen.

III. Ausblick in die Zukunft

In meinem Referat auf der XII. Konferenz der gemeinsamen Schulbuchkommission in Allenstein (Olsztyn) 1979 habe ich meine Auffassung über die sechs erwähnten „Empfehlungen" vorgetragen, die den mittelalterlichen Teil der polnisch-deutschen Beziehungen betreffen.[11] Auch bei anderen Gelegenheiten habe ich mich zu diesem Problem geäußert.[12] Es gibt also keinen Grund mehr, daß ich jetzt ausführlicher zu diesen Fragen Stellung nehme. Mit Aufmerksamkeit habe ich die von Klaus Zernacks Urteil über unsere „Empfehlungen" gelesen. Er hat wie immer auf vorzügliche und anregende Art und Weise unseren Gesichtskreis erweitert; und er arbeitet überzeugend alle jene Probleme heraus, die der weiteren Diskussion und Vervollkommung unserer Arbeit bedürfen. Hiermit erkläre ich auch meine volle Übereinstimmung mit den von ihm geäußerten Vorschlägen. Mit Interesse las ich auch die vielleicht ein bißchen essayistischen, aber in ihrem Wesen jedoch tiefgründigen Bemerkungen zur „Empfehlung Nr. 6", die dem Deutschen Orden gewidmet sind. Ihr Autor, Professor Hartmut Boockmann, ist ein hervorragender Kenner der Geschichte des Deutschen Ordens, was er in seinem ausgezeichneten Buch „Der Deutsche Orden. Zwölf Kapitel aus seiner Geschichte“[13] bewiesen hat (meines Erachtens sollte es ins Polnische übertragen werden). Als Mitverfasser der Synthese: „Geschichte des Deutschen Ordens in Preußen“ (1986) teile ich seine Auffassung, daß es uns in den letzten 15 Jahren dank der gemeinsamen, wissenschaftlichen Bemühungen gelungen ist, die Atmosphäre um den Deutschen Orden zu „entgiften“, was jedoch nicht bedeuten soll, daß wir beiderseits danach streben, die grundsätzlichen Widersprüche, die in der Zeit der Existenz des Deutschen Ordens in Preußen zwischen dem polnischen Staate und dem Ritterordensstaat vorhanden waren, abzuschieben oder zu verharmlosen.[14] Für die historische Wahrheit würde es doch nur Schaden bringen, wenn wir aus dem historischen Erbe des Deutschen Ordens nur die Widersprüche heraushöben oder die negativen Folgen dieser Widersprüche nur einer Seite zuschrieben.

Zum Abschluß dieser Bemerkungen möchte ich die Leistungen der Schulbuchkommission als Historiker betrachten. Die Leistungen sind, wie jedes menschliche Werk, von Fehlern und oberflächlichen Beurteilungen nicht frei. Das sind Passiva, die man bloßstellen und beseitigen muß. Über sie ragen jedoch die Aktiva empor, die weiter entwickelt und verbessert werden sollten. Das oben Gesagte möchte man den Historikern auf beiden Seiten, die diese Arbeit in der Zukunft fortsetzen werden, zur Aufgabe machen.

Anmerkungen

[1] *E. Meyer*, Über die Darstellung der deutsch-polnischen Beziehungen im Geschichtsunterricht, in: Internationales Jahrbuch für Geschichtsunterricht, Bd. V, Braunschweig 1956, S. 225–243; *G. Labuda*, Próba nowego ukazania stosunków polsko-niemieckich, in: Przegląd Zachodni, Jg. 12(1956), Nr. 11–12, S. 346–356. Den weiteren Verlauf der Diskussion hat *Enno Meyer* in seinem autobiographischen Essay dargestellt: Wie ich dazu gekommen bin. Die Vorgeschichte der deutsch-polnischen Schulbuchgespräche 1948–71, Braunschweig 1988. Eine aufschlußreiche Ansicht über die bisherigen Arbeiten der Kommission enthält die Publikation: Zalecenia Komisji UNESCO PRL i RFN do podręczników szkolnych“, Vorwort von *Władysław* Markiewicz, Red. *A. Czubiński, Z. Kulak*, Poznań 1988; hier auch vollständige Bibliographie.

[2] In der polnischen geographisch-politischen und geographisch-historischen Terminologie ist eine Zwitterbildung tief eingewurzelt: „Europa środkowo-wschodnia“, die ihre Entsprechung in dem deutschen Terminus „Ost-Mitteleuropa“ findet. Wie man sich leicht überzeugen kann, lautet der Terminus „Ost-Mittel-Europa“ im richtigen Hochdeutsch „Östliches Mitteleuropa“, hiermit soll die polnische Entsprechung „Wschodnia Europa środkowa“ lauten.

[3] Das erläutert uns die hervorragende Einführung zu den Studien über die Geschichte von Osteuropa von *K. Zernack*, Osteuropa – Eine Einführung in seine Geschichte, München 1977.

[4] Dieses umstrittene Problem habe ich in der Abhandlung besprochen: Jakimi drogami przyszło do Polski chrześci-państwo?, in: Nasza Przeszłość 69 (1988), S. 39–82; vgl. auch *G. Labuda*, Studia nad początkami państwa polskiego, Bd. I–II, Poznań 1986–87, wo diese Probleme im Kontext der polnisch-deutschen Beziehungen des 10.–12. Jh. erläutert wurden. Grundlegend

jetzt: *J. Petersohn*, Der südliche Ostseeraum im kirchlich-politischen Kräftespiel des Reichs, Polens und Dänemarks vom 10. bis 13. Jahrhundert, Köln—Wien 1979.

[5] Als Ausgangspunkt dazu kann das bekannte Werk dienen: *F. Braudel*, La Mediterranée et le Monde mediterranéen à l'époque de Phillippe II, Bd. I—II, Paris 1966. Dieses Problem hat *M. Małowist* in der polnischen Literatur vollständig vorgeführt: Wschód a Zachód Europy w XIII—XVI wieku, Warszawa 1973; vgl. auch *Ph. Dollinger*, La Hanse (XIIe—XVEE[e] siecles), Paris 1964. — Die Frage der Grundherrschaft und Gutsherrschaft hat ihre tiefgreifende Tradition, begonnen mit: *G. F. Knapp*, Grundherrschaft und Rittergut, Leipzig 1897; ders. Die Bauernbefreiung und der Ursprung der Landarbeiter in dem älteren Teil Preußens, Bd. I—II, Leipzig 1887, und *G. Seeliger*, Die soziale und politische Bedeutung der Grundherrschaft im Mittelalter, Leipzig 1903, ders., Staat und Grundherrschaft in der älteren deutschen Geschichte, Leipzig 1909, und abgeschlossen von der neuesten Zusammenfassung des Forschungsstandes, in: Die Grundherrschaft im späten Mittelalter, hrsg. von *H. Patze*, Bd. I—II, Sigmaringen 1983.

[6] In der polnischen Literatur hat *Stanisław Russocki* seine Aufmerksamkeit diesem Thema in zahlreichen Arbeiten gewidmet. Vgl. Protoparlamentaryzm Czech do początku XV wieku, Warszawa 1973, ders. Monarchie stanowe środkowo-wschodniej Europy XV-XVI wieku, in: Kwartalnik Historyczny 84(1977), S. 73—92; Structures politiques dans l'Europe des Jagiellon, in: Acta Poloniae Historica, 39(1979), S. 101—142; Die mittelalterlichen Stände als Kategorie der Gesellschaftsschichtung, in: Acta Polaniae Historica, 48(1983), S. 5—36. Vgl. auch *K. Górski*, Communitas, princeps, Corona regni — Studia selecta, in: Roczniki Towarzystwa Naukowego w Toruniu, Jg. 78, H. 1(1976). Über das Ständeleben und dessen Entwicklung in Böhmen siehe Sammelarbeiten in: Folia Historica Bohemica, 6(1984), S. 7—219; in der deutschen Literatur bilden den Ausgangspunkt die Studien von *Otto Hintze* in: Gesammelte Abhandlungen, Bd. I, Staat und Verfassung, Leipzig 1943; zum aktuellen Diskussionszustand vgl. *K. Bosl*, Frühformen der Gesellschaft im mittelalterlichen Europa — Ausgewählte Beiträge zu einer Strukturanalyse der mittelalterlichen Welt, München—Wien 1964; ders., Das Problem der Repräsentation im spätmittelalterlichen Deutschland — Ständebewegung, Ständegesellschaft, Ständestaat, in: Bohemia, Jahrbuch des Collegiums Carolinum, 15(1974), S. 19 u. a.; vgl. auch *H. Spangenberg*, Vom Lehnsstaat zum Ständestaat, München 1927.

[7] Aus der umfangreichen Literatur möchte ich nur drei Positionen von grundlegender Bedeutung hervorheben: Aspekte der Nationenbildung im Mittelalter — Ergebnisse der Magdeburger Rundgespräche 1972—75, hrsg. von *H. Beumann* und *W. Schröder*, Sigmaringen 1978; *F. Graus*, Die Nationenbildung der Westslawen im Mittelalter, Sigmaringen 1980; und auch *B. Zientara*, Świt narodów europejskich — Powstanie świadomości narodowej na obszarze Europy pokarolińskiej, Warszawa 1985. Es lohnt sich hier, darauf hinzuweisen, daß *B. Zientara* in der Polemik mit *J. Szücs*, der die Bildung des Nationalbewußtseins erforschte und der sich nach dem Vorbild von Stalin für die Benennung der mittelalterlichen ethnischen Gemeinschaft des Terminus „narodowość" (Nationalität) bediente, für dieselbe Gemeinschaft die Benennung „naród polityczny" (politische Nation) (*D. Třeštik:* „staatliche Nation") vorgeschlagen hat, indem er die ältere Anregung von *W. Conze* aufgriff. Siehe *J. Szücs*, Nationalität und Nationalbewußtsein im Mittelalter. Versuch einer einheitlichen Begriffssprache, in: Acta Historica Academiae Scientuarum Hungaricae, 18(1972), S. 1—38, 245—265; *W. Conze*, Nation und Gesellschaft — zwei Grundbegriffe der revolutionären Epoche, in: Historische Zeitschrift 198(1974), S. 9 u. a.; *B. Zientara*, Struktury narodowościowe średniowiecza — Próba analizy terminologii przedkapitalistycznych form świadomości narodowej, in: Kwartalnik Historyczny, 84(1977), S. 307. Indem ich *Zientara* vollständig zustimme, daß der Terminus „Nationalität" fehlerhaft ist, so tue ich mich schwer, seinen Vorschlag anzunehmen, alle vorkapitalistischen ethnischen Gemeinschaften mit dem Begriff „politische (oder staatliche) Nationen" abzufertigen, und zwar aus dem einfachen Grund, daß das Adjektiv „politisch" keine differentia specifica enthält, aufgrund deren sich die späteren Formen der Bildung von Nationen unterscheiden ließen, und sei es nur in ständigen Korrelaten von Zeit und Raum. Nachdem wir als Ausgangspunkt die schon allgemein verbreitete Terminologie „sozialistische", „kapitalistische" Nationen angenommen haben, ist für sie einzig richtige Entsprechung in der Zeit die Bezeichnung „feudale Nation". An diese Benennung läßt sich dann am besten folgende Charakteristik von *Zientara* anpassen: „Das Nationalbewußtsein im Mittelalter und in der früheren Periode der neuzeitlichen Geschichte umfaßte die ihren Bereich verändernden, aber gewöhnlich beschränkten Kreise der höheren Schichten der Nation, selten und vorübergehend reichte es bis deren tiefere Stufen" (*B. Zientara*, Struktury, S. 302). In der Bildung der Nationengemeinschaft spielte der Staat eine wichtige Rolle als einer der konstitutierenden Faktoren,

aber als im Staat vorherrschender Faktor ist immer die herrschende Schicht zu sehen, in der auch die Klassen und Stände eine grundlegende Rolle spielen.

[8] Gleich hier muß es erläutert werden, daß historiographisch zwei Definitionen der Kultur gebräuchlich sind: eine, die deren Wirkung auf die Sphäre der geistigen Kultur und Kunst beschränkt, und eine andere, die deren Wirkung um den Komplex menschlichen Schaffens im materiellen, sozialen und intellektuellen Bereich erweitert. Man braucht nicht zu erklären, daß für den Historiker nur die zweite Konzeption von der Geschichte der Kultur akzeptabel ist. In diesem Sinne hat auch *M. Friedberg* seine Monographie verfaßt: Kultura polska a niemiecka, Bd. I–II, Poznań 1946. Ähnlich versteht das Problem auch *M. Bogucka*, Dzieje kultury polskiej do 1918 roku, Wrocław 1987; vgl. auch *E. Johann* und *J. Junker*, Deutsche Kulturgeschichte der letzten hundert Jahre, München 1970.

[9] Als Beispiel für eine derart vergleichende Form der Auffassung von den Leistungen der polnischen und deutschen Kultur diente die Ausstellung „Schallaburg '86 – Polen im Zeitalter der Jagiellonen 1386–1572", die auf Initiative des Muzeum Narodowe w Krakowie und der Kulturabteilung des Amts der Niederösterreichischen Landesregierung stattfand. Eine ähnliche, diesmal der Herrschaftsperiode der Piasten 966–1370 gewidmete Ausstellung versuchte Professor Anton Legner, Direktor des „Schnütgen Museums" in Köln, zu veranstalten; aber diese Unternehmung ist wegen der bürokratischen, meritorisch unbegründeten Vorbehalte des „Ministerstwo Kultury i Sztuki" (hoffentlich nur vorübergehend!) nicht zustande gekommen. Es ist dagegen gelungen, auf Initiative von Professor Legner das Thema „Die Piasten und das Heilige Römische Reich – Dynastische und monastische Kunstbeziehungen" zum Gegenstand der Diskussion während der Beratung einer Sektion des Verbands Deutscher Kunsthistoriker in Frankfurt am Main am 28. September 1988 zu machen. Die Veranstaltung einer solchen Ausstellung, einschließlich der Herausgabe eines Katalogs, ist hierdurch zu einer der besonders dringenden Aufgaben geworden.

[10] Prolegomena zu diesen Themen habe ich in der Abhandlung besprochen: System państw europejskich w średniowieczu, in: Polska. Niemcy. Europa – Studia z dziejów myśli politycznej i stosunków międzynarodowych, Sammelarbeit unter der Redaktion von *A. Czubiński*, Poznań 1977, S. 6390. Wie wir wissen, hat sich in der historiographischen Praxis die Ansicht gefestigt, daß man von dem System der europäischen Staaten erst in der Neuzeit sprechen darf, was natürlich eine falsche Meinung ist.

[11] Siehe *G. Labuda*, Polsko-niemieckie problemy graniczne we wczesnym średniowieczu (Przyczynek do dyskusji nad zaleceniami do podręczników szkolnych), in: Śląsk i Pomorze w historii stosunków polsko-niemieckich w średniowieczu, Red. *M. Biskup*, Poznań 1987, S. 25 u. a.

[12] Siehe *G. Labuda*, Das deutsch-polnische Verhältnis im Mittelalter (aus polnischer Sicht), in: Das deutsch-polnische Verhältnis – Referate zu Problemen der deutsch-polnischen Schulbuchempfehlungen, hrsg. von *H.-J. Markmann* und *J. Vietig*, Berlin 1981, S. 31–49.

[13] *H. Boockmann*, der Deutsche Orden. Zwölf Kapitel aus seiner Geschichte, München 1981. Ich bin mit dem Verfasser einer Meinung, daß die Diskussion über die Authentizität des sog. Kruschwitzer Privilegs aus dem Jahre 1230 polnischerseits einen anklagenden, manchmal sogar einen staatsanwaltlichen Charakter *(W. Kętrzyński)* hatte; aber man muß sich dessen bewußt sein, daß sie auch deutscherseits einen Verteidigungscharakter, manchmal sogar einen rechtsanwältlichen Charakter *(A. Seraphim, E. Maschke)* angenommen hatte. Inzwischen, wie wir alle anerkennen müssen, dient der apologetische Ton der Diskussion, ganz abgesehen davon, von welcher Seite er stammt und wonach er strebt, nicht der Erkenntnis historischer Wahrheit. Obwohl in diesem Punkt mit *Hartmut Boockmann* einig, daß diese Urkunde in der Geschichte der Bildung vom Deutschen Ordensstaat in Preußen keine so große Rolle gespielt hat, wie ihr die frühere Historiographie zugeschrieben habe, ist jeder Forscher trotzdem zur Untersuchung der Tatsache verpflichtet, ob das Kruschwitzer Privileg eine Fälschung war oder nicht.

[14] Zu diesem Problem habe ich mich schon in dem einführenden Kapitel der oben erwähnten Synthese zur Geschichte des Deutschen Ordensstaats in Preußen geäußert. Aber da wir uns vom Prinzip der Widersprüchlichkeit, die in den Tatsachen steckt, haben leiten lassen, vermeiden wir auch in Zukunft nicht, daß sowohl über die Rolle des Deutschen Ordens als auch über viele andere Episoden in den polnisch-deutschen Beziehungen die Historiographien in unseren Ländern immer differente Ansichten in deren Interpretation vertreten werden. Das Einzige, was wir in diesem Fall unternehmen dürfen, ist nur, daß wir aus diesem Zustand keine zum Antagonismus und gegenseitigen Haß führenden Schlußfolgerungen ziehen.

Klaus Zernack

Zu den deutsch-polnischen Beziehungen im Mittelalter

Unserere Arbeit, soweit ich sie in diesem Referat zu behandeln habe, hat ihren Niederschlag in fünf „Empfehlungen“ und zwei „Fachkonferenzen“ zu deren Vertiefung gefunden. Und zwar handelt es sich um die Empfehlungen 1 bis 5[1] sowie die Konferenzen in Allenstein 1979 (Schlesien und Pommern im Mittelalter) und in Braunschweig 1982 (Nationalgeschichte).[2] Die Allensteiner Tagung bedeutete schon in der Fragestellung eine deutliche Weiterentwicklung im Vergleich mit der vierten Empfehlung, und in Braunschweig wurden fundamentale Fragen unserer Kommissionsarbeit überhaupt im Blick auf die Konzeption eines deutsch-polnischen Beziehungsproblems in unserem Jahrtausend diskutiert.

Ich sehe meine Aufgabe in dem Versuch, die Empfehlungen selbst, aber auch die Ergebnisse, die wir in unserem Kreis in den weiterführenden Diskussionen gewonnen haben, auf ihre wissenschaftliche Tragfähigkeit und Resonanz zu befragen. Ich werde, soweit meine Kenntnisse dies zulassen, unsere Einsichten vor allem im Licht der Forschung und Diskussion außerhalb unseres Kreises ventilieren. Vielleicht ergeben sich daraus Konsequenzen für unsere weitere Arbeit.

Zur 1. Empfehlung *(Slaven und Germanen)*

Im Hintergrund der lapidaren Aussage unserer Empfehlung war Anfang der siebziger Jahre noch manches weitaus umstrittener als heute. Die Frage der „Urheimat“ der Slaven wird heute einvernehmlicher beurteilt. Überhaupt hatten die Probleme von Slaventum und Germanentum in ihrer Gegenüberstellung früher einen erstaunlich hohen Rang in der deutsch-polnischen Kontroverse. Das hängt gewiß zusammen mit der langen Traditionsgeschichte der romantischen und philologischen Germanentums- und Slaventumskonzepte. Heute ist bei diesen Themen eine strukturgeschichtliche Versachlichung eingetreten. Daß die „Nationen“ der Deutschen und der Polen im Frühmittelalter als historische Erscheinungen etwas Neues und damit Andersartiges sind als Germanen und Slaven, ist heute unbestritten. Wichtig bleibt aber die Frage, wie Massenmigrationen und der Prozeß der Seßhaftwerdung (die Territorialisierung der *gentes*) das Neue vorbereiten halfen. Es wäre bestimmt viel gewonnen, wenn wir zu einer umfassenden traditionskritischen Aufarbeitung der langen Forschungsgeschichte des Problems kämen, auch um über den Kreis der Spezialisten hinaus Klarheit in den Begriffen und den Kategorien zu schaffen.[3]

Herders überragende Bedeutung für die Traditionsbildung steht außer Zweifel. Doch es fragt sich, ob Herders Gedankengang in dieser langen Forschungsdebatte immer aufmerksam genug gelesen worden ist. Sieht man genau hin, so erscheint Herders Deutung der Völkerwanderungszeit wie die Hypothese einer gleichsam vorkolonialen Kolonisationsepoche, die sich aus der Landnahme und Seßhaftwerdung der slavischen Stammesverbände ableiten läßt: „Allenthalben ließen sie sich nieder, um das von anderen Völkern verlassene Land zu besitzen, es als Kolonisten, als Hirten oder Ackerleute zu bebauen und zu nutzen . . .“. Freilich ist dieser Gedanke bei Herder geschichtsphilosophisch plaziert und in eine universalgeschichtliche Konstruktion von drei Weltaltern eingeordnet: Der Epoche der slavischen Kolonisation folgt ein Zeitalter der deutschen Unterdrückung, bis schließlich die Wende der Geschichte in der Befreiung der Völker (und der slavophilen Zukunftsverheißung) eintritt. Diesen Gedanken hat Joachim Herrman sozusagen realgeschichtlich auf die Probe gestellt, denn in der neuesten Auflage seines Handbuchs wird nun in der Tat der partielle Kolonisationscharakter der slavischen Landnahme als eine zum Stillstand kommende Migration herausgearbeitet. Dabei wird der Intensitätsgrad der slavischen Siedlungsbewegung gegenüber der Extensität der Landnahmevorgänge bei den Ostgermanen deutlich, die darin eher den Hirtenkulturen des Südostens analog sind.

Man sollte also im Umkreis „Germanen und Slaven" nicht ausschließlich sozialgeschichtlich argumentieren und die „höhere gesellschaftliche Entwicklung", die Überschichtungsfähigkeit der Germanen, hervorheben[4], sondern den kulturgeschichtlichen Kontext im Auge behalten. In dem Herrmannschen Handbuch werden im Licht archäologischer Zeugnisse Einblicke in die Rodungstätigkeit und siedlerische Erschließung der verwaldeten „Migrationslandschaften" im westslavischen Siedlungsgebiet eröffnet. Ähnliches lassen im Ostalpengebiet und in Pannonien auch die Schriftquellen erkennen. Interessant ist dabei, wie mit archäologischer Argumentation die Entstehung von Stammesgebieten (Siedlungsgebieten — *regiones*) aus dem Zusammenwachsen von Siedlungskammern (Siedlungsgefilden — *civitates*) sorgfältig gedeutet wird. Von „Landesausbau" könne in den westslavischen Ländern seit dem 11. Jahrhundert gesprochen werden.[5] Es ergibt sich als wichtiges Fazit für unsere Arbeit, daß man über einen zeitlich erweiterten Kolonisationsbegriff nachdenken muß. Wir werden bei dem hochmittelalterlichen Thema darauf zurückkommen.

Zur 2. Empfehlung *(Die Entstehung der europäischen Staaten im Mittelalter)*

Mit dieser komparativ angelegten Empfehlung ist das nach meiner Meinung interessanteste und ergiebigste Forschungsgebiet der Mediävistik in Mitteleuropa in den letzten zwei Jahrzehnten zu verbinden: die Erforschung der Anfänge und Entfaltung der europäischen Nationen im Mittelalter, d. h. die Herausbildung solcher politischer Strukturen Europas, die mit den Staatsbildungsprozessen eng verknüpft, aber nicht mit diesen identisch sind. Die *nationes*-Problematik war, als wir die Empfehlungen ausarbeiteten, noch nicht so entwickelt wie seitdem. So erklärte sich das Bedürfnis nach einer speziellen Tagung, wie wir sie 1982 in Braunschweig abgehalten haben. Damals haben Benedykt Zientara und ich selbst über die mittelalterlichen Probleme referiert.[6] Seitdem ist die Diskussion nochmals beträchtlich weitergekommen; die Studienserie „Nationes" aus dem Marburger Kreis liegt in fünf Bänden vor, internationale Mediävisten-Tagungen haben sich dieser Probleme in Mainz 1984 und in Braunschweig 1986 angenommen.[7] Die Arbeiten von Zientara, František Graus und Joachim Ehlers bieten feste Fundamente für weiteres methodisches Nachdenken.[8]

Zweifel an der Berechtigung dieser Fragestellung gibt es bis heute unter Neuzeithistorikern, sie waren ja auch — wie erinnerlich — in unseren Braunschweiger Gesprächen 1982 sehr stark. Dabei hatte Zientara schon 1981 in der Zeitschrift *Saeculum* kritisch zu der Arbeit von Jenö Szücz[9], auf den sich die neuzeitlichen Zweifler gerne beziehen, folgendes bemerkt: Alteuropäisches, d. h. mittelalterliches und modernes Nationsbewußtsein sind nicht in der Sache verschieden, sondern differieren in der sozialen Reichweite und in der Intensität. Im Mittelalter waren es, anders als in der modernen Ära, immer nur wenige, die die Träger der politischen Nation waren, und das Nationalbewußtsein war keineswegs von so hohem Rang in den Wertvorstellungen, wie es ihn im 19. und 20. Jahrhundert einzunehmen vermochte. Dennoch handelt es sich um eine durchgehende historische Kategorie Europas.

Dabei hat sich die mediävistische Nationenforschung immer davon freigehalten, bei diesen Problemen an eine Entwicklung aus einem Ursprung zu denken. Hier geht es nicht um Evolution, sondern um Funktionszusammenhänge. Indes lassen sich gewisse Konjunkturen ausmachen.[10] Drei große Schübe der Nationsbildung sind zu unterscheiden:

1. Die Zeit vom 9. zum 10. Jahrhundert tritt als die Entstehungszeit der meisten noch heute existierenden europäischen Nationen hervor.

2. Zu einer gewissen Vollendung kommt die nationale Bewußtseinsbildung dieser politischen Führungsgruppen in der Epoche vom 12. bis zum 15. Jahrhundert.

3. Der dritte Schub ist mit dem Durchbruch der bürgerlichen Nationen des Nationalstaats der Moderne gekennzeichnet.

In der Tat erscheint so das zweite nachchristliche Jahrtausend im Licht des konsistenten Forschungszusammenhangs, den die Nationsfrage bildet, als die eigentliche europäische Geschichte.

Für unsere Arbeit ist dies in zweifacher Hinsicht wichtig: die Probleme unserer zweiten Empfehlung mit ihrer komparativen Sicht der Staatsanfänge in Europa erfahren eine beträchtliche strukturgeschichtliche Vertiefung, und unser Konzept vom Jahrtausend der nationalen Nachbarschaft zwischen Deutschen und Polen wird noch deutlicher. Auch hierbei kommt es sehr darauf an, daß das methodische Vergleichen ernst genommen wird: Komparatistik ist nicht nur als Registrierung von anderen Forschungsmeinungen zu verstehen, sondern vor allem als Strukturvergleich fruchtbar.

Beim heutigen Stand der Nationes-Publikationen[11] könnte man bereits zu einem Mehrzonenvergleich in bezug auf die Nationsbildung im Frühmittelalter, d. h. zu einem Vergleich zwischen Frankreich, Deutschland und Ostmitteleuropa, kommen. (Unsere deutsch-polnische Beziehungsfrage läge mitten darin.) In bezug auf Frankreich läßt sich feststellen: die *Francia Occidentalis* kommt durch eine spezifische Konstruktion ihres Königtums zur Einheit, und dieser Vorgang zieht die politische Nation mit. Dadurch wird eine starke Kontinuität für die französische Geschichte als „Staatsnationsgeschichte" begründet. Diese ist immer mehr als die Geschichte der in Frankreich angesiedelten Völker.

Es erhebt sich die Frage, ob dem ostfränkisch-deutschen Reich demgegenüber nicht mehr „Volkscharakter" als dem westfränkischen zugrunde liegt, weil in der *Francia Orientalis* der politische Zusammenschluß von gut durchgeformten Stammesherzogtümern zu einem größeren regnalen Machtgebilde vor sich ging. „Verfrankung" und „Entfrankung" weisen hier offenbar eine andere Dialektik auf als auf dem Boden des Westreiches. Freilich ist in den Stammesherzogtümern der gentile Charakter schon überwunden: eigentlich sind es bereits Fürstentümer. Deshalb ist die Stellung des Königtums im Ostreich — so sehr es analoge Schritte zu gehen versucht wie der König im Westreich — im 10. Jahrhundert doch eine andere, nämlich grundsätzlich schwächere.

Wie aber sieht es damit nun in jener Zone von gentilen Herrschaftsbildungen aus, die östlich des Frankenreichs heranwuchsen, dort, wo Impulse nach Art der „Verfrankung" allenfalls als kulturelle Ausstrahlung wirkten? Auch hier entstanden ja bald nicht nur kraftvolle dynastische „Staaten", sondern auch recht markante nationale Strukturen. Interessant ist dabei, welche hervorragende Rolle die Quellenkategorie der Namen für das Nationenproblem spielen kann. Sie läßt sich verfassungsgeschichtlich ergiebig zum Sprechen bringen. In Frankreich bildet *Francia* als Name für die Königslandschaft einen festen Kern. In der Nomenklatur zeigt sich hier der Weg der Nationsbildung durch den Staat. Weitaus komplizierter ist die nomenklatorische Situation in Deutschland. Die gelehrte Transformation des alten Wortes *þeodisk* zu *theutonicus* erfährt eine Politisierung, wenn in der Geschichtsschreibung von *regnum theutonicorum* (921) die Rede ist. Zwar tritt noch in dem Wahlakt von Fritzlar 919 das „Reichsvolk" der Franken auf eine spezifische Weise, nämlich durch eine zweifache Prozedur der Königserhebung, auf.

Aber mit der neuen Dynastie sind offenbar übergreifende Vorstellungen verbunden. Wenn diese auch nicht zu einem *regnum Germaniae*-Begriff führen, so könnten sie doch in dem von sächsischer Seite propagierten *regnum Saxoniae* zum Ausdruck kommen. Das ist noch außerordentlich schwer zu durchschauen.[12] Die *Polonia*-Nomenklatur, die um die Jahrtausendwende aufkommt, entspricht in der frühen Phase der Staats- und Nationsbildung eher dem französischen Typus. Eine Kernlandschaft mit starkem Fürstentum strahlt nomenklatorisch auf das ganze Expansionsgebiet der Dynastie der Piasten aus, wobei das Bewußtsein, daß die Ausgangslandschaft der Reichsbildung die *Polonia propria* ist, erhalten bleibt.

Aber fast noch wichtiger als diese interessanten Einzelbeobachtungen ist für unser Arbeitskonzept in der deutsch-polnischen Schulbuchkommission der universelle Aspekt des Problems, der ja dem ganzen zweiten Jahrtausend der europäischen Geschichte konstitutiv zugrunde liegt. Im Verlauf der Forschungsgeschichte, d. h. ihrer Auswirkung auf das europäische Geschichtsbild, liegen für uns wichtige Erkenntnismöglichkeiten. Die ältere Forschung, wie sie noch Theodor Schieder und Hans Rothfels vertreten haben, hat immer stark auf die Ost-West-Unterschiede bei der Entstehung und Ausprägung der modernen Nationen und des Nationalismus im 19. und 20. Jahrhundert geachtet. Sie hat diese sicherlich evidenten Kontraste in einer späten Entwicklungsstufe des Nationsproblems aber nicht eigentlich historisch abzuleiten verstanden, sondern wie naturgegebene Befunde beschrieben. Erst der historische Rückgriff auf die vormodernen Epochen der Nationen in Europa, wie ihn die moderne Nationes-Forschung so erfolgreich praktiziert, läßt die historischen Voraussetzungen des modernen Nationalismus in seinen Ost-West-Unterschieden deutlich werden. D. h. in der Epochenanalyse der Geschichte des „Nationalen" in Europa wird deutlich sichtbar, wie ein älterer Horizont politischer Nationen durch den anationalen Imperialstaat in Osteuropa im Zeitalter der Großen Mächte, seit dem 17. Jahrhundert, und im Zeichen absolutistischer Machtstaatserfolge abgedrängt und destruiert wird.

Wir kommen also zu dem Fazit, daß die Probleme, die in unserer zweiten Empfehlung zur Sprache kommen, in einem außerordentlich fruchtbaren Forschungsfeld liegen. Fruchtbar aber sind Fragestellungen der Forschung immer dann, wenn durch sie die fundamentalen Probleme der europäischen Geschichte, die bis heute virulent sind, zu größerer Beachtung hingeführt werden.

Zur 3. Empfehlung *(Das mittelalterliche Kaisertum und die deutsch-polnischen Beziehungen)*

Das beziehungsgeschichtliche Korrelat zu den komparatistischen Problemen der zweiten Empfehlung stellt die dritte dar. Ihre vertiefte Bearbeitung in unserem Kreis auf einer Fachkonferenz ist eine bisher nicht erfüllte Forderung an uns selbst geblieben. Vorsichtige Ansätze dazu gab es im Rahmen der Schlesien-Konferenz in Allenstein 1979.

Am intensivsten hat der Gießener Kreis an diesen Problemen weitergearbeitet. Herbert Ludat hatte seine Auffassungen ja bereits vor Eintritt in unsere Kommissionsarbeit um 1970 zusammengefaßt.[13] Aber seine Studien „An Elbe und Oder" waren in einer offenen Gedankenform angelegt und für die weitere Diskussion gedacht. So ist in seinem Kreis inzwischen mit dem Regestenwerk zur Geschichte der Elbemarken[14] Grundlagenforschung für die deutsch-polnischen Beziehungen dieser Epoche geleistet worden. Es kann kein Zweifel daran bestehen, daß dadurch ein hohes Maß von Präzisierung in die Diskussion hineinkommt.

Ich will in kurzen Strichen zu zeigen versuchen, wie die Probleme der dritten Empfehlung sich im Licht dieser verbesserten Quellengrundlage darstellen. Vor allem ist wichtig für uns, daß die deutsch-polnischen Beziehungen von Anfang an mit den Staats- und Nationsbildungsprozessen auf beiden Seiten verknüpft sind. Das ist ein Beweis für das konstitutive Moment der Beziehungen zwischen den Nationen bei der Nationsbildung selbst. Deutsche und Polen treten als Beziehungspartner auf die geschichtliche Bühne. Der Geschehenszusammenhang ist ein Vorgang, der die Begründung von Einflußsphären von beiden Seiten in den Elbemarken, d. h. in dem Gebiet zwischen Elbe und Oder, erkennen läßt. In dem quantitativ bedeutenderen deutschen Anteil an diesem Vorgehen hat Wolfgang Fritze von Versuch der Begründung von „Königsland" gesehen.[15]

Wie immer man die Streitfragen um die ersten Nachrichten zu Mieszko und sein Herrschaftsgebiet beurteilt[16], sicher ist, daß sich deutsche Ostpolitik und polnische Westpolitik seit den 940er Jahren in den Elbemarken begegneten[17] und daß seit Mieszkos Eintritt in den Kreis der christlichen Herrscher die Möglichkeiten der Kooperation unter den christlichen Mächten ausgelotet wurden. Anders ausgedrückt: Im Grunde zeichnete sich bereits jetzt ab, was auf dem Höhepunkt der *renovatio imperii* um die Jahrtausendwende dann förmlich zu Tage treten sollte: Die Gleichrangigkeit des polnischen *regnum* an der Seite des deutschen, die sich dann in dem Aufstieg des jetzt noch als *tributarius* geltenden Polenherrschers zum *dominus* dokumentierte. Dabei bot die neue Politik der Kooperation im Sinne der christlichen Imperialidee Raum genug auch für die Wahrung des polnischen Eigeninteresses, das sich in der Übernahme des Christentums aus Böhmen ebenso dokumentiert wie in der Tatsache, daß 968 das erste polnische Bistum in Posen eingerichtet werden konnte.

Was so als deutsch-polnische Zusammenarbeit in den sechziger Jahren begründet wurde, war von Bestand. Dies ist zu betonen, auch wenn die Ereignisse bei den Herrscherwechseln im Reich sowohl nach dem Tode Ottos des Großen als auch nach dem Ottos II. auf den ersten Blick anderes vermuten lassen. In Mieszkos temporärem Paktieren mit Heinrich dem Zänker, dem Haupt der Opposition gegen die ottonische Thronfolgepolitik, spiegelt sich vor allem die traditionelle Labilität der deutschen Königsherrschaft, an deren jeweils chancenreichstem Anwärter sich der Bündnispartner des Reiches orientierte.

Wie gut indes die politischen Interessen beider Seiten sich ineinanderfügten, sollte die Zukunft eindrucksvoll zeigen: Polen gewann auf längere Sicht reichspolitischen Rückhalt bei der Erprobung seiner Expansionsabsichten. Diese hatten außer Pommern die von Böhmen beherrschten Länder Schlesien und Krakau im Auge. Das Reich hingegen hatte einen verläßlichen Partner bei der christlichen Durchdringung der heidnisch-slavischen Welt gewonnen. Daß das Reich dieser Partnerschaft bedurfte, zeigte sich, als sich unter dem Druck aus West und Ost in vielen slavischen Regionen der Widerstand gegen die christliche Herrschaft immer stärker formierte, bis sie dem großen Aufstand von 983 völlig zusammenbrach. Der Versuch des deutschen Königslandes zwischen Elbe und Oder war gescheitert.

Die Frage nach dem Schicksal der Slaven zwischen Elbe und Oder ist also nicht von der Geschichte der deutsch-polnischen Beziehungen zu trennen. Man muß sogar sagen, in dem Maße, in dem sich Deutsche und Polen nicht zuletzt durch ihre frühen Beziehungen zueinander als Nationen zu konstituieren und zu begreifen begannen, haben sie einen entsprechenden Formierungsprozeß bei den Nordwestslaven behindert. Aber auch noch in der relativ starken Position, die die Lutizen (mit ihrem eigenartigen Machtgebilde des amphiktyonieartigen Bundes) nach dem siegreichen Aufstand von 983 im politischen Kräftespiel in Mitteleuropa erlangten, ist der deutsch-polnische Konnex deutlich: Zunächst trieb das vom Reich unterstützte Bemühen Polens um die Gewinnung Schlesiens und des Krakauer Landes die böhmischen Herrscher in die Koalition mit den Lutizen, und später — nach dem Tode Ottos III., dem Zusammenbruch der Renovatio-Politik und der deutsch-polnischen Kooperation — hat der deutsche König Heinrich II. im Jahre 1002 die heidnischen Lutizen *de inimicis familiarissimos* gemacht. Eine beachtliche Stabilisierung der heidnischen Reaktion im Slavenland für fast zwei Jahrhunderte war die Folge. Es hat auch in dieser Zeit noch weitere deutsch-polnische Bemühungen um die Rechristianisierung gegeben. Sie waren aber nicht von Dauer. Die Zukunft gehörte nicht dem Kooperationsmodell der Renovatio-Epoche, nicht dem Geist von Gnesen, sondern der einseitigen Expansion der deutschen Territorialgewalten im Zuge der hochmittelalterlichen deutschen Ostsiedlung. Diese hat dann mit der Hervorbringung der deutschen Neustämme und Ostdeutschlands ein neues Zeitalter auch der deutsch-polnischen Beziehungen eingeleitet.

Zur 4. *(Schlesien und Pommern in der Frühgeschichte Polens, 10.—13. Jahrhundert)* und 5. Empfehlung *(Die mittelalterliche deutsche Siedlung im östlichen Mitteleuropa)*

Beide Empfehlungen gehören eng zusammen, obwohl die eine kontrovers und die andere einvernehmlich formuliert ist. Auf diese auffallende Diskrepanz bin ich schon in meinem Referat auf der Allensteiner Konferenz eingegangen. Mir scheint, daß unsere damaligen Diskussionen über die Rolle Schlesiens und Pommerns in der Geschichte der deutsch-polnischen Beziehungen im Mittelalter uns ein erhebliches Stück vorangebracht haben. Die Lösung des in den Empfehlungen noch so auffallenden Gegensatzes lag für uns Fachleute in der methodischen Aufhebung der doppelten Perspektive, die isoliert voneinander in beiden Empfehlungen enthalten war. Es kam auf ihre Vereinigung in einer problemgerechteren Fragestellung an; unter der Rubrik „Autochthonie und Neustammbildung" habe ich diese Fragestellung anzudeuten versucht. Auch die späteren Diskussionen in unserem Kreise zeigten, daß hier die Probleme liegen, die uns weiterführen. Erinnern möchte ich vor allem an die denkwürdige Debatte in Bukarest 1980, wo mir Marian Biskup sozusagen im Geist von Olsztyn zur Hilfe kam und gegen verschiedene Angriffe richtigstellte, daß ich in meinem Kongreßrapport die *gemeinsamen* Ergebnisse der deutschen und der polnischen Forschung zum Kolonisationsproblem in Ostmitteleuropa vorgetragen hatte.[18]

In demselben Jahr hat Gotthold Rhode einen bemerkenswerten Versuch unternommen, das mittelalterliche Rußland in den deutsch-polnischen Vergleich einzubeziehen.[19] Und neuerdings bemüht sich Winfried Schich um eine genauere Gewichtung des Anteils der Juden an der hochmittelalterlichen Kolonisation. Seine Beobachtungen an brandenburgischen Städten lassen vermuten, „daß Juden schon in der Frühzeit des hochmittelalterlichen Landesausbaus" und nicht erst nach dem Beginn der Verfolgungen in Westdeutschland am Ende des 13. Jahrhunderts nach dem Osten zogen. In den entstehenden ostdeutschen Territorien war „das jüdische Siedlerpotential offensichtlich für den herrschaftlich gelenkten Landesausbau ein erwünschtes Element". Das hängt zweifellos zusammen mit dem Kapitalproblem, dem Vordringen von Geldwirtschaft und Geldhandel, aber auch neuen Handelstechnologien im Fernhandel. Für Polen läßt sich Ähnliches feststellen. Auch hier sind die Juden unter die Fremden zu zählen, auf deren Zuzug man seit der Mitte des 13. Jahrhunderts rechnete; und nicht nur Diskriminierung zu Hause, sondern auch der Anreiz des besseren Rechtes im Kolonisationsgebiet war ein Motiv jüdischer Auswanderung.[20]

Demgegenüber hat die besonders vehemente Kritik an unserer Arbeit aus dem Kreis der Historischen Kommission für Schlesien bzw. in den sogenannten Alternativempfehlungen auf eine völlig andere Argumentationsebene geführt, die ohne Berücksichtigung des dialogischen Wissenschaftsprinzips, das unsere Kommissionsarbeit kennzeichnet, auszukommen vermeint. Mit der positivistischen Herausstellung von Einzelheiten der schlesischen Geschichte zielt man letztlich doch an unseren Problemen vorbei. Diese Frontenbildung ist deshalb so bedauerlich, weil es in der Schlesien-Kommission gewiß gute Sachkenner — wie Walter Kuhn (verst. 1986) und J. J. Menzel — gibt. Ich habe auf ihre Verdienste für die vergleichende Kolonisationsforschung in meinem Bukarester Rapport 1980 hingewiesen; auch an den Reichenau-Tagungen[21] waren sie beteiligt. Walter Kuhn hat sich darüber hinaus ohne Zweifel Verdienste erworben bei der Vermittlung polnischer Forschungsergebnisse in Deutschland und Westeuropa. Hier hätten die Historischen Kommissionen für Schlesien und Pommern überhaupt ein weites Aufgabenfeld, das jedoch weitgehend brach liegt. Im Unterschied dazu bemüht sich die Kommission für Ost- und Westpreußen, so gut es irgend geht, um die Wahrnehmung der Arbeitskontakte mit der polnischen Landesgeschichte.

Wie dürftig aber im ganzen in Westeuropa der Kenntnisstand in bezug auf die Fortschritte der kolonisationsgeschichtlichen Forschung in Polen heute — vierzig Jahre nach dem Zweiten Weltkrieg — ist, lehrt der jüngste Versuch einer Gesamtdarstellung der Geschichte der deutschen Ostsiedlung. Charles Higounet, der bekannte und verdiente französische Siedlungsgeograph, hat dazu ein umfangreiches Buch geschrieben, das in deutscher Sprache 1986 erschienen ist.[22] Man nimmt, in Kenntnis von Higounets bisherigen Arbeiten, das Buch mit großen Erwartungen zur Hand, und auch der Umschlagtext macht einen neugierig auf die „nach jahrzehntelanger Forschung erste, die Quellen beider Seiten berücksichtigende Gesamtdarstellung eines Vorgangs, der die Geschichte Mitteleuropas bis in die jüngste Vergangenheit geprägt hat".

Es ist ein mutiger Versuch mit untauglichen Mitteln. Denn letztlich überwiegt hier die Orientierung an den Erkenntniskategorien der vierziger Jahre mit ihrer diffusen Vermischung des germanischen und deutschen Geschichtshorizonts, und eine grundsätzliche Einsicht in die Entwicklung der Fragestellung nach dem Zweiten Weltkrieg fehlt. Es gibt keine wirkliche Auseinandersetzung mit der deutschen Nachkriegsforschung, und auch die polnische Forschung ist dem Verfasser nur bruchstückhaft und aus zweiter Hand bekannt. Ich erspare es mir, die zum großen Teil amateurhaften Mißverständnisse in weiten Teilen des Buches vorzuführen. Verläßlich ist eigentlich nur der dritte Teil der Arbeit, in dem es um die siedlungskundlichen Realien geht. Aber auch hier verbleibt alles im Deskriptiven, dem Verfasser gelingen kaum Problemverknüpfungen, wie sie Walter Kuhn für die deutsche oder Benedykt Zientara für die polnische Seite geleistet haben. Im Grunde werden erst in dem Epilog die Probleme aufgezählt, deren Erörterung in dem ganzen Buch unterblieben ist.

So bleibt es also bei der Aufgabe, das Problem der Kolonisation in Ostmitteleuropa im universalgeschichtlichen Prozeß mit dem Instrumentarium von Beziehungsgeschichte und Komparatistik allseitig zu erfassen. Es ist für die Epoche des Hoch- und Spätmittelalters die wichtigste Problemstellung in der Geschichte der deutsch-polnischen Beziehungen, und wir werden sie, nach allem, was wir bisher erreicht haben, nur noch als eine deutsch-polnische Gemeinschaftsaufgabe lösen können.

Anmerkungen

[1] *Empfehlungen für Schulbücher der Geschichte und Geographie in der Bundesrepublik Deutschland und in der Volksrepublik Polen,* Braunschweig 1977, S. 13—15. Über die mit der Empfehlung 6 (Polen und der Deutsche Orden) verbundenen Probleme gibt das Referat von Hartmut Boockmann Auskunft.

[2] *Die Rolle Schlesiens und Pommerns in der Geschichte der deutsch-polnischen Beziehungen im Mittelalter. (XII. deutsch-polnische Schulbuchkonferenz der Historiker 1979 in Allenstein).* Braunschweig 1980; *Nationalgeschichte als Problem der deutschen und der polnischen Geschichtsschreibung. (XV. deutsch-polnische Schulbuchkonferenz der Historiker 1982 in Braunschweig).* Braunschweig 1983.

[3] Dies hat offensichtlich auch Joachim Herrmann in der neubearbeiteten Auflage seines Handbuchs *Die Slaven in Deutschland,* Berlin 1985, im Auge, wenn er betont, daß die Bedeutung der slavischen Migrationsgeschichte für die „Herausbildung des deutschen Volkes" die Probleme frühzeitig in den Blickpunkt der Geschichtsschreibung gerückt hätte. Trotz der Flut von Literatur „bürgerlicher deutscher, polnischer und tschechischer Mediävistik, Archäologie und Namenkunde" stehe „eine ausführliche Darstellung der Forschungsgeschichte in der Ideologiegeschichte" nach wie vor aus (S. 2, 494).

[4] So z. B. Oskar Kossmann in seinem neuesten Buch *Polen im Mittelalter,* Bd. 2: Staat, Gesellschaft, Wirtschaft im Bannkreis des Westens, Marburg 1985, S. 3.

[5] J. Herrmann, *Handbuch,* wie Anm. 3, S. 20; siehe auch E. Gringmuth-Dallmer, *Die Entwicklung der frühgeschichtlichen Kulturlandschaft auf dem Territorium der DDR unter Berücksichtigung der Siedlungsgebiete.* Berlin 1983.

[6] *Nationalgeschichte als Problem,* wie Anm. 2, S. 36—45 (Zientara); S. 67—80 (Zernack).

[7] *Das Europa der Nationen im Mittelalter. 3. deutsch-polnisches Historikertreffen,* Mainz 1984; *Ansätze und Diskontinuität deutscher Nationsbildung im Mittelalter,* Braunschweig 1986 (im Druck).

[8] B. Zientara, *Populus — gens — natio. Z zagadnień wczesnośredniowiecznej terminologii etnicznej* (Populus — gens — natio. Zum Problem der ethnischen Terminologie des Frühmittelalters), in: *Cultus et congitio. Studia z dziejów średniowiecznej kultury* (Festschrift für Aleksander Gieysztor), Warszawa 1979, S. 673—682; ders., *Struktury narodowe średniowiecza. Próba analizy terminologii przedkapitalistycznych form świadomości narodowej* (Nationale Strukturen des Mittelalters. Ein Versuch der Analyse der Terminologie vorkapitalistischer Formen des Nationalbewußtseins), in: *Kwartalnik Historyczny* 84 (1977), S. 287—311; eine erweiterte Fassung erschien in deutscher Sprache: *Nationale Strukturen des Mittelalters. Ein Versuch zur Kritik der Terminologie des Nationalbewußtseins unter besonderer Berücksichtigung osteuropäischer Literatur,* in: *Saeculum* 32 (1981), S. 301—316; ders., *La conscience nationale en Europe occidentale au Moyen Age. Naissance et mécanismes du phénomene,* in: *Acta Poloniae Historica* 46 (1982), S. 5—30; ders., *Świt narodów europejskich* (Die Geburt der europäischen Nationen), Warszawa 1985.
F. Graus, *Die Nationenbildung der Westslaven im Mittelalter.* = *Nationes* 3. Hrsg. von H. Beumann und W. Schröder, Sigmaringen 1980.
J. Ehlers, *Elemente mittelalterlicher Nationsbildung in Frankreich* (10.—13. Jahrhundert). In: *Historische Zeitschrift* 231 / 1980), S. 565—587; ders., in: *Beiträge zur Bildung der französischen Nation im Früh- und Hochmittelalter.* = *Nationes* 4. Hrsg. von H. Beumann, Sigmaringen 1983; ders., *Nation und Geschichte. Anmerkungen zu einem Versuch,* in: *Zeitschrift für historische Forschung* 11 (1984), S. 205—218.

[9] J. Szücs, *„Nationalität" und „Nationalbewußtsein" im Mittelalter. Versuch einer einheitlichen Begriffssprache,* in: *Acta Historica Academiae Scientiarum Hungaricae* 18 (1972), S. 1—38, 245 bis 266; diese Studie ist inzwischen erneut gedruckt in dem Sammelband von einschlägigen Aufsätzen von J. Szücz, *Nation und Geschichte. Studien,* Köln, Wien 1981 (= Beihefte zum Archiv für Kulturgeschichte).

[10] F. Graus, *Kontinuität und Diskontinuität des Bewußtseins nationaler Eigenständigkeit im Mittelalter,* in: *Entstehung von Sprachen und Völkern. Glotto- und ethnogenetische Aspekte europäischer Sprachen* (Akten des 6. Symposiums über Sprachkontakt in Europa). Mannheim 1984, S. 71—81, hier S. 80.

[11] Siehe außer den schon genannten Bänden 3 (Graus) und 4 (Ehlers) den 1. Band der Serie mit dem Titel *Aspekte der Nationenbildung im Mittelalter. Ergebnisse der Marburger Rundgespräche 1972—75.* Hrsg. von H. Beumann und W. Schröder, Sigmaringen 1978 (vor allem wichtig der Beitrag von H. Beumann, *Die Bedeutung des Kaisertums für die Entstehung der Deutschen Nation im Spiegel der Bezeichnung von Reich und Herrscher,* S. 317—365).

[12] Dazu jüngst W. Eggert u. B. Pätzold, Wir-Gefühl und regnum Saxonum bei frühmittelalterlichen Geschichtsschreibern, Weimar 1984.

[13] H. Ludat, *An Elbe und Oder um das Jahr 1000, Skizzen zur Politik des Ottonenreiches und die slavischen Mächte im Mitteleuropa,* Köln—Wien 1969.

[14] Ch. Lübke (Hrsg.), *Regesten zur Geschichte der Slaven zwischen Elbe und Oder (vom Jahre 900 an).* Bisher erschienen Teil I—III (bis 1013). Berlin 1984ff.

[15] W. H. Fritze, *Der slavische Aufstand von 983 — eine Schicksalswende in der Geschichte Mitteleuropas,* in: *Festschrift der Landesgeschichtlichen Vereinigung für die Mark Brandenburg zu ihrem hundertjährigen Bestehen (1884—1984).* Hrsg. v. E. Henning und W. Vogel, Berlin 1984, S. 9—55, hier S. 15.

[16] Dazu hat zuletzt nochmals in umfassender Weise Gerard Labuda Stellung genommen in der erweiterten Neuauflage seiner Habilitationsschrift *Studia nad początkami państwa polskiego* (Studien zu den Anfängen des polnischen Staates), Poznan 1987, S. 413ff.

[17] K. Zernack, *Köpenick und das Land Zpriauuani in voraskanischer Zeit,* in: *Jahrbuch für die Geschichte Mittel- und Ostdeutschlands* 9/10 (1961), S. 13—47.

[18] K. Zernack, *Der hochmittelalterliche Landesausbau als Problem der Entwicklung Ostmitteleuropas,* in: *XVe Congres International des Sciences Historiques.* Rapports II, Bukarest 1980, S. 144—158.

[19] G. Rhode, *Die Ostbewegungen des deutschen, polnischen und russischen Volkes im Mittelalter. Versuch eines Vergleichs,* in: *Europa Slavica — Europa Orientalis* (Festschrift für H. Ludat) Berlin 1980, S. 178—204.

[20] W. Schich, *Zum Problem der Juden in der frühen deutsch-rechtlichen Stadt im östlichen Mitteleuropa,* in: *Deutsche — Polen — Juden.* Hrsg. von St. Jersch-Wenzel, Berlin 1987, S. 117—150.

[21] W. Schlesinger (Hrsg.), *Die deutsche Ostsiedlung des Mittelalters als Problem der europäischen Geschichte,* Sigmaringen 1975, S. 131—159 (Menzel), S. 225—261, 369—415 (Kuhn).

[22] Ch. Higounet, *Die deutsche Ostsiedlung des Mittelalters,* Berlin 1986, siehe dazu meine Rezension in: Jahrbuch für die Geschichte Mittel- und Ostdeutschlands 37 (1987), S. 431—434.

Hartmut Boockmann

Die Bilanz, die ich hier geben soll, wird durch zwei Schwierigkeiten behindert. Zum einen handelt es sich um die generelle Schwierigkeit, welche diese Schulbuchgespräche schwer macht. Wer soll sie eigentlich führen? Experten für Schulbücher oder Experten für die historische Periode, um die es jeweils geht? Ich jedenfalls bin kein Experte für Schulbücher. Bin ich ein Experte für die Sache? Ich habe einiges über die Geschichte des Deutschen Ordens geschrieben, auch eine Art von Gesamtdarstellung, aber das ist doch nur eines meiner Arbeitsfelder. Ich würde mein Amt, eine ordentliche Professur für Mittelalterliche und Neuere Geschichte, mißbrauchen, falls ich auf den Gedanken verfallen würde, mich ganz oder auch nur überwiegend mit der Geschichte des Deutschen Ordens sowie der Preußens zu beschäftigen. Schließlich bin ich kein Experte für die polnische Geschichte, und das sollte jemand, der über den Deutschen Orden arbeitet, tunlichst auch sein. Auf der anderen Seite wäre es wenig fruchtbar, sich mit der Geschichte dieses Ordens ohne sehr genaue Kenntnisse der deutschen Geschichte zu befassen. Dennoch bleibt es mißlich, wenn die eigene Arbeitspraxis nicht über die östlichen Grenzen Preußens und Livlands hinausreicht.

Immerhin läßt sich dieses Problem durch eine Art von Arbeitsteilung vermindern. Offensichtlich ist den polnischen Kollegen, die über die Geschichte des Deutschen Ordens arbeiten, die polnische Geschichte besser vertraut als die deutsche, und bei den deutschen Historikern ist es umgekehrt. Doch was bedeutet das? Im guten Falle wechselseitige Ergänzung und Belehrung. Im schlechten Falle Verständigungsschwierigkeiten. Womit haben wir es zu tun? Mit wechselseitiger Belehrung und Bereicherung oder mit Verständigungsschwierigkeiten? Die Antwort auf diese Frage ist identisch mit dem, was dieses Referat erbringen soll. Ich nehme das Ergebnis vorweg. Es kann, so denke ich, nicht bezweifelt werden, daß in den letzten Jahren die Verständigungsschwierigkeiten abgenommen haben und die Ergänzung und die wechselseitige Belehrung gewachsen sind, und zwar in so hohem Maße, daß es über die Verständigung hinaus zu gemeinsamer Arbeit gekommen ist. Das gilt jedenfalls für die Wissenschaft. Doch wie steht es mit den Schulbüchern?

Über die polnischen kann ich nichts sagen, aber die deutschen wären mir natürlich zugänglich, und die Analyse ist keine Geheimwissenschaft. Wenn ich trotzdem keine Schulbuchanalyse vorgenommen habe, so hat das einmal den einfachen Grund, daß ich während der Wochen vor unserer Zusammenkunft keine Zeit dafür hatte. Zum anderen möchte ich aber annehmen, daß das Resultat nicht prinzipiell anders gewesen wäre als jenes, das den gelegentlichen Beobachtungen entspricht, welche ich in den letzten Jahren gemacht habe.

Ich meine sagen zu können, daß die nicht wenigen Formulierungen der Schulbücher, die uns vor eineinhalb Jahrzehnten als wissenschaftlich obsolet, unhaltbar und falsch erschienen sind, in ihrer großen Mehrheit heute in deutschen Schulbüchern nicht mehr zu finden sind. Insofern haben sich die Schulbuchgespräche durchaus gelohnt. Es muß aber bei den deutschen Schulbüchern ein Gesichtspunkt genannt werden, auf den wir deutschen Historiker schon vor fünfzehn Jahren hingewiesen haben und der heute mehr denn je gilt: In den deutschen Schulbüchern ist der Raum, der dem Mittelalter zugebilligt wird, immer wieder verkleinert worden. Mancher Sachverhalt, dessen Fehlen polnische Kritik unserer Schulbücher mit Recht hervorgehoben hat, fehlt einfach aus Gründen des Raumes. Wie immer hat ein solches Manko auch seine guten Seiten. Mancher Unsinn, der sich in älteren Büchern fand, ist einfach deshalb weggefallen, weil sein Platz weggenommen wurde. Trotzdem haben wir es hier mit einem ernsten Problem zu tun, das nicht nur unsere Schulbuchgespräche fragwürdig macht, sondern auch Folgen für das Verhältnis zwischen Deutschen und Polen hat.

Nicht wenige derer, die bei uns für Schulbücher und Lehrpläne verantwortlich sind, meinen, daß eigentlich nur die Geschichte des 19. und 20. Jahrhunderts für den Schulunterricht wichtig sei. Es gibt Prüfungsordnungen für künftige Lehrer, die von diesen keine Prüfung in mittelalterlicher Geschichte mehr verlangen. Es ist jedoch ein Irrtum zu meinen, daß man die Geschichte des 19. und 20. Jahrhunderts hinreichend verstehen kann, wenn man sich auf diese beiden Jahrhunderte beschränkt. Die Folgen solcher Beschränkungen kann man gelegentlich, am Rande bemerkt, auch bei Professoren beobachten, deren Arbeitsfeld über die Mittel des 19. Jahrhunderts nicht zurückreicht.

Jedenfalls unsere Schulbuchgespräche zwischen polnischen und deutschen Historikern sind schlechterdings unmöglich, wenn die geschichtliche Vorstellung nicht auf beiden Seiten ins Mittelalter zurückgeht.

Auf deutscher Seite gibt es nicht selten Stimmen, die im Vergessen der älteren Vergangenheit einen Vorteil sehen — als könne es die Verständigung zwischen Deutschen und Polen fördern, wenn die deutsche Vergangenheit der polnischen Westgebiete und die Jahrhunderte deutscher Kulturelemente auch in den alten polnischen Territorien in Vergessenheit geraten. Vielleicht denkt ja auch in Polen mancher, es könne gar nicht schlecht sein, wenn zum Beispiel niemand mehr wüßte, daß der bedeutende Posener Archivar Adolf Warschauer, ein großer Gelehrter, ein aus Schlesien stammender Jude und ein Mann, von dem ich meinen möchte, daß man seine Wirksamkeit heute in Posen sehr hoch einschätzt, sich als Deutscher verstand und daß seine Muttersprache das Deutsche war.

Mir scheint jedoch, daß man in unserem Kreise und überhaupt unter ernstzunehmenden Leuten sehr leicht darüber einig werden kann, daß das Vergessen hier gar nichts hilft, sondern schädlich ist. Die Katastrophen unseres Jahrhunderts würden ja verkleinert werden, falls man nicht wüßte, was vorher war. Was wir Deutschen in der nationalsozialistischen Zeit verschuldet haben, würde man geradezu verdecken, wenn man nicht wüßte, daß die Folge davon der Verlust von Gebieten war, die eine lange deutsche Geschichte gehabt haben — wie nicht zuletzt das einstige preußische Territorium des Deutschen Ordens.

Was die Geschichte dieses Gebietes im Spiegel der Schulbücher während der letzten fünfzehn Jahre angeht, so konnte ich nur eine Anmerkung machen, die teils positiv, teils jedoch besorgt war. In den deutschen Schulbüchern schwindet der Raum für die ältere Geschichte ebenso wie im Unterricht.

Nun aber die Wissenschaft: hier sieht die Bilanz sehr viel positiver aus, wenngleich es Probleme gibt. Der Intensität, mit der insbesondere in Thorn die Geschichte des Deutschen Ordens erforscht wird, haben wir auf westdeutscher Seite nichts entsprechendes gegenüberzustellen. Gewiß sieht die Sache anders aus als in der DDR, wo die polnischen Historiker, die sich mit der Geschichte des alten Preußen oder mit der Schlesiens beschäftigen, überhaupt keinen Gesprächspartner haben. Aber es besteht doch auch im Falle der Bundesrepublik das Problem, daß die institutionellen Stützen, ohne welche Geschichtswissenschaft auf Dauer nicht möglich ist, sehr schwach sind. Wir deutschen Historiker, die wir uns mit der Geschichte der heute polnischen, einstmals deutschen Territorien beschäftigen, haben große Mühe, Gesprächspartner unserer polnischen Kollegen zu bleiben. Ich möchte meinen, daß das von unseren polnischen Kollegen bedauert wird.

Trotzdem ist einiges geschehen. Auf deutscher Seite, auf polnischer Seite, und vieles geschah in Kooperation. Manches von dem, was heute selbstverständlich erscheint, hätte man vor fünfzehn Jahren nicht für möglich gehalten.

Daß sich deutsche und polnische Historiker im Hinblick auf Probleme der Geschichte des Deutschen Ordens so oft gestritten haben, war abgesehen von den auf der Hand liegenden aktuellen Implikationen auch eine Folge davon, daß dieses Thema allzusehr isoliert worden war. In der deutschen historiographischen Tradition hat man die Geschichte des Deutschen Ordens immer wieder als ein Thema ausschließlich der deutschen Nationalgeschichte verstanden — als habe der Deutsche Orden nationalpolitische Ziele verfolgt. Die Mißverständnisse in der polnischen Tradition waren nicht geringer. Der Deutsche Orden erschien als eine Art von anti-polnischer Organisation. Natürlich haben das im Ernst viele polnische Historiker, die etwas davon verstanden, nicht angenommen — genauso wie gute deutsche Historiker stets gewußt haben, daß man zwischen der mittelalterlichen Geschichte des Deutschen Ordens und modernen nationalpolitischen Konflikten unterscheiden muß. Aber auch gute Historiker sind Gefangene ihrer Zeit. Und wenn sie nicht gelehrte Aufsätze schreiben, sondern kurze Essays, dann gilt das in noch höherem Maße. Wir haben ja alle die Aufgabe, die Vergangenheit der Gegenwart verständlich zu machen. Wir haben eine Übersetzungspflicht. Wenn es gut geht, bringen wir die Vergangenheit der Gegenwart nahe. Geht es schlecht, vergessen wir die Gegenwart und sprechen nur die Sprache der Vergangenheit. Wenn wir das vermeiden wollen, besteht aber die Gefahr, daß wir die Vergangenheit allzusehr mit den Augen der Gegenwart sehen. Dafür gibt es in den Arbeiten über die Geschichte des Deutschen Ordens besonders drastische Beispiele — auf deutscher wie auf polnischer Seite.

Wie kann man das vermeiden? Zum Beispiel durch eine Aufhebung der Isolation, in die ein historisches Thema aus aktuellen Gründen geraten ist. Im Falle des Deutschen Ordens war die Einbettung seiner Geschichte in die der großen Ritterorden ein erfolgreicher Versuch, die traditionelle Isolation eines historischen Themas zu vermindern.

Vor zwanzig Jahren noch konnte man den Eindruck haben, als hätten es die deutschen und die polnischen Historiker bei der Geschichte des Deutschen Ordens überwiegend mit Fragen folgender Art zu tun: Hat der Deutsche Orden das Privileg von Kruschwitz 1230 gefälscht? Hat der Deutsche Orden 1309 in Danzig viele Tausende umgebracht? Wurde das Weichselland 1466 zu einem Teil Polens? Diese und andere Probleme, bei denen sich die Lösungen danach unterschieden, ob die Historiker Deutsche waren oder Polen, haben inzwischen an Gewicht verloren. Ich nenne als Beispiel das schon erwähnte Kruschwitzer Privileg des Herzogs von Masowien für den Deutschen Orden von 1230. Nachdem der deutsche Historiker Max Perlbach es vor mehr als einem Jahrhundert als durch den Orden gefälscht erwiesen zu haben glaubte, hat der polnische Historiker W. Kętrzyński, einer der Gründerväter der polnischen Mediävistik, diese Meinung übernommen und sie zu einer Art von Fundament des antipreußischen polnischen Geschichtsbildes gemacht. Er und seine Nachfolger meinten, die deutscherseits so sehr gepriesene Staatsgründung des Deutschen Ordens in Preußen habe auf einer Reihe von Fälschungen beruht und könne deshalb als unrechtmäßig angesehen werden. So war es nicht verwunderlich, daß die polnische Historiographie sich weigerte, die Revision der Studien von Perlbach, die der deutsche Historiker August Seraphim 1906 vornahm, zu akzeptieren. Fortan waren alle deutschen Historiker in dieser Frage, wenn ich so sagen darf, Seraphimisten, während ihre polnischen Kollegen Perlbachianer blieben.

In den Thesen zur Geschichte des Deutschen Ordens, die Herr Rhode und ich 1973 der deutsch-polnischen Schulbuchkonferenz vorgelegt haben, habe ich versucht, die Absurdität dieser Kontroverse zu zeigen. Natürlich ist die Frage, ob eine Urkunde falsch, teilweise falsch oder echt ist, interessant. Und es kommt hinzu, daß oft diskutierte Fragen auf manche Historiker eine besonders große Attraktion ausüben. Doch darum ging es ja nicht. Die Geschichte wurde hier wie in einem Gerichtsverfahren behandelt. Es ging um die Verurteilung des Ordens oder um seinen Freispruch. Das ist aber eine Verfahrensweise, deren sich ernsthafte Historiker eigentlich schon seit längerer Zeit nicht mehr zu bedienen pflegen und deren Ort allenfalls die Leserbriefspalten der Tageszeitungen oder die Stammtische sind.

Wie ist nun der aktuelle Stand in dieser Frage? In dem Buch über den Deutschen Orden, das ich 1981 veröffentlicht habe, findet sich die gleiche Beurteilung dieses Problems, die ich eben vorgetragen habe. In der ausführlichen Rezension dieses Buches, die Herr Biskup im Jahrbuch für die Geschichte Mittel- und Ostdeutschlands veröffentlicht hat, findet sich in diesem Punkt noch ein kleines Mißverständnis — als hätte ich den Deutschen Orden zum Beispiel durch den Verweis darauf, daß Fälschungen im 13. Jahrhundert ein geläufiges Instrument der Politik waren, entschuldigen wollen. Tatsächlich ging es mir nur darum, der Frage das ihr zukommende Gewicht zuzuweisen. Dieses Gewicht ist in meinen Augen gering. Es handelt sich um ein sehr spezielles Problem. Für eine Rekonstruktion der Anfänge des Deutschordensstaates in Preußen ist sie wenig relevant. Es macht keinen großen Unterschied, ob die Urkunde, in welcher der Herzog von Masowien dem Deutschen Orden das Kulmer Land übertrug, dem Herzog in einer für ihn sehr schwierigen Lage abgezwungen wurde, oder ob der Orden diese Urkunde selbst herstellen ließ, also fälschte. Daß der Inhalt der Urkunde den Absichten des Herzogs widersprach, daß der Orden die Möglichkeit hatte, dem Herzog seinen Willen aufzuzwingen, ist in jedem Falle gegeben. Und das ist das Entscheidende.

Ich habe nun den Eindruck, daß Herr Labuda die Dinge nicht prinzipiell anders sieht, und das scheint mir um so bemerkenswerter, als er eine neue Untersuchung der Urkunde angekündigt hat und die Fälschung der Urkunde beweisen zu können meint. Ich habe jedoch seine Ausführungen in der Geschichte des Deutschen Ordens, die er zusammen mit Herrn Biskup veröffentlicht hat, so verstanden, als würde er mir darin zustimmen, daß es hier zwar um eine interessante Frage geht, jedoch nicht um ein fundamentales Problem.

Ich schließe mit ein paar generellen Bemerkungen. Mein schon erwähntes Buch über die Geschichte des Deutschen Ordens ist in Polen, soweit ich gesehen habe, sehr freundlich und jedenfalls sehr interessiert aufgenommen worden. Die deutschen Rezensionen waren nicht annähernd so ausführlich und für den Autor weniger interessant als die polnischen. Inzwischen liegt die ebenfalls schon genannte, sehr viel ausführlichere Darstellung über die Geschichte des Deutschen Ordens in Preußen von Herrn Labuda und Herrn Biskup vor — seit einem halben Jahr. Rezensionen gibt es also noch nicht. Ich bin aber sicher, daß diese Rezensionen sehr positiv sein werden. Und ich möchte auch meinen, daß es gelingen müßte, das Buch in einer deutschen Übersetzung herauszubringen.

Ins Deutsche übersetzt wurden auch neun Aufsätze polnischer Autoren über die Geschichte des Deutschen Ordens aus den Jahren 1962 bis 1976. Eine Entsprechung zu diesem von Herrn Arnold und Herrn Biskup herausgegebenen Band gibt es auf polnischer Seite einstweilen nicht. Für die polnischen Spezialisten ist sie auch nicht nötig. Sie können ja alle gut Deutsch. Doch wäre es auf Dauer sehr erwünscht, wenn auch deutsche Arbeiten übersetzt würden. Auch im Hinblick auf die Publikation der Materialien von den Schulbuchkonferenzen besteht ein gewisser Nachholbedarf auf polnischer Seite. Damit bin ich schon bei einem weiteren Punkt. Nennen wir ihn das wissenschaftliche Leben.

Hier war von großer Bedeutung eines der Mediävisten-Treffen auf der Insel Reichenau im Bodensee. Das Thema war die Geschichte der großen Ritterorden, darunter natürlich auch des Deutschen Ordens. Polnische Kollegen aus Thorn, Posen und Warschau haben daran teilgenommen.

Der damals begonnene wissenschaftliche Dialog wurde fortgesetzt. Polnische Kollegen wurden zu Vorträgen in die Bundesrepublik eingeladen, deutsche nach Thorn, Danzig und so weiter. Deutsche Beiträge erschienen in den Zapiski Historyczne, polnische Beiträge in unseren Zeitschriften. Polnische Kollegen nahmen an Veranstaltungen unserer Historischen Kommission für die Geschichte Ost- und Westpreußens und des Herder-Forschungsrates in Marburg teil, was früher aus verschiedenen Gründen ganz unmöglich war.

In Thorn begannen Colloquien über die Ordines militares, internationale Colloquien, die aber in der Hauptsache Colloquien über die Geschichte des Deutschen Ordens sind — nicht jedoch nur über seine Geschichte in Preußen. Man hat früher in Polen nicht recht beachtet, daß der Schauplatz der Geschichte des Deutschen Ordens nicht nur Preußen war. Man hat die preußische Geschichte des Deutschen Ordens isoliert und provinzialisiert. Damit ist man aber nur dem Beispiel der preußischen Historiographie gefolgt.

Johannes Voigt, der erste moderne Geschichtsschreiber des Deutschen Ordens, hat in der ersten Hälfte des vorigen Jahrhunderts noch den ganzen Orden im Blick gehabt. Dann kam — etwas vereinfacht gesagt — die Ära Treitschke. Der Deutsche Orden wurde zum Vorläufer der Hakatisten. Materiell war sich die deutsche und die polnische Historiographie in dieser Hinsicht gar nicht uneinig. Strittig war nur die Wertung.

Das hat sich nun geändert — zunächst auf deutscher Seite, dann aber auch auf polnischer. Professor Biskup bereitet mit seiner Frau eine große Edition von Quellen zur Geschichte des Deutschen Ordens in Mergentheim vor.

In Mergentheim, also der Residenz der Hochmeister nach 1525, nach dem Verlust von Königsberg, fand im vorigen Jahr die erste Konferenz einer internationalen Vereinigung zur Geschichte des Deutschen Ordens statt. Der erste Vorsitzende dieser Kommission ist Herr Arnold aus Bonn. Sein Stellvertreter ist Herr Biskup aus Thorn. Wer hätte das vor 15 Jahren für möglich gehalten? Ich denke, niemand.

Wie wird es weitergehen? Wir haben, so denke ich, Grund für Optimismus. In drei Jahren wird der Deutsche Orden 800 Jahre alt. Freuen wir uns, daß dieses Jubiläum erst jetzt stattfindet. Vor dreißig oder vierzig Jahren hätte es sicherlich zu mancherlei Dissonanzen geführt. Dergleichen ist nun nicht zu befürchten. In Zusammenarbeit mit polnischen Kollegen wollen wir eine große historische Ausstellung im Germanischen Nationalmuseum in Nürnberg ausrichten. Das wird nicht einfach sein. Aber die Schwierigkeiten liegen nicht in der Kooperation zwischen deutschen und polnischen Historikern, sondern in den methodischen Problemen, die eine solche Ausstellung mit sich bringt.

Daneben wird sich auch weiterhin bemerkbar machen, daß die deutschen und die polnischen Historiker in ihren jeweiligen nationalgeschichtlichen Traditionen stehen, wobei es nicht nur um eine unterschiedliche Gestalt des historischen Denkens geht, sondern auch um Unterschiede in der Sache. Die deutsche Geschichte ist nicht in derselben Weise Nationalgeschichte wie die polnische; je mehr man sich dessen bewußt ist, desto geringer werden die Verständigungsprobleme, die hier ihre Ursache haben. In Westdeutschland hat man jahrzehntelang daran gezweifelt, ob es überhaupt legitim sei, die deutsche Geschichte als eigenes Thema zum Gegenstand von Forschungen und Darstellungen zu machen. Die zeitgeschichtlichen Gründe dafür liegen auf der Hand. Das hat sich inzwischen etwas geändert. Ich habe den Eindruck, daß die Verständigung mit polnischen Historikern — und mit den Historikern anderer Länder — dadurch nicht erschwert, sondern vielmehr erleichtert wird. Ich glaube, daß deutsche Historiker, die der Meinung sind, es gebe eigentlich gar keine deutsche Geschichte, in den Augen von Polen oder Franzosen kein Grund zur Beruhigung, sondern vielmehr der Beunruhigung sind. Ich könnte mir denken, daß es in diesem Sinne von polnischer Seite auch nicht als normal angesehen würde, wenn wir deutschen Historiker uns nicht mehr mit der Geschichte der früher deutschen und heute polnischen Gebiete beschäftigen würden. Die Probleme liegen hier eher auf deutscher Seite.

Schließlich noch einmal die Schulbuchgespräche. Haben sie alles verändert? Natürlich nicht. Wir — die deutschen wie die polnischen Historiker — sind nicht erst durch die Schulbuchgespräche zu — was wir ja hoffentlich sind — guten Historikern geworden. Aber erleichtert und beschleunigt haben die Schulbuchgespräche sehr viel. Und sie haben auch geholfen, administrative Hindernisse zu beseitigen oder zu reduzieren. Auch das ist wichtig. Denn der Staat ist ja nicht nur der Gegenstand des Historikers, sondern zuweilen ein Hindernis für seine Arbeit.

Michael G. Müller

Die Arbeit der Schulbuchkommission und die deutsche Forschung zur Geschichte der deutsch-polnischen Beziehungen in der Frühen Neuzeit

Für die Frühe Neuzeit, also für das 16. bis 18. Jahrhundert, sollte man es mit einer Bilanz eigentlich nicht schwer haben — wenigstens mag das in quantitativer Hinsicht auf den ersten Blick so scheinen. Denn der Forschungseinsatz, die Zahl der Historiker, die über die frühneuzeitlichen Beziehungen forschen, ist an sich schon gering, und sie ist in Deutschland noch einmal wesentlich kleiner als in Polen. So wäre, wenn man den Auftrag, über die Wirkungen der Schulbuchkonferenzen in der Geschichtswissenschaft der Bundesrepublik zu berichten, wörtlich nehmen sollte, nur über eine Handvoll Titel zu referieren.

Doch gilt die Hauptfrage dieser Tagung dem, was sich in der Forschung qualitativ verändert hat, seitdem die Empfehlungen erarbeitet worden sind, und darauf zu antworten ist gerade bei der geringen Dichte der Frühneuzeit-Forschung doch eher kompliziert. Möglich scheint es nur in der Weise, daß man gewissermaßen artifizielle Linien zieht — das heißt, indem man eher nach der Logik der Veränderungen in bezug auf Gegenstände, Fragestellungen und Interpretationsrichtungen der Forschung fragt als nach den einzelnen Beiträgen für sich. Jedenfalls schien es hier sinnvoll, den folgenden kurzen Bericht in dieser Weise anzulegen — wobei in Kauf genommen werden muß, daß der ohnehin begrenzte Forschungsertrag bibliographisch zudem unvollständig präsentiert wird.

Auszugehen ist sinnvollerweise auch hier von den Empfehlungen. Die Thesen zur Frühen Neuzeit, also die Thesen 7 bis 9, nehmen im Vergleich nicht nur zur Moderne, sondern auch zum Mittelalter den geringsten Raum in den Empfehlungen ein. An Themen werden im wesentlichen folgende angesprochen: die Reformation und ihre politisch-kulturellen Wirkungszusammenhänge in Polen — Aufklärung und Reformpolitik in der Ära Stanisław August Poniatowskis — schließlich der Anteil Preußens an Niedergang und Teilung der Adelsrepublik. Unter den interpretatorischen Aspekten stehen dabei im Vordergrund: 1. die Betonung der Kultur-produktiven Rolle der frühneuzeitlichen Gesellschaft Polens und deren europäischer Ausstrahlung, und zwar von der Renaissance bis zur politischen Kultur des aufgeklärten Konstitutionalismus; 2. die Würdigung der Koexistenzmöglichkeiten für die Konfessionen und Nationalitäten im Rahmen dieser Staatsgesellschaft; 3. die angemessene Gewichtung des destruktiven Einflusses preußischer Machtpolitik, die die Krise der späten Adelsrepublik verschärft und dazu beigetragen hat, deren Modernisierung zu vereiteln. Als Anregung an die Forschung schließlich enthalten die Thesen insgesamt das Postulat, das negative Pauschalurteil der Geschichtsschreibung über die „Rzeczpospolita szlachecka", das im Grunde immer vor allem ein Erklärungs- bzw. Rechtfertigungsmotiv für die Teilung Polens war, in gemeinsamer Auseinandersetzung mit den Einzelbefunden kritisch zu überprüfen.[1]

Welche Ansätze sind also seit der Verabschiedung dieser Thesen von deutscher Seite hinzugekommen? Das heißt: Hat sich in den Fragerichtungen der Forschung gegenüber dem darin repräsentierten Diskussionsstand etwas geändert, und gibt es Fortschritte in bezug auf die Revisionsbedürfnisse, wie sie die Empfehlungen andeuten? Ich meine, daß sich darauf eine positive Antwort geben läßt. Denn es sind zumindest zwei Entwicklungen erkennbar, die in dieser Richtung wirken: nämlich einerseits eine Versachlichung der Diskussion über die traditionellen Nationen-bezogenen Kernfragen der frühneuzeitlichen Beziehungsgeschichte und andererseits eine Erweiterung des Problemhorizonts durch diejenigen neuen Fragestellungen, die man unter dem Schlagwort

„vergleichende Modernisierungsforschung" zusammenfassen kann.

Unter dem ersten Stichwort „Versachlichung" wären die Versuche zu fassen, den Rahmen der Empfehlungen 7 bis 9 auszufüllen und die dort angesprochenen Fragen aus einer weiteren als der herkömmlichen national-deutschen Perspektive zu sehen. Solche Bemühungen gibt es deutlich zum Beispiel in der konfessions- und kulturgeschichtlichen Forschung oder in der vergleichenden Beschäftigung mit den politischen Kulturen von Absolutismus und Ständegesellschaft in Mitteleuropa; es gibt sie in zunehmendem Maße aber auch in der Diplomatiegeschichte, oder besser: in der Forschung, die sich mit den Staatenbeziehungen in der frühen Neuzeit beschäftigt. Mit dem zweiten Stichwort — nämlich „Einbeziehung der Modernisierungsforschung" — sollten dagegen die Diskussionen über strukturgeschichtliche Vergleiche zwischen Polen und Deutschland angesprochen werden, wie sie in den letzten Jahren unter anderem für die Frühneuzeit in Gang gekommen sind. Auch hier hat man natürlich an die Arbeit der Schulbuchkommission und deren Empfehlungen angeknüpft — und anknüpfen müssen. Aber mit den Fragen nach Voraussetzungen und Triebkräften des frühneuzeitlichen Strukturwandels ist die komparatistische Diskussion inzwischen sogar noch ein gutes Stück weitergekommen; man könnte fast — wenn das nicht eine allzu dramatische Formulierung wäre — von einer Entdeckung der vergleichenden Strukturgeschichte als Beziehungsproblem sprechen. Freilich wäre dies wahrscheinlich wirklich zu dramatisch. Denn das, was die Modernisierungsfragestellung hier neuerdings in bezug auf die Frühneuzeit leistet, hat ja sektoral, in der Siedlungs- und Wirtschaftsgeschichte, lange Tradition — ganz zu schweigen davon, daß sie in der Mediävistik längst zum selbstverständlichen Instrumentarium gehört.

Dennoch scheinen die beiden Stichworte „Versachlichung" und „Einbeziehung der Modernisierungsforschung" geeignet, die konstruktiven Entwicklungsrichtungen zu benennen; und im Folgenden soll versucht werden, das anhand von drei Forschungskomplexen näher zu begründen. Als exemplarische Forschungsbereiche mögen dabei dienen: 1. die Reformationsforschung, 2. die vergleichende Diskussion über den staatlichen und gesellschaftlichen Wandel vom 16. bis zum frühen 18. Jahrhundert und 3. die Forschungsentwicklung in bezug auf die Teilung Polens im 18. Jahrhundert. Noch ein vierter Komplex bietet sich daneben als mindestens genauso ergiebig an; gemeint ist die wirtschaftsgeschichtliche Diskussion über die Gutswirtschaft und das Problem der strukturellen Rückständigkeit. Doch sollte dieser Diskussionsstrang einer gesonderten Erörterung vorbehalten bleiben. Ich werde mich hier also auf die genannten drei Komplexe konzentrieren und lediglich in einer Schlußbemerkung noch zwei ergänzende Aspekte ansprechen: 1. die Defizite in der deutschen Forschung und 2. die Wirkungen der Beziehungsforschung auf die Geschichtswissenschaft in der Bundesrepublik im allgemeinen.

Zu dem ersten Komplex, der Reformationsgeschichte hat Marceli Kosman in seinem Forschungsbericht von 1974 im ersten Teil von „Stosunki polsko-niemieckie w historiografii" noch feststellen müssen, daß in der deutschen Forschung bislang wesentlich die deutschtumsgeschichtliche Perspektive und das lutherische Traditionsbewußtsein den Tenor bestimmten — oder anders gesagt: daß es vorrangig das Interesse an den deutschen Lutheranern in Polen und weniger das an der polnischen Reformationsgeschichte war, was die deutsche Forschung beschäftigt hat.[2] Gottfried Schramms große Arbeit über den polnischen Adel in der Reformation[3] schien ihm dabei ein ausgesprochenes Ausnahmephänomen zu sein. Dabei ging es Kosman nicht um die unbestrittene Produktivität der deutschen Protestantismus-Forschung an sich, sondern darum, daß man bisher eigentlich kaum über die Nationen-übergreifenden Aspekte der Reformation ins Gespräch kommen konnte.

Heute nun gilt dieser Befund nicht mehr ohne weiteres. Denn eindeutig gewachsen ist zunächst einmal das Interesse der Kirchenhistorie am theologischen und kulturellen Ertrag des polnischen Reformationsmilieus. Erkennbar wird dies zum Beispiel an der Beschäftigung mit den Einflüssen des Krakauer Humanismus in Schlesien, auf die Oskar Wagner eingegangen ist,[4] an dem Interesse für den Sozinianismus, dem der Sammelband von Paul Wrzecionko gewidmet ist[5], oder auch an neueren Versuchen, die Geschichte von Luthertum und Calvinismus im Königlichen Preußen aus dem Zusammenwirken von polnischen und deutschen Impulsen zu verstehen.[6] So vereinzelt diese Ansätze freilich auch sein mögen — sie berühren die deutsche Sicht auf die Reformation doch grundsätzlich. Denn es wird hier die Tendenz deutlich, stärker als früher wahrzunehmen, daß die religiösen und politischen Gehalte der Reformation auch zwischen den Nationalitäten sozusagen in beiden Richtungen konvertierbar waren und konvertiert wurden. In dem Maße aber, wie sich das Bewußtsein davon durchsetzt, wird wohl auch das Bedürfnis wachsen, die Frage nach den kausalen Zusammenhängen zwischen Reformation, Toleranz und national-kulturellen Identitäten neu zu diskutieren. So wäre gewissermaßen ein deutsches Pendant zu Joberts Buch „Von Luther zu Mohila" denkbar — eine Untersuchung, die die deutsche Protestantismus-Forschung in einen größeren konfessionsgeschichtlichen Rahmen einpassen würde, wie Jobert ihn skizziert hat.[7]

Diesen Bedürfnissen kommt aber auch eine andere Richtung in der deutschen Reformations-Historiographie neuerdings entgegen. Gemeint ist die sozusagen „profangeschichtliche" Reformationsforschung, wie sie von Gottfried Schramm weiterverfolgt worden ist[8], vergleichend aber auch von Heinz Schilling angeregt wird.[9] Hier werden die Diskussionsmöglichkeiten mit den polnischen Historikern, die in bezug auf ihr eigenes Land einen Vorsprung in der Forschung halten, inzwischen schon genutzt, und zwar für die Funktionsbestimmung der reformatorischen Bewegung im Rahmen der Verfassungs- und Sozialgeschichte.

Dabei lassen sich Fortschritte vor allem in der vergleichenden Stadtgeschichte ausmachen.[10] Es ist klarer geworden, wie sich die reformatorischen Vorgänge in das Beziehungsgefüge zwischen Ratseliten und Bürgerschaften einfügen, und klarer auch, auf welche Weise die Reformation mit der — jeweils sehr unterschiedlich verlaufenden — Entwicklung der städtischen Autonomie gegenüber Krone und Republik bzw. gegenüber Territorialherrschaft und Reich verzahnt war. So lernt man einerseits freilich gerade aus solcher Betrachtung einmal mehr, das Eigengewicht der Reformation als religiöse Bewegung nicht zu unterschätzen. Andererseits aber ergibt sich dort ein deutlich anderes Bild, wo die ältere deutsche Forschung den städtischen Protestantismus noch allzu selbstverständlich mit deutschem Sonderbewußtsein gegenüber Polen schlechthin gleichgesetzt hatte: Auch im Königlichen Preußen und selbst in Danzig nämlich stand trotz der konfessionellen Abgrenzung die primäre Zugehörigkeit zur ständischen Republik Polen-Litauen niemals in Frage. Oder anders gesagt: Es ging bei der Reformation zwar auch um stadtgesellschaftliche Integration durch konfessionelle Abgrenzung; doch waren die Handelnden sich dabei bewußt, daß auch solche Abgrenzung nur auf der Grundlage und im Rahmen der politischen Toleranzgarantien in der Adelsrepublik möglich war.

Schließlich noch ein letzter Aspekt, der wohl ebenfalls Neues zur Reformationsforschung beiträgt. Gemeint sind die Versuche, die Reformation in einem weiteren zeitlichen Rahmen zu betrachten, d. h. sie in den epochalen Prozeß der Konfessionalisierung hineinzustellen, der die Differenzierung des Protestantismus und auch die Gegenreformation einbezieht. Welche Überlegungen hinter einer solchen Betrachtung stehen, hat Heinz Schilling zuletzt in seinem Tagungsband über die sogenannte Zweite Reformation ausführlich begründet:[11] Es geht um die Frage, welche Rolle die Ausbildung und Verfestigung der Konfessionen an sich bei den sozial- und verfassungsgeschichtlichen Wandlungsprozessen des 16. und frühen 17. Jahrhunderts gespielt hat, also welche Rolle sie bei der Formierung sozialer Schichten — etwa der akademischen Eliten — bei der Festigung von Stadtobrigkeit und Territorialherrschaft oder allgemein bei der Entwicklung frühmoderner Staatlichkeit gespielt hat. Gewiß sind solche Fragen der Modernisierungsforschung im Hinblick auf Reformation und deutsch-polnische Beziehungen gewissermaßen erst in der Erprobung. Aber daß sie ergiebig sind, läßt sich zum Beispiel an Gottfried Schramms skizzenhaftem Vergleich zwischen preußischem und brandenburgischem Adel nach der Reformation ermessen.[12]

Insgesamt wird man sagen können, daß die deutsche Reformationsforschung begonnen hat, sich von der gewissermaßen selbst gewählten Beschränkung auf Deutschtum und evangelische Kirche zu emanzipieren, wobei die Auseinandersetzung mit dem polnischen Forschungsertrag im Hinblick auf die beziehungsgeschichtlichen Probleme eine beträchtliche Rolle spielt. Wo Theodor Schieder seinerzeit nach „Deutschem Geist und ständischer Freiheit" gefragt hat[13], wird man in Zukunft wahrscheinlich eher auf die plurale Ständekultur der Adelsrepublik sehen; wo man sich früher auf deutsche Identität und lutherisches Bekenntnis konzentriert hat, wird mehr von der Konfessionalisierung von Adelsgesellschaft und Bürgertum die Rede sein.

Die Tendenz zum Perspektivewechsel und damit auch zum Themenwechsel wird aber bei dem zweiten Komplex vielleicht noch deutlicher: bei der vergleichenden Strukturgeschichte als Problem der deutsch-polnischen Beziehungen vom späten 16. bis zum frühen 18. Jahrhundert. Die Ausgangsbasis für die Diskussion war hier zu Beginn der Kommissionsarbeit noch denkbar schmal. Das lag wohl nicht zuletzt daran, daß man die frühe Neuzeit allzu ausschließlich aus der Retrospektive des späten 18. Jahrhunderts zu sehen gewohnt war: Die Tatsache, daß die nationalgeschichtlichen Prozesse in Polen und Deutschland im Ergebnis radikal unterschiedlich verlaufen sind — hier Strukturkrise und Teilung, dort absolutistische Großmachtbildungen — hat den Blick für die strukturellen Gemeinsamkeiten und Zusammenhänge weitgehend verstellt.[14]
Jedenfalls gilt das in bezug auf die westliche Beurteilung des frühneuzeitlichen Polen offensichtlich. Man hat hier in aller Regel eher das Einzigartige an der polnischen Entwicklung sehen wollen, und zwar das singulär Krisenhafte daran, und dies galt nicht nur auf seiten der deutschen Historiker. Auch Norman Davies zum Beispiel vertritt in seinem kürzlich erschienenen Buch-Essay über „Sobieskis Erbe"[15] noch pointiert die These, daß das polnische 17. und 18. Jahrhundert aus der europäischen Normalentwicklung gewissermaßen herausfallen; die Barockkultur und Sobieskis Erfolg vor Wien seien eigentlich die einzigen Faktoren gewesen, durch welche sich die späte Adelsrepublik noch in die europäische Geschichte eingeschaltet habe.

Dem steht inzwischen jedoch ein völlig anderer Ansatz, auch auf deutscher Seite, gegenüber. Dieser aber leitet sich nicht aus der nationalgeschichtlichen Perspektive ab, sondern aus der Frage nach den europäischen Strukturregionen der frühen Neuzeit und nach den Umständen ihrer Differenzierung. Lange Zeit war das eine Domäne allein der Wirtschaftshistoriker. Die richtungweisenden Fragen jedenfalls stammen aus der Diskussion über die Gutswirtschaft, über die frühneuzeitliche Arbeitsteilung zwischen West- und Osteuropa und über die Strukturkrise des 17. Jahrhunderts. Sie stammen aus einer internationalen Diskussion, an der polnische Wirtschaftshistoriker wie Witold Kula, Antoni Mączak, Andrzej Wyczański oder Jerzy Topolski von jeher führend beteiligt waren und die dann — vor allem in den siebziger Jahren — auch in Deutschland aufgegriffen worden ist.[16]

Hier ist zunächst wichtig, daß in diesem Kontext auch die abgeleitete Frage nach gesellschaftlicher und staatlicher Modernisierung sowie nach den jeweils besonderen Voraussetzungen für diese Modernisierungsprozesse aufgeworfen wurde. Es ist wichtig einerseits deshalb, weil damit die Großregion Ostmitteleuropa als Ganzes für die Verfassungs-, Sozial- und Politikgeschichte in den Blick kommt, andererseits aber insofern, als es erst mit solchen Problemstellungen möglich wird, die strukturgeschichtliche Forschung für Deutschland und Polen komparatistisch stärker für die Diskussion über Beziehungsgeschichte nutzbar zu machen. Dabei geht es vielleicht nicht einmal so sehr um einen sehr markanten Fortschritt in der empirischen Forschung selbst, vielmehr wesentlich auch darum, daß die Ergebnisse der parallelen Forschungen im nationalgeschichtlichen Rahmen unter übergreifenden Gesichtspunkten einander zugeordnet werden. Damit allein schon läßt sich, wie Andrzej Wyczański kürzlich in einer Rezension angemerkt hat[17], ein ganzer Themenhorizont in der Geschichte deutsch-polnischer Beziehungen neu erschließen.

Worauf sich Wyczańskis Rezension bezieht, ist die Publikation der Thorner Tagung des Polskie Towarzystwo Historyczne und des deutschen Historikerverbands von 1981 über „Schichtung und Entwicklung der Gesellschaft in Polen und Deutschland im 16. und 17. Jahrhundert";[18] tatsächlich sind hier die wesentlichen Fragestellungen versammelt, für die man in Anspruch nehmen könnte, daß die Diskussion in Deutschland seit der Verabschiedung der Empfehlungen vorangekommen ist.

Dazu gehört zunächst, wenn man von der Wirtschaftsgeschichte im engeren Sinn absieht, das Problem der sozialen Eliten und ihrer Rolle in den unterschiedlichen verfassungsgeschichtlichen Abläufen. Gottfried Schramms Überlegungen zu Adel und Staat in Brandenburg und Polen treffen sich hier mit Beobachtungen der deutschen Adels- und Bürgertumsforschung[19], aber auch mit vergleichenden Betrachtungen zum 18. Jahrhundert, wie sie zuletzt etwa bei einer Tagung über vormodernes Nationalbewußtsein in Europa angestellt worden sind:[20] Die soziale Ausgangslage der Modernisierung, das ist der wesentliche Punkt, war zumindest in den zentralen Beziehungsregionen zwischen Polen und Deutschen typologisch sehr ähnlich.[21] Als Trägerschaft von frühmoderner Staatsbildung fungierte vorrangig der Adel, und wenn es in Deutschland partiell eine wesentlich dynamischere Entwicklung der Städte gegeben hat, so ist dieser „Vorsprung an Bürgerlichkeit" doch im Verlauf der Frühneuzeit vielfach wieder beträchtlich geschrumpft; Deutschlands Weg in die vormoderne Nations- und Staatenbildung war demnach vom polnischen nicht wesentlich weiter entfernt als vom westeuropäischen.[22] Was aber dennoch zur Differenzierung der Entwicklungswege geführt hat, hing also zunächst vor allem, so könnte man pointiert sagen, mit differenten Ausprägungen von Adelsgesellschaft zusammen. Das heißt, es hing zusammen mit der Formierung einer informell herrschenden Aristokratie der Magnaten auf der einen Seite und der staatsgelenkten Integration des Adels, primär im Absolutismus, auf der anderen Seite. Als begleitende Faktoren haben daneben freilich dynastische Konstellationen, politische Mentalitäten, aber auch konfessionelle Lagen eine Rolle gespielt. In jedem Fall aber läßt sich festhalten, daß der vermeintliche Sonderweg in der polnischen Geschichte sozialgeschichtlich später eingesetzt hat, als es vielfach gesehen worden ist, und daß diesem polnischen Sonderweg zugleich ein deutscher Sonderweg an der Seite steht, der im Hinblick auf seine Modernitätsträchtigkeit genau genommen ähnlich ambivalent angelegt war wie der polnische.

Mit dieser Problematik eng verknüpft ist die weiterführende Frage nach der Vergleichbarkeit der politischen Kulturen in der frühen Neuzeit. Auch hier aber, so scheint es, läßt sich beobachten, daß die Diskussion über die deutsch-polnischen Beziehungen so etwas wie eine neue Vergleichsebene aufgetan hat. Die Ausgangslage war, daß die deutsche Geschichtsschreibung ganz überwiegend von einer gewissermaßen evidenten Überlegenheit des absolutistischen Modernisierungsmodells der deutschen Großmächte ausgegangen ist. Der Weg zur inneren Staatsbildung in der Frühneuzeit schien wesenhaft mit der Überwindung des libertären Ständewesens verknüpft, und die Tatsache, daß die polnische „nonarchia mixta" eine entgegengesetzte Entwicklung genommen hat, wurde als ein Faktor von Rückständigkeit sui generis gewertet — ein Faktor, der dann im 18. Jahrhundert vermeintlich zu einem Entwicklungsvakuum in Polen-Litauen geführt hat, das scheinbar erst durch die absolutistischen Teilungsmächte gefüllt werden konnte.[23]

Dagegen steht inzwischen eine andere Akzentuierung des Problems, bedingt — wie gesagt — durch eine Veränderung der Vergleichsebene. So relativiert sich die Gewißheit über die Modernität des absolutistischen Wegs, wenn man auf einen Vergleich zwischen Polen und dem Heiligen Römischen Reich abstellt — einen Vergleich also zwischen den, wie Klaus Zernack es genannt hat, „beiden großen republikanischen Resistenzblöcken gegen Modernisierung durch Absolutismus".[24] Denn es ist nicht zu übersehen, daß der erfolgreichen Staatsbildung in den absolutistischen Territorien ein Verlust an ständisch-republikanischer Kultur im Reich gegenüberstand, wie er in Polen trotz „oligarchia magnacka" und Souveränitätskrise nicht eingetreten ist. Das mag nun im Hinblick auf das 17. und frühe 18. Jahrhundert als eine quantité négligeable erscheinen. Doch läßt sich darüber streiten, ob Deutschland durch den territorial-staatlichen Absolutismus nicht auch um die Chance eines geraden Wegs zur modernen politischen Nation gekommen ist. Jedenfalls hat es im Heiligen Römischen Reich am Ende des Ancien Régime weder modernisierungsfähige partizipatorische Strukturen gegeben, noch eine traditionale republikanische Elite, die, ähnlich wie die polnische, zum Träger aufgeklärt-partizipatorischer Reformpolitik hätte werden können.[25]

Unterstützung finden solche komparatistischen Überlegungen aber auch darin, daß die Modernisierungsforschung aufgrund der Überprüfung sektoraler Wandlungen in den Einzelstaaten inzwischen ebenfalls zu einer vorsichtigeren Beurteilung in bezug auf die Überlegenheit des Modells Absolutismus gekommen ist.[26] So hat Jörg K. Hoensch für Polen selbst präzise herausgearbeitet, welche Reformmöglichkeiten und Reformkräfte auch die Republik eigentlich aufzuweisen hatte.[27] Aber auch für andere Staaten hat man in den letzten Jahren genauer nach den Militärverfassungen der Frühneuzeit im Vergleich gefragt[28], nach „War and Finance" — also Steuersystemen und Kriegsfinanziegung[29] — oder auch nach den Kommunikationssystemen der Aufklärung,[30] um nur Themenbeispiele zu nennen. Die dabei aber ermittelten Befunde sprechen für die Annahme, daß nicht so sehr die Herrschaftssysteme an sich über die Effizienz der Modernisierungsprozesse entschieden haben, als vielmehr die wirtschaftlich-sozialen Strukturgegebenheiten. Das heißt, unter agrargesellschaftlichen Verhältnissen haben auch die absolutistischen Regimes offenbar nur bestimmte Entwicklungsaufgaben, etwa die der Kriegsfinanzierung und Kriegführung erfolgreicher lösen können, und auch dies nur unter Hintanstellung anderer Modernisierungsbedürfnisse. Bezogen auf den Dialog zwischen deutschen und polnischen Frühneuzeit-Historikern bedeutet das übrigens auch, daß es in letzter Zeit oft die deutschen Historiker sind, die ihren polnischen Kollegen nahezulegen versuchen, eher an die „optimistische" denn an die „pessimistische" Tradition in der Historiographie über die späte Adelsrepublik anzuknüpfen.[31]

Zu den produktiven Richtungen in der Diskussion über die strukturgeschichtlichen Bedingungen sollte schließlich aber auch die neuere Forschung über die Entwicklung des Staatensystems gerechnet werden. Das gilt natürlich mit Einschränkungen, das heißt, es läßt sich kaum für Diplomatiegeschichte schlechthin in Anspruch nehmen, wohl aber für diejenige Arbeitsrichtung, die die frühneuzeitlichen Staatenbeziehungen in ihrem Systemzusammenhang begreift sowie nach den strukturellen Antrieben für den Systemwandel fragt. Von deutscher Seite ist es hier vor allem Klaus Zernack, der seine Fragestellung nach dem „Zeitalter der Nordischen Kriege“ gerade in diesem Sinne selbst weiterverfolgt und entsprechende Anregungen gegeben hat.[32] Dabei ist es — um nur Stichworte zu nennen — vor allem um die Zusammenschau der agrar- und handelsgeschichtlichen Entwicklungen mit dem mächtepolitischen Wandel in Mittel- und Osteuropa gegangen — also um die Rekonstruktion der Ursachenzusammenhänge, die zunächst die handelsimperiale Expansion Schwedens und dann Rußlands kontinentales Hegemonialsystem als Grundstrukturen in den Staatenbeziehungen Osteuropas hervorgebracht haben. Die Relevanz dieser Überlegungen für die Geschichte der deutsch-polnischen Beziehungen aber liegt auf der Hand: Man hat genauer zu sehen gelernt, daß sowohl die preußische Großmachtgeschichte der Frühneuzeit als auch der Souveränitätsverlust der „Rzeczpospolita szlachecka“ in einem übergreifenden Wirkungszusammenhang standen, der nicht auf der Ebene der bilateral beobachteten Außenpolitik-Geschichte sichtbar wird.[33] Damit ist unter anderem gemeint, daß die sorgfältige Überprüfung im wesentlichen bekannter Einzelbefunde aus unserer Perspektive der Beziehungsgeschichte eben auch hier mehr bewegt hat als etwa die strikt einzelstaatlich orientierte Forschung über frühneuzeitliche Diplomatiegeschichte und Kabinettspolitik.

Mit dieser Frage nach der Systemhaftigkeit der Staatsbeziehungen bin ich nun aber auch bei dem dritten und letzten Komplex, den ich ansprechen wollte — bei der Forschung über die Teilungen Polens als Problem der deutsch-polnischen Beziehungen. Es liegt hier immerhin eine ganze Reihe von Publikationen vor, auch gemeinsamen, auf die man sich bei dieser Zwischenbilanz unmittelbar beziehen kann: die Materialien der Aufklärungs-Konferenz der Schulbuchkommission von 1980[34] und die Referate der Berliner Tagung von 1979 über „Polen und die polnische Frage in der Geschichte der Hohenzollernmonarchie“[35], daneben aber auch der deutschen Aufsatzband „Die erste polnische Teilung“[36] und schließlich eine monographische Darstellung.[37]

Daß nun in diesen neueren Bilanzen eine andere Problemsicht zum Tragen kommt als in den apologetischen Darstellungen der älteren deutschen Historiographie, bedarf eigentlich keiner besonderen Erörterung. Dies versteht sich von selbst vor dem Hintergrund der Diskussionsarbeit, die seit der Bildung der Schulbuchkommission geleistet worden ist. Viel wichtiger scheint ein anderer Aspekt, bei dem man in der Tat von einer produktiven Forschungsentwicklung sprechen kann. Es geht um die Einsicht, daß die Frage nach den Ursachen für die Teilung Polens sowohl zeitlich als auch sachlich einen wesentlich breiteren Problemzusammenhang berührt, als man früher vorausgesetzt hat. Konkreter gesagt: Anders als zum Beispiel noch Herbert Kaplan in seiner Monographie von 1962 meinte[38], läßt sich die Vorgeschichte der Teilung weder allein aus der Kabinettspolitik erklären, noch umfaßt sie allein die zweite Hälfte des 18. Jahrhunderts. Diese Vorgeschichte — das ist vielmehr das lange 18. Jahrhundert insgesamt, beginnend etwa mit der Anbahnung des großen Nordischen Krieges vor der Jahrhundertwende, und sie ist mit all den epochenübergreifenden Problemen verbunden, die Emanuel Rostworowski unter dem Begriff der „Souveränitätskrise“ Polens zusammengefaßt hat.

Nun ist die Einsicht in die Komplexität des Problems zwar an sich ein Fortschritt. Aber sie hat eben auch die Beurteilung insgesamt einstweilen wieder erheblich kompliziert. So könnte man eigentlich sagen, daß mit Hans Roos', Jörg K. Hoenschs und Klaus Zernacks Arbeiten — und im Zusammenhang der Schulbuchkonferenz — die Auseinandersetzung mit dem Teilungs-Problem in Deutschland gewissermaßen neu in Gang gebracht worden ist, und dieser Prozeß von Traditionskritik und Neuerforschung dauert einstweilen noch an.

Dabei gehen die Überlegungen heute in zweierlei Richtung. Einerseits beginnt man genauer zu verstehen, daß Polens staatliche Schwäche, die den Nachbarn die Teilung ermöglicht hat, aus einem komplexen Krisenverlauf entstanden ist: Erst das Zusammentreffen von verschiedenen Krisenmomenten, die an sich von einander unabhängig waren — wirtschaftlicher Konjunkturverfall, oligarchische Parteienkonflikte, Kräfteverschiebungen im Staatensystem — hat die Souveränitätskrise ausgelöst, und die Teilung wäre durchaus nicht zwangsläufig vorgezeichnet gewesen, wenn die Entwicklung im einen oder anderen Sektor sich anders gestaltet hätte. Andererseits aber — und das ist der zweite Aspekt — wissen wir inzwischen genauer, daß die Teilungsakte selbst nur den Schluß eines langen Einkreisungsprozesses markiert haben. Seit dem Jahrhundertanfang nämlich hatte die „negative Polenpolitik" der Nachbarstaaten selbst das Machtvakuum um Polen erzeugt und damit die Souveränitätskrise herbeigeführt[39], von der man schließlich durch Annexion profitieren konnte. Von einem „selbstverschuldeten Untergang" der Republik kann jedenfalls keine Rede sein.

Die Diskussion über die Gewichtung der Einzelfaktoren wird, wie gesagt, gewiß noch dauern — allerdings gewissermaßen mit anderen Fronten. Denn es geht nicht mehr um eine polnische und eine deutsche Position dabei, sondern eher um „optimistische" und „pessimistische" Positionen auf beiden Seiten.

Ebenfalls in die Diskussion um die Teilung gehört schließlich noch eine andere Frage, nämlich die nach der Wirkung der Teilung auf die deutsche Staaten- und Nationsgeschichte. Daß diese Wirkungen beträchtlich waren, daß sie die preußische Großmachtgeschichte und die deutsche Nationalstaatswerdung wesentlich beeinflußt haben, ist in der deutschen Geschichtsschreibung ursprünglich durchaus gesehen worden. Später — im Zuge der Tendenz, die polnische Frage als deutsches Problem zu bagatellisieren und zu verdrängen — war dann aber immer weniger davon die Rede, und erst neuerdings, das heißt auf dem „Umweg" über die polnische Historiographie und die deutsch-polnische Historikerdiskussion kommt das Problem wieder in den Blick.[40]

Kommen wir zu den beiden angekündigten Schlußbemerkungen. Die erste Bemerkung betrifft die Wirkungen der Schulbuchdiskussionen in der deutschen Geschichtswissenschaft im allgemeinen, und zwar eine Entwicklung dabei, die nicht eigentlich mit meßbaren Forschungsergebnissen in bezug auf abgegrenzte Probleme der Frühneuzeit zusammenhängt. Was hier angesprochen werden soll, ist vielmehr, daß aufgrund der Kommissionsarbeit die Bereitschaft der deutschen Historiker, Probleme der deutsch-polnischen Beziehungen wahrzunehmen, beträchtlich gestiegen ist.

Noch vor nicht allzu langer Zeit galt, daß der Dialog mit der polnischen Geschichtswissenschaft in Deutschland im Grunde eine Domäne der Osteuropa-Historiker war — und außerdem noch derjenigen unter den Spezialisten für die ostdeutsche Landesgeschichte, die am Ertrag der — inzwischen überlegenen — polnischen Forschung für ihr jeweiliges Arbeitsgebiet interessiert waren. Dagegen hat man in der Deutschland-bezogenen Geschichtswissenschaft, auch in der Preußen-Forschung zum Beispiel, die Notwendigkeit und Relevanz solcher Beziehungsfragen nur sehr zögernd zur Kenntnis genommen.[41]

Nun hat sich diese Lage bis heute wohl kaum radikal geändert; immer noch gilt, daß in Polen wesentlich mehr Historiker als in Deutschland Experten für die nationale Geschichte und zugleich für die Geschichte der deutsch-polnischen Beziehungen sind. Doch hat sich das Bewußtsein von der Bedeutung der Beziehungsfragen für die eigene Geschichte auch in der Bundesrepublik sichtlich weiter durchgesetzt, und weder um Interesse, noch um Beteiligung der „Nicht-Osteuropa-Historiker" an dem deutsch-polnischen Dialog muß man inzwischen mehr sonderlich besorgt sein. Das zeigt sich vor allem in der frühneuzeitlichen Preußen-Forschung, die in der polnischen Historiographie inzwischen einen wichtigen Gesprächspartner erkannt hat; es ist vielleicht sogar absehbar, daß sich auch der Standard der Zweisprachigkeit in der näheren Zukunft durchsetzen wird. Aber auch außerhalb der Preußen-Forschung ist diese Interessenzunahme ganz offensichtlich, und zwar hier vor allem in bezug auf Komparatistik. Bei vergleichenden Forschungsprojekten, auch Tagungen, wird die Einbeziehung Ostmitteleuropas allmählich selbstverständlich.

Die zweite und letzte Bemerkung bezieht sich auf einen negativen Befund, nämlich auf ein spezifisches Forschungsdefizit. Es geht hier nicht um den Allgemeinplatz, daß es zu viele offene Probleme, also zu viele Desiderate gibt; bei der geringen personellen Stärke der einschlägigen Frühneuzeitforschung besteht für die Bundesrepublik ohnehin kaum Aussicht, mit der parallelen Forschung in Polen schrittzuhalten. Es geht vielmehr darum, daß ein bestimmter Forschungsbereich von deutscher Seite sozusagen unproportional vernachlässigt wird: nämlich die modern verstandene landesgeschichtliche Forschung über — um eine Formulierung von Klaus Zernack zu gebrauchen — „Deutschlands Osten und Polens Westen“[42].

Innovatorische Arbeiten zur schlesischen, pommerschen oder westpreußischen Landesgeschichte in der Frühneuzeit, die mit der polnischen Forschung wirklich kommunizieren — so wie sie in bezug auf Schlesien etwa Hugo Weczerka[43] und Jürgen Rainer Wolf[44] vorgelegt haben — sind besonders selten. Dabei mag nicht zuletzt eine Rolle spielen, daß hier auf deutscher Seite eine spezifische Abneigung gegen solche Themen wirksam ist, die als typisch für eine politisch belastete deutschtumsgeschichtliche Forschungsperspektive galten oder gelten. Indessen müßten gerade die Anregungen der Schulbuchkommission einen Ausgangspunkt dafür bieten, den inzwischen eingetretenen Rückstand gezielt aufzuholen.

Anmerkungen

[1] Empfehlungen für Schulbücher der Geschichte und Geographie in der Bundesrepublik Deutschland und der Volksrepublik Polen, hrsg. v. der Gemeinsamen deutsch-polnischen Schulbuchkommission. Braunschweig 1977, S. 164 ff.

[2] *Marceli Kosman*, Reformacja i kontrreformacja (Reformation und Gegenreformation), in: Stosunki polsko-niemieckie w historiografii (Die deutsch-polnischen Beziehungen in der Geschichtsschreibung), Teil 1. Poznań 1974, S. 362—409.

[3] *Gottfried Schramm*, Der polnische Adel und die Reformation 1548—1607. Wiesbaden 1965.

[4] Vgl. zuletzt dessen Aufsatzsammlung Zwischen Völkern, Staaten und Kirchen. Zur Geschichte des Protestantismus in Osteuropa. Berlin—Bonn 1986; s. auch ders.: Reformation und Orthodoxie in Ostmitteleuropa im 16. Jahrhundert. In: Zeitschrift für Ostforschung 30 (1981), S. 18—60.

[5] *P. Wrzecionko* (Hg.), Reformation und Frühaufklärung in Polen, Studien über den Sozinianismus und seinen Einfluß auf das westeuropäische Denken im 17. Jahrhundert. Göttingen 1977.

[6] *Gottfried Schramm*, Danzig, Elbing und Thorn als Beispiele städtischer Reformation (1517—1588), in: Historia Integra, Festschrift E. Hassinger. Berlin 1977, S. 125—154; *Michael G. Müller*, Zur Frage der Zweiten Reformation in Danzig, Elbing und Thorn, in: *H. Schilling* (Hg.), Die reformierte Konfessionalisierung in Deutschland. Das Problem der „Zweiten Reformation". Gütersloh 1986, S. 251—265.

[7] *Ambroise Jobert*, De Luther à Mohila, La Pologne dans la crise de la chrétienté, 1517—1648. Paris 1974.

[8] *Gottfried Schramm*, Der polnische Adel und die Reformation (Anm. 3).

[9] *Heinz Schilling*, Konfessionspolitik und Staatsbildung. Eine Fallstudie über das Verhältnis von religiösem und sozialem Wandel in der Frühneuzeit am Beispiel der Grafschaft Lippe. Gütersloh 1981; s. auch ders.: Konfessionalisierung und gesellschaftlicher Umbruch, Inhaltliche Perspektiven und massenmediale Darstellung, in: *S. Quandt* (Hg.), Luther, die Reformation und die Deutschen. Paderborn 1982, S. 35—51.

[10] S. Anm. 6.

[11] Die reformierte Konfessionalisierung in Deutschland (wie Anm. 6).

[12] *Gottfried Schramm*, Adel und Staat. Ein Vergleich zwischen Brandenburg und Polen-Litauen im 17. Jahrhundert, in: *M. Biskup, K. Zernack* (Hg.), Schichtung und Entwicklung der Gesellschaft in Polen und Deutschland im 16. und 17. Jahrhundert; Parallelen, Verknüpfungen, Vergleiche. Wiesbaden 1983, S. 59—81.

[13] *Theodor Schieder*, Deutscher Geist und ständische Freiheit im Weichsellande. Königsberg 1939.

[14] Zur historiographischen Situation jüngst *Marian Biskup*, Preußen und Polen. Grundlinien und Reflexionen, in: Jahrbücher für Geschichte Osteuropas NF 31 (1983), S. 1—27, sowie *Klaus Zernack*, Die Geschichte Preußens und das Problem der deutsch-polnischen Beziehungen, in: a. a. O., S. 28—49.

[15] *Norman Davies*, Sobieski's Legacy, Polish History 1683—1983. A Lecture. London 1985.

[16] S. *Peter Kriedte*, Spätfeudalismus und Handelskapital. Grundlinien der europäischen Wirtschaftsgeschichte vom 16. bis zum Ausgang des 18. Jahrhunderts. Göttingen 1980; *Holm Sundhaussen*, Zur Wechselbeziehung zwischen frühneuzeitlichem Außenhandel und ökonomischer Rückständigkeit in Osteuropa, Eine Auseinandersetzung mit der „Kolonialthese", in: Geschichte und Gesellschaft 9 (1983), S. 544—563; *Hans-Heinrich Nolte*, Zur Stellung Osteuropas im internationalen System der frühen Neuzeit. Außenhandel und Sozialgeschichte bei der Bestimmung der Regionen, in: Jahrbücher für Geschichte Osteuropas NF 28 (1980), S. 161—197.

[17] Vgl. Przegląd Historyczny 76(1985), S. 178—181.

[18] S. Anm. 12.

[19] Dazu jetzt die Arbeitspapiere und Tagungsmaterialien des von *Jürgen Kocka* geleiteten Forschungsprojekts „Sozialgeschichte des neuzeitlichen Bürgertums. Deutschland im internationalen Vergleich"; mit der vergleichenden Geschichte des Adels beschäftigten sich gerade die von *Hans-Ulrich Wehler* ausgerichtete Tagung des Arbeitskreises für Sozialgeschichte „Europäischer Adel im Vergleich, 1750—1945" (Bielefeld, Oktober 1988) sowie das IV. Deutsch-polnische Historikertreffen des Verbands der Historiker Deutschlands und des Polskie Towarzystwo Historyczne über „Adelsgesellschaft und Modernisierung" (Jabłonna, September 1988). — Aus rechtsgeschichtlicher Sicht vgl. auch *Peter Mikliss*, Deutscher und polnischer Adel im Vergleich. Berlin 1981.

[20] *O. Dann, J. Dinwiddy* (Hg.), Nationalism in the Age of the French Revolution. Oxford 1988.

[21] Ausführlich dazu der Tagungsband *W. Conze, G. Schramm, K. Zernack* (Hg.), Modernisierung und nationale Gesellschaft im ausgehenden 18. und im 19. Jahrhundert. Berlin 1978.

[22] S. dazu auch *O. Dann*, Der politische Strukturwandel und das Problem der Nationsbildung in Deutschland um die Wende des 18. Jahrhunderts, in: Modernisierung und nationale Gesellschaft im ausgehenden 18. und im 19. Jahrhundert (wie Anm. 21), S. 48—58.

[23] Über die Positionen der älteren außerpolnischen Historiographie ausführlich *Marian H. Serejski*, Europa a rozbiory Polski, Studium historiograficzne (Europa und die Teilungen Polens. Untersuchungen zur Historiographie). Warszawa 1970 sowie *Jerzy Topolski*, Poglądy na rozbiory Polski (Ansichten von den Teilungen Polens), in: Stosunki polsko-niemieckie w historiografii (wie Anm. 1), S. 410—515.

[24] *Klaus Zernack*, Die Geschichte Preußens und das Problem der deutsch-polnischen Beziehungen (wie Anm. 14).

[25] Zu den Grundlagen der modernen deutschen Nationalbewegung auch *O. Dann*, Nationalismus und sozialer Wandel in Deutschland, 1800—1850, in: *O. Dann* (Hg.), Nationalismus und sozialer Wandel. Hamburg 1978, S. 77—128.

[26] Dazu allgemein: Der aufgeklärte Absolutismus als europäisches Problem, in: *K. O. Frhr. v. Aretin* (Hg.), Der aufgeklärte Absolutismus. Köln 1974.

[27] *Jörg K. Hoensch*, Sozialverfassung und politische Reform. Polen im vorrevolutionären Zeitalter. Köln—Wien 1973; zuletzt auch *ders.*, Znaczenie stronnictw politycznych dla reformy Rzeczypospolitej szlacheckiej przed pierwszym rozbiorem (Die Bedeutung der politischen Parteiungen für die Reform der Adelsrepublik vor der ersten Teilung) in: Studia Historica Slavo-Germanica *7* (1987), S. 43—59, *8* (1979), S. 51—64, *9* (1980), S. 55—74, *10* (1981), S. 31—50.

[28] *J. Kunisch* (Hg.), Staatsverfassung und Heeresverfassung in der frühen Neuzeit. Berlin 1986.

[29] *R. Rothenberg, R. Dickson, D. Sperling* (Hg.), War and Society in East Central Europe, Bd. 1. New York 1979.

[30] *E. H. Balázs* u. a. (Hg.), Beförderer der Aufklärung in Mittel- und Osteuropa. Berlin 1979; *W. Kessler* u. a. (Hg.), Kulturbeziehungen in Mittel- und Osteuropa im 18. und 19. Jahrhundert. Berlin 1982.

[31] S. etwa die Rezension von *Klaus Zernack* über *Stanisław Salmonowicz* Friedrich-Biographie, in: Jahrbuch für die Geschichte Mittel- und Ostdeutschlands 35 (1986). S. 368—372.

[32] S. *Klaus Zernack*, Das Zeitalter der Nordischen Kriege als frühneuzeitliche Geschichtsepoche, in: Zeitschrift für Historische Forschung 1 (1974), S. 55—57; *ders.*, Das preußische Königtum und die polnische Republik im europäischen Mächtesystem des 18. Jahrhunderts, in: *K. Zernack* (Hg.), Polen und die polnische Frage in der Geschichte der Hohenzollernmonarchie. Berlin 1981, S. 4—20; *ders.*, Der Ostseehandel in der frühen Neuzeit und seine sozialen und politischen Wirkungen, in: Schichtung und Entwicklung der Gesellschaft in Polen und Deutschland (wie Anm. 12); *ders.*, Preußen — Polen — Rußland. Betrachtungen am Ende des „Preußen-Jahrs", in: Jahrbuch für die Geschichte Mittel- und Ostdeutschlands 31 (1982), S. 106—125.

[33] Für die erste Hälfte des 18. Jahrhunderts dazu *Michael G. Müller*, Polen zwischen Preußen und Rußland, Souveränitätskrise und Reformpolitik, 1736—1752. Berlin 1983.

[34] Polen und Deutschland im Zeitalter der Aufklärung. Reformen im Bereich des politischen Lebens, der Verfassung und der Bildung. Braunschweig 1982.

[35] S. Anm. 32.

[36] *B. Kaiser, B. Stasiewski* (Hg.), Die erste polnische Teilung. Köln—Wien 1974.

[37] *Michael G. Müller*, Die Teilungen Polens 1772, 1793, 1795. München 1984.

[38] *Herbert H. Kaplan*, The First Partition of Poland. New York—London 1962.

[39] S. *Michael, G. Müller*, Souveränitätskrise und Reformpolitik (wie Anm. 33).

[40] S. dazu den Beitrag von *Hans-Henning Hahn* in diesem Band, S. 65—74.

[41] Dazu *Klaus Zernack* u. a., Preußen — Polen — Rußland (wie Anm. 32).

[42] *Klaus Zernack*, Deutschlands Osten — Polens Westen, in: Jahrbuch für die Geschichte Mittel- und Ostdeutschlands 33 (1984), S. 92—111.

[43] *Hugo Weczerka*, Stadt- und Marktgründungen und Stadtabgänge in Schlesien, 1450—1850, in: Zeitschrift für Ostforschung 23 (1974), S. 193—261.

[44] *Jürgen Rainer Wolf*, Steuerpolitik und schlesischer Ständestaat, Untersuchungen zur Sozial- und Wirtschaftsstruktur Schlesiens im 17. und 18. Jahrhundert. Marburg 1978.

Janusz Tazbir

Die altpolnische Kultur in den Forschungen der letzten fünfzehn Jahre

Die beschränkte Zeit, die mir für diesen Vortrag zur Verfügung gestellt wurde, macht es nötig, die Fortschritte der Forschungen lediglich in einigen Bereichen zu besprechen, nämlich Arbeiten zur Kulturgeschichte und zur Geschichte der Reformation und Gegenreformation. Um den halbstündigen Vortrag nicht in eine Art „Marathonbibliographie" zu verwandeln, werde ich mich deshalb nicht auf Verfasser, sondern auf Probleme konzentrieren. Mein Vortrag wird die Forschung zur Geschichte des 16.—17. Jahrhunderts behandeln. Über das nachfolgende Jahrhundert wird Professor Jacek Staszewski berichten.

Trotz all dieser im vorhinein zielgesetzten sowohl problembezogenen als auch chronologischen Beschränkungen war die Abfassung des Vortrags keineswegs leicht. Sein Ausgangsdatum, für das wir alle das Gründungsjahr unserer Schulbuchkommission angesetzt haben, stellt nämlich in der Geschichte der polnischen Geisteswissenschaften keine Zäsur dar. Die Wandlungen bestimmen strikter die Jahre 1948—1949, 1955—1956 wie auch 1968—1970, keinesfalls aber das Jahr 1972. Sofern im übrigen die in den Jahren 1949—1955 so verbreitete Entwicklung der Forschungen zur Wirtschaftsgeschichte aus den Richtlinien von oben resultierte und sich engstens mit der Einführung des Marxismus in die Geschichtswissenschaft verknüpfte, insofern sind die Gründe für die Stimulierung von Studien zur Kulturgeschichte in der wachsenden gesellschaftlichen Nachfrage nach derartigen Arbeiten zu suchen. Buchtitel, die auf Bauernthematik, Klassenkampf oder Themen aus dem Bereich strikt umrissener Wirtschaftsgeschichte hinweisen, verstauben auf den Regalen der Buchhandlungen, wogegen jegliche Studien zur Sittengeschichte stets mit reißendem Absatz rechnen können.

Es verlohnt auch hinzuzufügen, daß an den Forschungen zur altpolnischen Kultur, deren Grenzdatum üblicherweise etwa in die sechziger Jahre des 18. Jahrhunderts angesiedelt wird, nicht ausschließlich Historiker sensu stricto teilgenommen haben. Beteiligt waren daran auch Kenner der Literaturgeschichte, darunter auch der politischen Literaturgeschichte, des philosophischen und gesellschaftlichen Gedankenguts wie auch schließlich der Kunstgeschichte. Ich erwähne hier nicht die Historiker der Kultur, denn diese treten in Polen „in reinem Zustand" nicht auf. Fast jeder von ihnen bestellt gleichzeitig ein anderes Forschungsfeld und verbindet mit Studien zur Kulturgeschichte diejenigen zur gesellschaftlichen oder politischen Geschichte.

Der interdisziplinäre Forschungscharakter über die Gebiete, die mein Vortrag betrifft, findet sein Abbild in den Quellenpublikationen, die Historikern der polnischen Reformation oder Kultur zur Verfügung stehen. Unsere Geisteswissenschaften können sich dabei der seit Jahren veröffentlichten Serienbände der Bibliothek der Reformationsschriftsteller oder der Bibliothek der Polnischen Schriftsteller oder der Bibliothek der Polnischen Schriftsteller oder auch der sogenannten Nationalbibliothek rühmen. In der erstgenannten Serie werden die Werke in Originalsprache herausgegeben, so daß die ausländischen Forscher die Möglichkeit haben, auf solche Positionen zurückzugreifen wie Libri quattuor Slavoniae reformatae (1973) von Andrzej Węgierski, Dissertatio de pace et concordia ecclesiae (1981) von Samuel Przypkowski oder den italienischen Appendix zu Fausto Sozzinis Briefen (Aggiunte all'epistolario di Fausto Sozzini, 1561—1568, 1982). Auch die Einleitungen sind in lateinischer oder italienischer Sprache gehalten.

Forscher der sogenannten katholischen Reformation können hingegen nicht gleichgültig gegenüber der Korrespondenz von Stanisław Hosiusz bleiben, deren drei Bände über die Jahre 1558—1561 (1. Teil), 1564 und 1565 bereits erschienen sind. Außerhalb Polens (in Rom) werden seit Jahren die Elementa ad fontium editiones mit Zusammenfassungen, Auszügen oder ungekürzten Texten der wichtigsten Quellen zur Geschichte der Adelsrepublik herausgegeben (darunter auch zu den Bekenntnisverhältnissen), die sich in ausländischen Archiven befinden. Den Wissenschaftlern im Ausland ist dagegen das Wörterbuch der Polnischen Sprache des 16. Jahrhunderts wenig bekannt: bisher erschienen 16 sehr ausführliche Bände, die bis zur Hälfte des Buchstabens „N" (Nić) erarbeitet wurden. Jedes Schlagwort wird von gründlichen Stellenbelegen begleitet, die verschiedenartige Kontexte der Bedeutungen zeigen, in denen der gegebene Begriff aufgetreten ist. Diese unschätzbare Fundgrube für Informationen zur Geschichte der altpolnischen Kultur sollte im Wörterbuch der Polnischen Sprache des 17. Jahrhunderts fortgesetzt werden; das Vorhaben wurde jedoch infolge finanzieller und Papierschwierigkeiten vertagt. Erschienen ist lediglich das Wörterbuch der Sprache von Jan Chryzostom Pasek, dem führenden Memoirenschreiber des 17. Jahrhunderts.

Die Verlagsserien werden von vereinzelten Editionen der Quellentexte begleitet; sie enthalten vordergründig Schätze der polnischen Memoirenschreibkunst im Barock. Voran stehen die vortrefflichen „Memoriale" von Albrycht Stanisław Radziwiłł (1595—1656), dem Minister der zwei letzten Wasakönige auf polnischem Thron: Wladislaus IV. und Johann Kasimir. Diese Positionen erhielten in vielen Fällen eine mustergültige editorische Fassung, die manchmal fast allzu sehr ausgebaut ist. Die Erfahrung lehrt jedoch, daß die lateinischen Quellen erst dann in einen breiteren wissenschaftlichen Umlauf gelangen, wenn sie auch in polnischer Übersetzung und nicht nur in der Originalsprache erscheinen. Summa summarum haben die letzten fünfzehn Jahre keine sensationellen Quellenentdeckungen geliefert. Das Augenmerk der Forscher richtet sich deshalb vielmehr auf Versuche, die zuvor schon bekannten und unvollständig genutzten Quellen neu zu interpretieren.

Eine erhebliche Zahl der auf dem hiesigen Verlagsmarkt erscheinenden altpolnischen Memoiren holt quasi jahrhundertelange Versäumnisse nach. Insbesondere im 17.Jahrhundert wurden Tagebücher ausschließlich für den Gebrauch des Verfassers, bestenfalls seiner nächsten Familienangehörigen oder Nachbarn geschrieben. Die Gründe, für die die hervorragenden Literaturschätze des polnischen Barocks — angeführt von den Memoiren Jan Chryzostom Paseks, der Dichtung beider Morsztyns (Jan Andrzej und Zbigniew) oder auch dem erheblichen Teil des Oeuvres von Wacław Potocki — nicht zu Lebzeiten der Autoren gedruckt wurden, stehen gegenwärtig im Mittelpunkt des Interesses vieler Literaturforscher.

Die in den letzten Jahren vorgelegten Forschungen über die Alphabetisierung der altpolnischen Gesellschaft bezogen sich zunächst auf das Gebiet von Kleinpolen. In der zweiten Hälfte des 16. Jahrhunderts war dort der Schreib- und Lesekunst vor allem das Magnatentum kundig sowie 96—98 % des vermögenden Adels (von den Frauen dieser Kreise nur die Hälfte). Unter dem Kleinadel waren dagegen 20—30 % Männer und mehr als 80 % Frauen Analphabeten. Die Alphabetisierung war auch in den Städten eng vom Grad der Wohlhabenheit abhängig. Lesen und Schreiben konnten 75 % der Patrizier, 59 % der Bürger und lediglich 15 % des gemeinen Volkes. Man sollte jedoch daran erinnern, daß dies im Hinblick auf die fragmentarische Quellengrundlage ungemein approximative Zahlenangaben sind, so wie überhaupt statistische Daten bei sämtlichen Forschungen zur Kulturgeschichte im allgemeinen mit größter Vorsicht angegangen werden wollten. Dies bezieht sich insbesondere auf Studien zur Geschichte der Mentalität, wie man gegenwärtig die weltanschaulichen Haltungen oder die Denkweise zu bezeichnen pflegt.

Die Studien über die Alphabetisierung werden von Arbeiten über das Lesertum begleitet; sie gehen einher mit der erheblichen Erweiterung der Quellengrundlage. Von den Büchersammlungen, die sich seinerzeit im Besitz der Intellektuellen oder des Magnatentums befanden, sind die Forscher dazu übergegangen, die bürgerlichen Bibliotheken zu analysieren. Diese Sammlungen werden meist anhand der posthum angefertigten Inventarien rekonstruiert; mit nicht geringer Verwunderung werden gegenwärtig in diesen Sammlungen trotz der Triumphe der Gegenreformation beträchtliche Bestände an weltlicher Literatur entdeckt. Bis zur Mitte des 17. Jahrhunderts, die auf vielen Gebieten eine so wichtige Zäsur darstellt, blieb Polen ein höchst aktiver Teilnehmer am gesamteuropäischen Buchhandel, der von Lyon, Basel oder Venedig bis nach Wilno und Kiew reichte.

Von anderen Forschungen über die Formen der früheren literarischen und theatralen Kommunikation sollten vor allem Studien zur Rolle des lebendigen Wortes erwähnt werden, die, trotz der Entwicklung der Druckerkunst, auf vielen Gebieten des Lebens nichts an Bedeutung eingebüßt haben. Eine Vervollständigung des Wortes wie auch ein wesentlicher Bestandteil der ehemaligen Etikette war die Geste, über die auch separate Studien betrieben werden. Interessant kündigen sich die in Angriff genommenen Studien über das Theaterpublikum und die Leserkreise an.

Die seit längerer Zeit geführten Studien über die Rezeption großer Geistesströmungen in Polen, wie z. B. über den Kartesianismus oder die heterodoxen Richtungen, die die öffentliche Meinung im Westen Europas erschütterten (Jansenismus oder Libertinismus) werden in den letzten Jahren fortgeführt. Vorab haben diese Studien jedoch vielmehr die früheren Ermittlungen bestätigt und keine neuen Entdeckungen oder Feststellungen erbracht, trotz eifriger Bemühungen einiger Forscher, die an der Weichsel Pendants aller am Tiber, der Seine oder an der Themse vorkommenden Phänomene finden möchten. Mit anderen Worten: In der Adelsrepublik gab es einzelne Anhänger des Kartesianismus oder Libertinismus; dagegen kann von einer weitgreifenden intellektuellen Rezeption dieser Tendenzen keine Rede sein.

Einige Worte über die Ermittlungen zur Entwicklung der exakten Wissenschaften in Polen im 17. Jahrhundert. Die damals durchgeführten Experimente über das Vakuum, die Konstruktion der fliegenden Maschine, die auf Galileis Entdeckungen gestützten physikalischen Experimente, Versuche zur Bestimmung der universellen Maßeinheiten für Länge, Raum und Gewicht — all das waren unbestreitbare Leistungen nach europäischem Maßstab. Wir verdanken sie sowohl polnischen Gelehrten aus den Kreisen der Krakauer Akademie, Hofphysikern und -astronomen, Danziger Forschern, als auch den im polnisch-litauischen Staat seßhaft gewordenen Ausländern. Einerseits wurden also den Erkenntnissen von Titus Livius Burattini (1617—1681) und Valeriani Magni besondere Studien gewidmet, andererseits dagegen den Experimenten des Jesuiten Adam Kochański (1631—1700) oder den astronomischen Beobachtungen des Danziger Protestanten Jan Heweliusz (1611—1687).

Die Beteiligung der Ausländer an diesen Forschungen sowie ihr Beitrag zur Entwicklung der polnischen Wissenschaft und Kunst im Barock wird weiterhin lebhaft diskutiert, wobei häufig der Vorwurf von der „Aneignung" des fremden Kulturerbes zu hören ist. Eine derartige Gefahr besteht in der Tat, wenn man bedenkt, daß die Tätigkeit der in Polen schaffenden italienischen, deutschen oder niederländischen Künstler zur polnischen Kunst gerechnet wird. Andererseits gilt auch das malerische Schaffen der in den Niederlanden wohnenden Bogdan und Krzysztof Lubieniecki (der Söhne des Sozinianers Stanisław, der nach 1658 emigieren mußte) als Bestandteil der polnischen Kunst. Hier sollte daran erinnert werden, daß im 16.—17. Jahrhundert in ganz Europa ständige Migrationsbewegungen der talentierten Künstler und Gelehrten andauerten. Ihre Leistungen sollten deshalb als ein Teil des gemeinsamen — im Falle der erwähnten Brüder Lubieniecki polnisch-niederländischen—Erbes angesehen werden, was dagegen den aus Masovien stammenden Szymon Budny (verst. 1593) betrifft, der in Belorußland den Antitrinitarismus in weiß-russischer Sprache propagierte — des polnisch-belorussischen Erbes.

Unter den Arbeiten zur Kulturgeschichte erfreut sich seit Jahren schon die Serie „Alltag“ besonderer Beliebtheit, die unter den Auspizien des Verlags Państwowy Instytut Wydawniczy realisiert wird. Sie wurde anfänglich vor allem auf Übersetzungen gestützt (vordergründig aus der französischen Literatur), ging jedoch allmählich zu den ungemein interessanten Arbeiten polnischer Autoren über, die sowohl den Alltag verschiedener Kreise (unter anderem des polnischen Magnatentums im 17. Jahrhundert) betrafen, als auch den Alltag verschiedener Städte (unter anderem Danzig, Krakau und Posen) oder Regionen. Diese Bücher sprengen das traditionelle Verständnis des „Alltags“. Neben verschiedenartigen Erscheinungen der materiellen Kultur interessieren sich die Autoren dieser Arbeiten ebenfalls für die Mentalität der Menschen jener Zeit. Wenn sie dagegen von den Schwierigkeiten und Nöten der damaligen Voyageure berichten, versuchen sie auf die Konsequenzen hinzuweisen, die diese Reisen für die Herausbildung von stereotypen Vorstellungen über andere Völker und Länder gehabt haben.

Die Forschungen über die Stereotype sind letzthin auch in der polnischen Geschichtsschreibung modern geworden; davon zeugt u. a. die Tatsache, daß man ihnen auf dem gesamtpolnischen Kongreß der Historiker in Poznań (1984) eine besondere Sektion gewidmet hat. Viel Aufmerksamkeit wird den gängigen Vorstellungen über die Bewohner anderer Kontinente, besonders Amerika, gezollt. Neben dem Konterfei der Ausländer, die vor allem in ihrem Vaterland — England, Spanien oder Frankreich — in Augenschein genommen wurden, wenden die Forscher ihr Augenmerk zugleich den Sterotypen anderer Nationalitäten zu, die die alte Adelsrepublik bewohnten. So wurde viel von Zigeunern und mehr noch von den Juden geschrieben; für die Forschungen zu ihrer Geschichte in Polen wurde sogar vor drei Jahren eine besondere Forschungsstätte an der Krakauer Universität berufen. Jüngst ist der erste Band der Zeitschrift „Polin“ (hebräisch Polen) erschienen, der gemeinsam mit dem Zentrum für Judenforschung in Oxford herausgegeben wurde.

Erst in den letzten Jahren wurden Arbeiten über das Stereotyp der Deutschen in Angriff genommen; diese Forschungen konzentrieren sich mehr auf das 19.—20. Jahrhundert als auf die entlegeneren Jahrhunderte. Für die Zeit der Reformation und Gegenreformation erwies sich das Bild Luthers als überaus wichtig, in das die katholische Propaganda bemüht war, sämtliche negativen Eigenschaften seiner Landsleute einzuzeichnen. Gerade dank dieses Reformators begannen die Deutschen, wohl als die erste Nationalität von den das alte Polen bewohnenden Nationalitäten, sich seinen Einwohnern mit einer bestimmten Gestalt zu assoziieren.

Mit einer gewissen Vereinfachung kann gesagt werden, daß die polnischen Forschungen zur Kulturgeschichte zwischen dem übertriebenen Glauben an ihre Originalität und dem Wunsch oszillieren, für alle Erscheinungen gesamteuropäische Pendants zu finden. Ein Beweis für die erste Haltung ist das wachsende Interesse am Sarmatismus, in dem die Forscher die hochinteressante Synthese der Zivilisation des Barocks mit Einflüssen der materiellen Kultur des Orients und der politischen Ideologie des Adels wahrhaben wollen. Als Paradoxon gilt die Tatsache, daß die Adelsrepublik sich niemals so weit vom Westen entfernt hat wie in der Zeit, da die These über Polen als Bollwerk des Christentums besonders verbreitet wurde. Polen sollte an der Wacht zweier Werte stehen: der katholischen Religion und der westlichen Zivilisation. Die Anhänger der zeitgenössisch aufgefaßten Komparatistik verweisen jedoch darauf, daß sich fast in derselben Zeit als Bollwerke des Christentums auch andere, auf der Linie der islamischen Aggression gelegenen Länder gehalten haben: von Spanien, über Venedig und Kroatien bis hin zum Kaiserreich und Ungarn. Überall entstand auch eine eigentümliche Ideologie über das Bollwerk des Christentums als Funktion der geopolitischen Lage, obwohl sie nirgends ein so großes Aufsehen erregte wie an der Weichsel. Auf ähnliche Weise nehmen auch einige polnische und ausländische Forscher in der ungarischen Kultur des 17. Jahrhunderts viele mit dem Sarmatismus konvergente Eigenschaften wahr (jüngst erschien ein Buch, in dem diese beiden Kulturen an der Wende des 17. und 18. Jahrhunderts verglichen werden). Dies ist jedoch vielmehr eher ein Ergebnis ähnlicher ethnischer und gesellschaftlicher Strukturen (in beiden Ländern präpondierte der Adel) denn der bewußten Nachahmung. In den Vergleichsforschungen kehrt auch die Parallele zwischen der Adelsrepublik und Spanien wieder, die im übrigen in der polnischen Geschichtsschreibung seit der Neige des 18. Jahrhunderts präsent ist.

Die Theorie vom Bollwerk des Christentums bestimmte auch den Platz Polens in Europs; Polen war die Triebfeder der nationalen Megalomanie, wenn die Adelsrepublik den restlichen Kontinent nicht nur nähren, sondern auch vor den Überfällen der Türken und Tataren schützen sollte (wobei in diese Liste die Polen selbst auch Moskau eingetragen haben). In der Historiographie der letzten Jahre wurde zugleich die Frage um den polnischen Beitrag zu den Leistungen der europäischen Kultur im 16. und 17. Jahrhundert gestellt. Diesen Sachverhaltsfeststellungen gebricht es nicht an offensichtlicher Übertreibung, wie z. B. der Entdeckung einheimischer Pendants zu sämtlichen hervorragendsten Vertretern dieser Kultur (Fricius Modrevius sollte der polnische Morus sein, Jan Brożek der Autor des gegen die Jesuiten gerichteten berühmten Pamphlets, Pascal und Wacław Potocki — John Milton). Derartige Vergleiche stellen auch einige ausländische Forscher an wie Claude Backvis oder Endre Angyal, die fasziniert sind von der originellen Form des Sarmatismus (besonderes Interesse findet das im 17. Jahrhundert entstandene Adelsporträt mit seiner nur für Polen charakteristischen Abart des Sargportäts). Sie erwähnen auch das originelle polnische politische Gedankengut im 16. Jahrhundert, den Beitrag des Sozinianismus zu den Erkenntnissen der frühen Aufklärung oder die Einwirkung der polnischen Kultur auf die Nachbarn der Adelsrepublik, vor allem Moskau.

Die polnisch-russischen kulturellen Beziehungen im 17. Jahrhundert gehörten nach 1945 ziemlich lange zu Themen, über die vorsichtig geschwiegen wurde. Das Tabu wurde von sowjetischen Gelehrten gebrochen. Sie waren es, die die untere Grenze dieser Einflüsse auf die Wende des 16. zum 17. Jahrhundert verschoben und diese einerseits mit der Verabschiedung der Union von Brest verbunden haben, deren Gegner bei den rechtgläubigen Nachbarn der Adelsrepublik Unterstützung suchten, andererseits dagegen mit der Zeit der Dimitriaden. Die bewaffnete Intervention in Moskaus Anliegen, die zunächst vom polnischen Magnatentum aufgenommen und sodann vom Hof unterstützt wurde, bahnte den Einflüssen westlicher, lateinischer und katholischer Kultur auf dem Territorium des russischen Staates den Weg. Die sowjetischen Forscher sind der Meinung, daß die Rezeption der führenden Errungenschaften der polnischen Renaissance in Rußland im 17. Jahrhundert erfolgte; sie wurden angeeignet dank zahlreicher Übersetzungen in die russische Sprache. In vielen Abschriften kamen dort fast alle polnischen Literaturgattungen in Umlauf, begonnen von der Historiographie und Hagiographie über das Drama bis hin zu Fazetiensammlungen.

Im letzten Vierteljahrhundert werden deutliche und fruchtbringende Folgen der diesbezüglich geborstenen Barrieren und dogmatischen Beschränkungen bemerkbar, die die polnische Historiographie bis in das Jahr 1956 belasteten. Die Einteilung in rückständige Zeitalter — Mittelalter oder Barock — und fortschrittliche Zeitalter — Renaissance und Aufklärung — verschwindet. Die Begriffe „fortschrittlich“ und „reaktionär“ werden im übrigen als zu wenig präzise und den ganzen Reichtum der historischen Problematik nicht berücksichtigend immer seltener verwendet. Der Übergang vom Mittelalter zur Renaissance wird nicht mehr in Kategorien der radikalen Revolution eingeschätzt. In einem noch höheren Grad trifft das auf die Zeit zwischen der Neige der Renaissance und den Anfängen des Barocks zu. Den Terminus Manierismus nutzen eher Kunsthistoriker denn Forscher der Literaturgeschichte.

Weiterhin bleibt jedoch der Mangel an kultureller Kontinuität zwischen dem 15. Jahrhundert und dem nachfolgenden Jahrhundert ungeklärt; er fand dagegen seinen Niederschlag in den erhalten gebliebenen Manuskripten aller herausragenden Errungenschaften der polnischen Kultur im Spätmittelalter — von den Chroniken bis hin zu sozial-politischen Traktaten. Hingewiesen werden sollte auf die Abkehr von der Bekenntnissicht auf die Kulturgeschichte, wobei ich unter diesem Terminus nicht nur ihre Erörterung unter katholischem oder protestantischem Aspekt verstehe, sondern auch die früher verbreitete, strikt antiklerikale Optik auf die Geschichte. So wird nicht mehr über den verhängnisvollen Einfluß der Kirche auf die Entwicklung der polnischen Sprache geschrieben, und ihre wechselseitigen Verhältnisse mit Latein werden nicht mehr in Kategorien eines schier Darwinschen Existenzkampfes erfaßt. Einige Forscher sind der Meinung, daß die früheren Thesen von dem allgemeinen Niedergang der polnischen Sprache im 17. Jahrhundert angesichts des heutigen Wissensstandes über viele Werke, die weiterhin in reinem Polnisch geschrieben wurden, nicht aufrecht erhalten werden können. Bemerkenswert ist auch die triumphale Expansion der polnischen Sprache über die Grenzen der Adelsrepublik hinaus (sie galt als zweite vornehme Sprache am Moskauer Hof und bildete dort das Pendant zur französischen Sprache oder diente zur Verständigung in den diplomatischen Beziehungen). Wissenschaftlich fruchtbar, vor allem unter der Feder der Literaturforscher, erwies sich die durch das Prisma der sprachlichen Wandlungen betrachtete Analyse des ethnischen Bewußtseins. Viel Neues brachten auch die Forschungen über die ehemalige Dramatik, besonders über die Bühne der Jesuitenpatres, auf deren Bühnen auch polnische Intermedien oder ganze Stücke inszeniert wurden.

Beträchtliches Interesse erweckt der Zusammenhang zwischen den etwas gehemmten Fortschritten der Polonisation im Königlichen Preußen und der herausgebildeten Theorie vom Adelsvolk. Diese subjektive Kategorie, die keine Deckung in der real bestehenden Wirklichkeit findet, hat andere Gesellschaftsschichten, darunter auch das städtische Patriziat, außerhalb der Nation gestellt. Einer neuerlichen Beanstandung wurde die These von der Verantwortlichkeit der Gegenreformation, insbesondere des Jesuitenordens, für den allmählichen Niedergang der Kultur nach Mitte des 17. Jahrhunderts unterzogen. Viele Forscher sind der Ansicht, daß dieser Orden zusammen mit der gesamten katholischen Geistlichkeit den endgültigen Sieg über den Adel davongetragen hat um den Preis einer engen Konsolidation mit diesem Stand. Das moralische und geistige Niveau des Klerus wurde durch seine Angleichung an den Adelsstand beeinträchtigt.

Die Abkehr von dem Bekenntnisstand fand ebenfalls im Verhältnis zur Reformationsbewegung ihr Abbild, deren Widersetzung Roms sich früher auf der Plattform „reaktionäre“ Katholische Kirche und fortschrittlicher Protestantismus (insbesondere polnischer Sozinianismus) vollzog. Wie einige Forscher meinen, sollte der Einfluß dieser Bewegung auf die Wandlung in der polnischen Kultur im 16. Jahrhundert nicht überschätzt werden. Ihr Aufschwung wäre auch ohne den Triumph der Reformation eingetreten, allein schon durch die einerseits von der Geisteswissenschaft geschaffenen Impulse, andererseits dank der blühenden Entwicklung des politischen und intellektuellen Lebens unter dem Patronat der Adelselite. Die Reformationsbewegung führte dagegen häufig auf Irrwege unergiebiger dogmatischer Auseinandersetzungen, und die intolerante Haltung einiger Reformationsanhänger stand dem Fanatismus der führenden Verfechter der Gegenreformation nicht nach.

In den Forschungen über die Reformation fand die Verschiebung der Interessen von den Massen auf die gesellschaftlichen Eliten ein deutliches Abbild, deren Vertreter immer häufiger unter dem Aspekt des Verhältnisses zur starken Monarchenmacht und eines ebensolchen Staates eingeschätzt werden, nicht aber — wie es früher der Fall war — zur Bauernfrage. Die früher gern betriebenen Forschungen über das Verhältnis der Andersgläubigen zur Lage der Bauernbevölkerung gehören bereits der Vergangenheit an. Anstatt dessen werden erste Studien angestellt über das philosophische und religiöse Gedankengut verschiedener Sekten der polnischen Andersgläubigen, angeführt von den Sozinianern. Mit der gesellschaftlichen Doktrin der letztgenannten hörte man nicht nur deshalb auf, sich zu befassen, weil man zu den früheren Forschungen, denen heute die schon klassischen Arbeiten von Stanisław Kot voranstehen, wenig Neues beitragen kann.

Entscheidend war hier wohl das Interesse vieler amerikanischer, italienischer und deutscher Forscher am Verhältnis der Polnischen Brüder zur Toleranzfrage, an ihren Anschauungen zur Trennung der Kirche vom Staat oder auch an den Postulaten der rationalen Behandlung der Glaubenswahrheiten. Dieses Interesse fand u. a. seinen Niederschlag in der internationalen Tagung über den Sozianismus, die im Jahre 1979 in Warschau abgehalten wurde. Unter dem Einfluß der gegenwärtig so starken ökumenischen Tendenzen begann man, in den Forschungen über die Bekenntnisverhältnisse in der alten Adelsrepublik sämtliche christlichen Konfessionen zu berücksichtigen, neben der christlichen Religion auch den Islam und Judaismus. Dies sind zunächst die ersten vagen Versuche, die in den auf der Katholischen Universität in Lublin entstehenden Synthesen über die Geschichte der Kirche und des Christentums sichtbar werden. Sie gehen einher mit dem wachsenden Interesse für das Wissen über die allgemein-christliche Kultur, die sich, wie einige Forscher meinen, auch in Polen im 16. Jahrhundert herausbildet. Angehörige verschiedener Konfessionen haben die gleichen wissenschaftlichen und literarischen Werke gelesen und manchmal auch die gleichen Ober- und Hochschulen besucht.

Daraus resultiert zugleich die immer häufiger verwendete Forschungslinie: Mehr Aufmerksamkeit sollte dem gezollt werden, was dennoch, auch wenn es nicht verband, so zumindest doch die miteinander zerstrittenen Konfessionen einander näher brachte, als dem, was sie getrennt hat. Obwohl aber die große Woge des „historischen Revisionismus“, die nach dem Zweiten Vatikanischen Konzil die katholische Geschichtsschreibung im Westen Europas erfaßte, erst vor verhältnismäßig kurzer Zeit nach Polen vordrang, so beginnen sich jedoch sogar die (wie eh und je mit Imprimatur versehenen) Arbeiten katholischer Kreise von den Aufsätzen zu unterscheiden, die noch nach 1945 herausgegeben wurden.

Die Gegenreformation, die als bewußtes Trachten nach der Wiederherstellung der Herrschaft des Katholizismus mit Gewalt verstanden wird, bemühte sich gezielt, diese auf Toleranz gestützte Gemeinschaft zu zerschlagen und gewisse Grundwahrheiten des Glaubens gutzuheißen. Ihre Erfolge resultierten ebenfalls aus dem dem wiedergeborenen Katholizismus eigenen Glauben an die menschliche Natur, an ihre uneingeschränkten Möglichkeiten. Die Bestätigung dieser Haltungen und Konzeptionen fand man insbesondere in der Doktrin der Jesuiten, während der Protestantismus mit pessimistischer Auslegung des Christentums zusammenhängen sollte, mit den ständig hervorgehobenen Schwächen der Menschen und ihrer Anfälligkeit gegen Sünden. Für den Edelmann war dagegen die Muttergottes Königin, die im Gegensatz zu den Französinnen oder Österreicherinnen auf polnischem Thron eine entschiedene Gegnerin der absoluten Regierungsform ist. Diese frappierenden Hypothesen können erst nach Überprüfung einer großen Zahl des Quellenmaterials bestätigt oder verworfen werden, vor allem der überreichen Sammlungen liturgischer Predigten, der hagiographisch-devotionalen Literatur oder der Panegyrika.

Eine gleich tiefe Quellensonde, die in die Materialien zur geschichtlichen Geographie der Kirche eingeführt wurde, bereicherte ergiebig unsere Kenntnisse von ihrer ehemaligen Struktur: über die Ausmaße und Funktionen der Pfarrgemeinden, über die Grenzen und die Rolle der Diözesen. Damit gehen intensiv geführte Studien über die soziale Zusammensetzung der Geistlichkeit einher: der weltlichen Geistlichen und der Orden, der Wege ihrer Aushebung, Bildung und ihrer Einnahmen. In den letzten Jahren erstreckten sie sich auf verschiedene Erscheinungen des Kulturlebens wie Pilgerfahrten, Kult wundertätiger Gemälde oder schließlich auf die in der Zeit nach dem Tridentiner Konzil so häufig durchgeführten Missionen. Da wir jedoch weiterhin nicht wissen, wie sich der Stand des polnischen Christentums an der Neige des Mittelalters tatsächlich präsentierte, fällt es schwer, die Frage zu beantworten, in welchem Grad die Reformation eine fremde Bewegung gewesen war, die von außen hereingebracht wurde, und in welchem Grad sie dem authentischen Bedarf der Gläubigen selbst entsprang. Die Annahme der Hypothese, sie sei eine Art ausländischer Arznei für die dem polnischen Katholizismus eigentlich unbekannten Krankheiten gewesen, könnte eine Erklärung für die Gründe liefern, aus denen diese Bewegung in der Adelsrepublik so rasch zusammengebrochen ist.

Sofern wir neue, mehr oder weniger gelungene Synthesen über die Geschichte der Kirche im alten Polen besitzen, insofern fehlt es an einem neuen Abriß über die Geschichte der Reformation. In dieser Lage greifen die ausländischen Forscher zu den Reprints der Werke von T. Wotschke und P. Fox, und auf dem polnischen Markt erschien kürzlich die Neuauflage des Abrisses über die Geschichte des Aufstiegs und Falls der Reformation von Walerian Krasiński, deren erste Ausgabe in den Jahren 1838—1840 herausgegeben wurde. Die Vorbereitung eines neuen Abrisses wurde nahezu zu einem dringlichen Anliegen, umso mehr, als beispielsweise einige Arbeiten über Bekenntnisverhältnisse in Polen im 16. Jahrhundert aus der Feder französischer Historiker geradezu kuriose Dinge enthalten.

Nach wie vor gibt es keine ausführlichere mehrbändige Erarbeitung der Geschichte altpolnischer Kultur. Die letzte Arbeit dieser Art ist die dreibändige Synthese von Alexander Brückner aus dem Jahre 1931, deren Nachkriegsausgabe (1958) blitzartig vergriffen wurde (gegenwärtig bereitet der Verlag Książka i Wiedza eine neue Edition dieser Synthese vor). Notabene befindet sich die einbändige, d. h. also erheblich gekürzte (aber auch aktualisierte) Version des Brücknerschen Abrisses in deutscher Sprache weiter als Handschrift in den Buchbeständen der Jagiellonen-Bibliothek. Veröffentlicht wurden daraus nur Auszüge.

Die auf dem wissenschaftlichen Markt klaffende Lücke hat nur teilweise die einbändige Synthese von Bogdan Suchodolski gefüllt. Sie umfaßt die gesamte Geschichte unserer Zivilisation von den Anfängen bis zur Gegenwart. Somit wurde naturgemäß der Renaissance und dem Barock nicht allzu viel Platz eingeräumt. Hingewiesen werden sollte hier u. a. auf die kurzen Unterkapitel, die jedem Zeitalter beigefügt wurden. Sie werden „mit den Augen der Nachfahren“ dargeboten, d. h. z. B. die Bedeutung der sarmatischen Traditionen für die Herausbildung der Haltungen nachfolgender Generationen der Polen. Aus den bisherigen Forschungen ist im übrigen zu entnehmen, daß gerade das 17. Jahrhundert und nicht das Zeitalter der Aufklärung, daß die Romantik und nicht der Positivismus die dauerhaftesten Spuren in unserem geschichtlichen Bewußtsein hinterlassen haben.

Im Gegensatz zu der Zeit zwischen den beiden Weltkriegen, in der nur wenige Arbeiten der polnischen Historiker in Fremdsprachen übertragen wurden, erscheinen im Ausland seit 1956 immer mehr Übersetzungen sowohl in verschiedenen wissenschaftlichen Zeitschriften als auch in Form selbständiger Publikationen. Sie werden in den anläßlich geschichtlicher Kongresse herausgegebenen nachfolgenden Bänden der Acta Poloniae Historica sorgfältig registriert. Dennoch muß mit gewissem Bedauern festgestellt werden, daß zwar polnische Arbeiten im Bereich der Methodologie historischer Forschungen bereits viele Übertragungen in Fremdsprachen haben, aber unsere Studien zur Kulturgeschichte noch weit entfernt sind von der Berühmtheit, der sich in anderen europäischen Ländern Bücher von M. Bachtin oder P. Gurewicz (Gurewitsch) erfreuen. Eine der Ursachen dafür ist selbstverständlich das geringere Interesse an der Geschichte der polnischen Kultur als an der russischen Kultur, Literatur oder am Theater. Nicht ohne Bedeutung ist ebenfalls die Fortführung der Forschungen auf eingefahrenen Gleisen. Trotz unbestreitbarer zahlreicher Errungenschaften kann sich die polnische Kulturgeschichte — bisher — nicht dessen rühmen, neue Vorschläge oder Formulierungen eines solchen Fragekatalogs unterbreitet zu haben, der imstande wäre, methodologisch fruchtbare Diskussionen anzuregen.

Zu den ertragreichsten wissenschaftlichen Ergebnissen gehörten notabene in den letzten Jahren kleine, manchmal ziemlich spezialistische wissenschaftliche Symposien. Die Abkehr von großen musterhaften Konferenzen ist hier deutlich erkennbar. Eine Begleiterscheinung dessen ist die sichtliche Übersättigung an einigen Problemen oder Personen, an die manchmal (z. B. Andreas Fricius Modrevius) allzu hagiographisch herangegangen wurde. Die auf mehrere Jahre und mehr als zehn Konferenzen und kleinere Sitzungen sich erstreckenden Feierlichkeiten zum 400. Todestag Jan Kochanowskis haben dagegen unser Wissen über die Renaissance nicht in einem solchen Grad vertieft, in dem es zuvor eine einzige Krakauer Sitzung vor mehr als einem halben Jahrhundert, zum 400. Geburtstag des Autors der „Klagelieder", getan hat.

In dieser kurzen Übersicht habe ich mich auf den Forschungen zur Adelskultur nicht nur deshalb konzentriert, weil ich daran persönlich am meisten interessiert bin. Wichtig ist, daß sie in Polen im 16.—17. Jahrhundert die vorherrschende Kultur gewesen war, die die wohlhabenden Vertreter anderer Gesellschaftskreise zu übernehmen oder nachzuahmen sich bemühten. Die in den letzten Jahren geführten Forschungen über die bürgerliche Kultur, darunter auch über das Königliche Preußen, zeigten die Prozesse der Sarmatisation, denen vor allem das Patriziat unterlag, als es den Adel in Kleidung, Zeitvertrieb oder Innenraumgestaltung nachahmte. Einen anderen Charakter des Chronikenschreibens als der Adel hatte hingegen die städtische Historiographie, insbesondere die aus der Feder der bereits erwähnten Bewohner des Königlichen Preußens. Daneben gilt die Aufmerksamkeit der Forscher ebenfalls dem gleichermaßen in der künstlerischen wie geistigen Kultur gepflegten bürgerlichen Mäzenatentum. Viele wertvolle und interessante Aufsätze wurden der Geschichte der Hochschulen gewidmet. Zu alten Arbeiten, vor allem über die Krakauer Akademie, sind letzthin Studien hinzugekommen, die sich einerseits mit den protestantischen Hochschulen in Danzig, Thorn und Elbing befassen, andererseits mit der von den Jesuiten in Wilno 1579 gegründeten Universität. Die Erstreckung der Blütezeit dieser Hochschule bis Mitte des 17. Jahrhunderts, wie dies letztens gesagt wird, sollte jedoch als übertriebener Optimismus eingeschätzt werden, der einer hinreichenden und überzeugenden Quellengrundlage entbehrt.

Ein weißer Fleck auf der Landkarte der Forschungen zur altpolnischen Kultur bleibt weiterhin das Dorf. Mit seinem Alltag, seiner Kleidung und Ernährung befassen sich wie einst vor allem Ethnographen, die manchmal allzu mechanisch bestimmte Erscheinungen aus dem 19. Jahrhundert in die früheren Jahrhunderte übertragen. Dank der Studien über die gesellschaftliche Funktion einiger Kulturen und aus dem Inhalt der an das Volk gerichteten Predigten können wir entnehmen, welche Muster man dadurch verbreiten wollte. Ob und inwieweit sie übernommen wurden, bleibt offen. Eine erhebliche Forschungsbarriere bilden hier die wenigen erhalten gebliebenen Quellenmaterialien mit Berichten über das kulturelle Leben in den polnischen Dörfern während der Fronzeit. Doch eines ist gewiß: Die Entwicklung dieses Lebens verlief niemals in chemisch reinem Zustand; denn es trat ständig eine Erscheinung auf, die als kulturelle Osmose bezeichnet werden könnte. Sie fand ihren Niederschlag in der Einwirkung der höfischen oder städtischen Kleidung auf das Dorf, aber auch der Literatur oder des künstlerischen Geschmacks.

Auf erhebliche Schwierigkeiten stoßen nach wie vor die Mitautoren der auf mehrere Bände zugeschnittenen Synthese der Kulturgeschichte, die unter den Auspizien des Instituts für Geschichte der Polnischen Akademie der Wissenschaft vorbereitet wird. Der erste Band — die Kultur des mittelalterlichen Polens, 10.—13. Jahrhundert (unter Redaktion von J. Dowiat, Warszawa 1985), ist vor zwei Jahren blitzartig wie ein Meteor aus den Buchläden verschwunden. Der nächste Band über die Zeit bis zur Neige des 15. Jahrhunderts liegt druckreif im Verlag Zakład Narodowy Ossolineum. Sofern aber diese beiden Bände in Zusammenarbeit mehrerer Autoren entstanden, werden die Abrisse der Kulturgeschichte des 16.—18. Jahrhunderts von einzelnen Forschern vorbereitet (M. Bogucka wird über die Renaissance, J. Tazbir über den Barock schreiben). Wann das Gesamtwerk abgeschlossen sein wird, läßt sich gegenwärtig noch nicht sagen, insbesondere da sich bisher niemand gefunden hat, der die Kühnheit hätte, die Geschichte der polnischen Kultur im Zeitalter der Aufklärung im Alleingang zu umsegeln.

Jacek Staszewski

Einige Probleme der Geschichte Polens im 18. Jh.

Der im ersten Teil des Referats dargestellte Überblick konzentrierte sich — entsprechend den Interessen des Autors — hauptsächlich auf Kulturproblematik im weitesten Sinne. Der zweite Teil wird Informationen enthalten, welche die politische Geschichte betreffen. Diese Unterteilung ist nicht nur Folge anderer Interessen des Autors als im Falle von Prof. Tazbir. Entscheidend ist hier die Tatsache, daß in der zweiten Hälfte des 17. Jahrhunderts eine eigenartige Unterbrechung der Kontinuität einiger Erscheinungen im Leben der Bürger der polnischen Adelsrepublik erfolgt war, daß manche Erscheinungen durch andere ersetzt oder daß man mit manchen lebendigen und aktiven Erscheinungen im intellektuellen und Kulturbereich gebrochen hatte. Aber nicht nur dies. Die nach dem schwedischen Überfall offenbar gewordene Krise hatte am meisten die genannten Lebensbereiche geprägt, sie hatte die Innenbeziehungen im weitesten Sinne sowie die politischen Ereignisse, welche für viele Jahre die Innenbeziehungen und die Kontakte Polens mit der Außenwelt beherrschen sollten, mitbestimmt. Das Übergewicht politischer Probleme bleibt bis zum Ende des Bestehens der Adelsrepublik auch deswegen erhalten, weil andere Wirkungsbereiche — hauptsächlich die Kultur — ihr stark untergeordnet waren.

In diesem Kontext rückt das Problem der inneren Dekomposition des polnischen Staates in den Vordergrund, die bisher mit Anarchie gleichgesetzt wurde, und die zugleich mit der internationalen Lage der Adelsrepublik in der zweiten Hälfte des 17. und 18. Jahrhunderts zusammenhängenden Fragen.

Es wird also angenommen, daß zu Beginn der Umwandlungen in der internationalen Lage Polens die Niederlage im Kampf mit Moskau um Vorherrschaft im mittleren Osteuropa steht. Diese Rivalität nimmt seit dem Kosakenaufstand unter B. Chmielnicki (1648) zu, obwohl auch ein um zehn Jahre früheres Datum als der letzte Moment genannt wird, an dem die Ereignisse in eine andere Richtung hätten gelenkt werden können. Der Waffenstillstand von Andruszow (1667) war ein entscheidendes Ereignis. Er hatte nicht nur die Übermacht Rußlands demonstriert, sondern auch das Auftreten des Türkenproblems in neuen Dimensionen eröffnet. Dieses Problem, von der polnischen Adelsrepublik mit eigenen Kräften und im Rahmen des Heiligen Bundes gelöst, hatte das System politischer Verbindungen und Bündnisse Polens in der zweiten Hälfte des 17. Jahrhunderts geprägt. Die Möglichkeiten Polens, eine aktive und weitangelegte Politik zu führen und an der Lösung der in der unmittelbaren Nachbarschaft verlaufenden Prozesse teilzunehmen (das Ungarn-Problem und Ukraine-Problem), welche jedoch von der Stellung und Bedeutung der Nachbarländer abhängig waren, wurden immer geringer.[1]

Im Zusammenhang mit diesen Feststellungen kam es in der polnischen Geschichtsschreibung zu einem Phänomen, dessen Bedeutung sich nicht nur auf die Wissenschaft beschränkt. Ich meine hier die Explosion des Interesses für das mit dem Jahre 1683 verbundene historische Einzelereignis. Die Feierlichkeiten anläßlich des 300. Jahrestages der Schlacht bei Wien wurden in einem besonderen Moment veranstaltet, und sie hatten im Jahre 1983 noch deutlicher als die früheren ihren Ausgleichscharakter gezeigt. Dies kann in gewissem Maße das Interesse der Forscher verschiedener geisteswissenschaftlicher Disziplinen für dieses Ereignis selbst sowie für die Hauptgestalt der Wiener Schlacht, Johann III. Sobieski, erklären. Die Feierlichkeiten hatten einen riesigen Umfang; es wurden ca. 1500 verschiedenartige Veranstaltungen in allen Milieus in Polen und im Ausland durchgeführt. Ihr Einfluß auf die Bevölkerung kam in der Befestigung des Sobieski-Mythos und des Mythos vom Ereignis des Jahres 1683, welcher bereits seit langem funktionierte, zum Ausdruck. Die Geschichtswissenschaft hat den historiographischen Ertrag um neue Studien über die militärische Leistung der Polen und über die inneren Verhältnisse in der Adelsrepublik um die Zeit der Schlacht bei Wien erweitert. Es ist auch eine, hinsichtlich des Umfangs gewichtige Biographie Johanns III. entstanden.[2] Die Interpretation der Ereignisse von 1683 war im gewissen Sinne traditionell. Es wurde an den Ruhm der polnischen Truppen und die Ehre des Königs als Verteidiger des Christentums erinnert. Es handelte sich aber nicht nur um das. Schon nach dem zweiten Weltkrieg hatte in der polnischen historischen Publizistik und Propaganda die Auffassung großen Einfluß gewonnen, die Schlacht bei Wien habe antinationalen Charakter gehabt und sie sei bereits in ihren Voraussetzungen falsch gewesen. In den mit den Feierlichkeiten von 1983 verbundenen Arbeiten wird diese Auffassung entschieden abgelehnt. Nach meiner Meinung sind aber diejenigen Abhandlungen und Quelleneditionen am wertvollsten, welche in Anlehnung an wichtige und früher nicht genutzte Quellen Grundlagen für andere Fragen nach dem Sinn der Beteiligung Polens an der Schlacht bei Wien liefern, als sie bisher formuliert wurden. So hatte sich das riesige Nationalfest nicht darin erschöpft, Empfindungen und Sehnsüchte zu befriedigen, sondern es hat auch weitere Forschungen und Feststellungen angeregt, welche von unnötigen Emotionen frei und für die Geschichtswissenschaft besonders wichtig sind.

Die polnisch-sächsische Union (1697—1763) schien im Moment ihrer Unterzeichnung eine gewisse Chance zur Brechung der Isolation der polnischen Adelsrepublik und sogar zur Einbeziehung Polens — durch Verbindung mit Sachsen — in die europäische Politik zu schaffen. Diese Chance war aber nur von sehr kurzer Dauer. Bereits vor Ausbruch des Großen Nordischen Krieges begann der Prozeß der Einschränkung der Möglichkeiten der Union, auf die europäischen Verhältnisse einzuwirken. Während des Krieges waren die wichtigsten europäischen Länder an der Begrenzung dieses Konflikts auf einen bestimmten Raum interessiert. Indem sie sich ihm gegenüber neutral verhielten, hatten sie bewirkt, daß infolge des Krieges ein neues politisches Verhältnis sichtbar geworden war, welches jedoch lange Zeit keine vorherrschende Macht kannte.

Diese Situation sollte sich in den vierziger Jahren infolge des plötzlichen Aufschwungs Preußens nach der Eroberung Schlesiens und infolge der nächsten Expansionsetappe Rußlands, welches auf der Weltbühne nun als eine europäische Macht erschien, verändern. Man kann also die These aufstellen, daß die Verschlechterung der internationalen Lage der polnischen Adelsrepublik in drei Etappen verlief: 1667—1686, 1700—1721 und 1740—1763. Das nach dem letzten genannten Datum entstandene Kräfteverhältnis, nach dem Erlöschen der polnisch sächsischen Union, versetzte die Adelsrepublik in völlige Isolation und Abhängigkeit von einem der Nachbarländer. In der Zeit der Rivalität um den polnischen Thron in den Jahren 1763—1764 hatte Rußland seine Vorherrschaftsposition verstärkt, indem es seinen früher erlangten Einfluß nicht nur auf dem Territorium Polens, sondern überhaupt in diesem Teil Europas ausnutzte.

Mit den letzten Jahren der Adelsrepublik sind heute nicht mehr so viele historiographische Kontroversen verbunden wie früher. Das Problem, ob „eigene" oder „fremde" Schuld zum politischen Untergang Polens und zur letzten Teilung geführt hatte, wird heute nicht mehr diskutiert. Die Versuche, die Schuld dafür dem König Stanisław August Poniatowski und seiner unrichtigen Haltung, hauptsächlich gegenüber Rußland in den entscheidenden Momenten (während der ersten Teilung, des Großen Sejms, des Krieges zur Verteidigung der Verfassung vom 3. Mai), zuzuschreiben, hatten zwar einige Verwirrung hervorgerufen; doch wurde in der Diskussion um diese Auffassung nicht die These selbst kritisiert, sondern die benutzten Quellen und ihre unzureichende Interpretation.[3]

Mehr Aufmerksamkeit hatte man dagegen manchen mit der ersten Teilung verbundenen Problemen gewidmet. Anläßlich ihres Jahrestages, welcher gerade auf die Anfänge der Tätigkeit der Schulbuchkommission fiel, waren mehrere Abhandlungen entstanden. In einigen von ihnen hob man die Beteiligung Preußens an den Ereignissen, welche mit der Eroberung polnischer Gebiete zusammenhingen, hervor. In anderen wurde die Rolle Österreichs dabei erörtert. Nach der Auffassung von Autoren dieser Arbeiten wurde diese Rolle in den früheren Abhandlungen zu wenig beachtet. Ähnliche Fragen stellte man in bezug auf die Beteiligung Österreichs an der dritten Teilung. Es ist deswegen bemerkenswert, weil es sich um die erste polnische Monographie zu diesem Problem handelt.[4]

Im Kontext der erwähnten Probleme kam es zu einem breiteren Interesse für die Beziehungen Polens zu verschiedenen europäischen Ländern. Zu den polnisch-russischen Beziehungen besteht weiterhin ein Sammelsurium von Ansichten, welche die Thesen der älteren Historiographie mit oft neuen Vorbehalten zur Einstellung Rußlands zu den Innenproblemen der polnischen Adelsrepublik, hauptsächlich zu den Reformen, verknüpfen. Es fehlen in diesen Abhandlungen Bezüge auf die europäische Politik Rußlands und auf Urteile, zu welchen beispielsweise die Forschungen von W. Mediger geführt hatten. Ich verweise deswegen darauf, weil die Auffassungen von den polnisch-russischen Verhältnissen die Einschätzung der Beziehungen Polens zu anderen Nachbarländern beeinflussen.

In diesem Kontext ist es nicht leicht, die polnisch-deutschen Beziehungen von Vereinfachungen und von Haltungen, die durch die historische Publizistik sowie Propaganda formuliert wurden, zu befreien. Dies betrifft u. a. die Auffassung, daß man die Vorhaltungen gegenüber dem preußischen Staat nicht auf alle deutschen Staaten, welche Beziehungen mit Polen unterhielten, erweitern darf.

In dieser Richtung hat die Historische Kommission zu Berlin viel Gutes geleistet, indem sie zahlreiche Konferenzen mit Beteiligung polnischer Historiker organisiert und die dort gehaltenen Referate veröffentlicht hat. Verschiedene Probleme der polnisch-deutschen Beziehungen wurden dann unter den polnischen Konferenzteilnehmern weiter erörtert. Man muß hier auch auf die Rolle des Studienkreises für Kulturbeziehungen in Mittel-, Ost- und Südeuropa in Lüneburg hinweisen, welcher seit mehr als 15 Jahren polnische Forscher dazu anregt, Informationen zur Geschichte der polnischen Kultur in der Zeit der Aufklärung vorzulegen. Die auf Anregung dieses Kulturkreises publizierten Konferenzmaterialien wurden in mehreren thematischen Bänden zusammengefaßt. Die polnischen Historiker, welche die genannte Initiative wahrgenommen haben, haben sich bemüht, veraltete Auffassungen zu überwinden und ihre Referate auf dem neuesten Forschungsstand zu verfassen.

Der Umfang dieser Arbeiten ist sehr groß. Er überschreitet die traditionellen polnisch-deutschen Verhältnisse und umfaßt die Beziehungen zu Österreich, Bayern, Sachsen. Man muß jedoch gleichzeitig feststellen, daß die unlängst durchgeführte Zusammenfassung des Forschungsstands zu den Beziehungen mit dem erstgenannten Land, was den bisherigen Forschungsstand anbetrifft, sehr kritisch ausgefallen ist. Zur Geschichte des 17. und der ersten Hälfte des 18. Jahrhunderts wurden Vernachlässigungen festgestellt, welche bis zum 19. Jahrhundert zurückreichen – solche Kenntnisstände präsentieren nämlich die älteren Arbeiten. Viel besser sieht es mit den Forschungen über die Zeit nach der ersten Teilung Polens aus.

Einen besonderen Platz nehmen in der polnischen Geschichtsschreibung Untersuchungen über die polnisch-sächsischen Beziehungen ein. Aber dies gilt eigentlich erst für die letzten Jahre. Es gibt allerdings einen wesentlichen Unterschied: Man weicht von der Tradition ab, nach welcher die Geschichte der polnischen Adelsrepublik in der Zeit der polnisch-sächsischen Union getrennt von der Geschichte Sachsens betrachtet wurde. Trotz der gesonderten inneren Entwicklung beider Länder müssen parallelle Forschungen in mindestens drei Bereichen (Außenpolitik, kulturelle Verhältnisse und Verfassungsproblematik) geführt werden. Die Urteile können sich nicht auf eines der Länder beziehen, ohne das andere zu berücksichtigen.

Das Interesse für die Geschichte Polens in der Zeit der Union mit Sachsen hat den bisher höchsten Stand erreicht. Es fällt auf, daß sich an diesen Forschungen auch deutsche Historiker beteiligen. Ich möchte hier wenigstens auf Michael G. Müllers Studie über die Geschichte der Reformen aus der Zeit August III. hinweisen.[5] Die in den letzten 25 Jahren entstandenen Arbeiten drangen viel tiefer in die Problematik der Sachsenzeit ein als früher. Manche polnischen Historiker beunruhigt es, daß man nach einer „Rehabilitation" der Wettiner-Epoche in Polen strebt, welche weiterhin aus dem Blickwinkel der tiefen Wirtschaftskrise und des politischen Untergangs Polens betrachtet wird, obwohl man von der früher allgemein verbreiteten Auffassung vom kulturellen Untergang unseres Landes abweicht.

Eben die Forschungen über die polnische Kultur im 18. Jahrhundert haben viel Neues erbracht. Es gehört bereits zur Tradtion, daß in diesen Forschungen die Literatur- und Ideologiehistoriker führten. So ist es auch heute. In den mit unterschiedlicher Intensität doch seit fast vierzig Jahren geführten Diskussionen über das Barock und die Aufklärung in Polen spielt die in den Kategorien der Kulturepoche verstandene Konzeption des Sarmatismus, entstanden und entwickelt in den Grenzen der Adelsrepublik, eine größere Rolle als im Bezug auf das 16. und 17. Jahrhundert.

In die hier analysierte Epoche fällt die Krise des Sarmatismus. Mit dem Schwinden positiver Muster und Haltungen aus der Zeit der Entstehung und Entfaltung des Sarmatismus erscheinen neue, welche die für die Krisenzeit typischen Degenerierungssymptome zu verdrängen trachten. Neue Erscheinungen entspringen dem Streben nach Überwindung der Krise. Sie kommen in Programmen einer inneren Reform des Staates in verschiedenen Bereichen zum Ausdruck; doch ihre Reichweite wird durch die sich aus realen materiellen, intellektuellen u. a. Möglichkeiten ergebenden Bedingungen eingeschränkt. Die Analyse dieser Bedingungen bestätigt die Verschiedenartigkeit von Erscheinungen im kulturellen, politischen und wirtschaftlichen Leben Polens im 18. Jahrhundert im Vergleich zu dem vorangegangenen. So wird die Bedeutung der zweiten Hälfte des 17. Jahrhunderts hervorgehoben: das Gewicht der negativen Umwandlungen verlagert sich von der Sachsenzeit auf die Herrschaftszeit Johanns III. Sobieski. Deswegen haben die Prozesse positiver Umwandlungen zur Herrschaftszeit Augusts III. (1733—1763) einen neuen Rang in den Überlegungen gewonnen. Diese Umwandlungen gehören bereits zur Epoche der inneren Wiedererstehung Polens, welche bisher ausschließlich auf die Herrschaftszeit Stanisław August Poniatowskis bezogen wurden.

Es wurde eine neue Grenze für den aufklärerischen Umbruch markiert. Unter diesem Begriff wird verstanden, daß die aufklärerische Ideologie das Übergewicht über die sarmatische erlangte. Diese neue Ideologie hatte die Möglichkeit geschaffen, neue, den Bedürfnissen des Staates und der intellektuellen Entwicklung eines bedeutenden Teiles der Bevölkerung entsprechende Programme zu entwerfen. Lange Zeit dauerten die Diskussionen über die Anfänge der Aufklärung in Polen. Untersuchungen zu verschiedenen Schaffensbereichen hatten sie unterschiedlich angesetzt: 1710, 1740 u. a. Jetzt wurde die Einschätzung der Symptome oder Beispiele aufklärerischer Erscheinungen der Analyse der Rivalität zwischen Sarmatismus und Aufklärung im Kontext der Beurteilung von Wirksamkeit der Angebote beider Kulturformationen untergeordnet. Es wird angenommen, daß der Höhepunkt dieser Rivalität auf die 1750er Jahre fällt. Die eigentliche Ausformung der polnischen Aufklärung erfolgte nach der ersten Teilung.[6]

Die bisherigen Feststellungen wurden an Forschungen zu verschiedenen Bereichen überprüft. Als Beispiel wähle ich hier den Bericht über Forschungen zum Schulwesen und zur Literatur in der Sachsenzeit. In früheren Arbeiten betonte man Verfall und Rückständigkeit in beiden genannten Bereichen. Man behauptete, daß bis zur Gründung der Komisja Edukacji Narodowej (Kommission für nationale Erziehung) 1773 der Stand des Schulwesens im allgemeinen sehr schlecht gewesen sei. Es solle zu wenig Schulen gegeben haben, das Bildungsniveau der Bevölkerung solle erbärmlich gewesen sein, es sollten Beschränktheit und Aberglaube vorgeherrscht haben, unterstützt durch Literatur auf sehr niedrigem Niveau.

Die so kritisierte Literatur wurde erneut untersucht, und es hat sich dabei herausgestellt, daß eine der ersten polnischen Enzyklopädien, das bekannte Werk „Nowe Ateny" (Neues Athen) von Benedykt Chmielowski, nun doch keine Ansammlung von Dummheiten war, welche die Beschränktheit und Unbildung der Leser bekräftigte. Der Vergleich dieser Enzyklopädie mit der Großen Französischen Enzyklopädie war einfach ein Mißverständnis, denn die Wahl eben dieses Maßstabs war unrichtig. Im Vergleich mit anderen europäischen Enzyklopädien jener Zeit stand „Nowe Ateny" bezüglich des Niveaus dem durchschnittlichen Wissensstand in nichts nach. Wenn in diesem Werk auch nur Wissen geordnet wurde, so schuf es doch Grundlagen zur Welterkenntnis auf einem Niveau, welches dem Niveau anderer Nationen durchaus vergleichbar war. Es hat sich auch herausgestellt, daß Chmielowski die Wissenschaftsentwicklung verhältnismäßig gut vertraut war und daß er in seine Enzyklopädie neueste wissenschaftliche Erkenntnisse aufnahm. Ähnlich unerwartete Ergebnisse hatten Analysen der bekannten Kalender aus dem 18. Jahrhundert, angeblich der einzigen Lektüre des polnischen Adels in jener Zeit. Die Forschungen führten zu typologischen Unterscheidungen der Kalender und haben gezeigt, daß diese Informationen über Wissenschaftsentwicklung bereitstellten und praktisches Wissen vermittelten. Die Kalender hatten Bildungsfunktionen auf gutem Niveau ausgeübt, und die in ihnen enthaltenen praktischen Hinweise, z. B. aus dem Bereich der Landwirtschaft, konnten in der Zeit, als der Adel zu modernerem und effektiverem Wirtschaften aufgerufen war, durchaus nützlich sein. Informationen über die Geschichte Polens spielten eine wichtige Rolle, indem sie den geistigen Zustand des Adels hoben und zur Wandlung seiner Mentalität in jene Richtung beitrugen, welche der aufgeklärten Elite dieses Standes erwünscht war.[7]

Schließlich haben Untersuchungen des Pfarrschulwesens, vor allem an der Katholischen Universität in Lublin durchgeführt, gezeigt, daß vor der Gründung der Kommission für Nationale Erziehung nicht 150 sondern fast zehnmal so viele solcher Schulen funktioniert hatten, und dies bereits um die Mitte des 18. Jahrhunderts. So sah der Organisationsstand des am meisten zugänglichen Schulwesens aus, in der Zeit der Reformen der Klosterschulen, welche früher für Adelssöhne bestimmt waren. Die Reform dieser Schulen, denen Piaristen- und Jesuitenkollegien vorstanden, hatte zur Modernisierung der Bildung und zum kulturellen Fortschritt beigetragen. So wurden in der Epoche, welche vorher insgesamt als Sinnbild der Rückständigkeit und der Unbildung galt, Kader vorbereitet und Menschen erzogen, die am Prozeß tiefgreifender innerer Umwandlungen zur Herrschaftszeit Stanisław August Poniatowskis teilnehmen sollten.[8]

Ohne die Reichweite von Einflüssen der genannten Umwandlungen zu überschätzen, hauptsächlich deswegen, weil die Bildungsfortschritte nicht direkt zu positiven Umwandlungen in der Haltung und Mentalität des Adels als eines Standes führten, muß man feststellen, daß die neuesten Forschungen neue wichtige Argumente in die Diskussion über den Fortschritt, über die Reichweite und den Charakter der Umwandlungen auf dem Wege zur Aufklärung in Polen erbracht haben.

Die genannten Forschungen hatten nicht nur zur Aufdeckung und Präsentation von Fakten geführt, welche der älteren Geschichtsschreibung unbekannt waren. Es wurde in ihnen auch auf Prozesse aufmerksam gemacht, welche in polnischen Gebieten in der ersten Hälfte des 18. Jahrhunderts stattfanden. Die neuen Forschungen streben nicht nach „Rehabilitation" der Sachsenzeit, stellen den Umfang und die Tiefe der Wirtschaftskrise nicht in Frage und vermindern nicht die Bedeutung des politischen Untergangs. Man kann eher von einer „Revision" des Wissensstandes sprechen, welche durch die Einbeziehung neuer Fakten in die Überlegungen erfolgt. Manchmal mag dies den Anschein von Rehabilitationsbestrebungen erwecken. In der Regel führt jedoch die Forschung zur Aufdeckung bisher nicht bemerkter bzw. unterschätzter Probleme. Zu solchen Problemen gehört die innere Dekomposition des polnischen Staates, hervorgerufen durch das Streben einzelner Provinzen und sogar ihrer Bestandteile nach Erlangung großer politischer Vorteile, sowie gesetzlicher und Verwaltungseinrichtungen, über welche sie manchmal in ferner Vergangenheit einmal verfügt hatten. Diese Erscheinung war in hohem Maße durch das Streben des Adels nach Schutz seines Besitzstandes hervorgerufen worden. Es war aber auch ein Versuch, sich in der Krisenzeit während der schwedischen Kriege auf alte „gute Rechte" zu berufen, und zugleich eine Reaktion auf die Zentralisierungstendenzen zur Herrschaftszeit Johann Kasimirs, welcher nach Bändigung der immer deutlicher werdenden Anarchie in den Innenbeziehungen strebte.

Der Dekompositionsprozeß verlief unterschiedlich und mit unterschiedlicher Intensität. Unterschiedlich waren auch die rechtlichen Grundlagen dieses Prozesses und die Richtungen der Adelsbestrebungen; anders war es im Königlichen Preußen, wo das Streben nach Autonomie auf gesetzlichen und Verfassungsgrundlagen sichtbar wurde; anders im Großherzogtum Litauen, wo die Autonomietendenzen mit dem scharfen inneren Konflikt verbunden waren, welcher zum Bürgerkrieg und zu Versuchen geführt hatte, diese Probleme gewaltsam zu lösen.

Dies hat neulich zu einer Diskussion über den Charakter der polnisch-litauischen Union im 18. Jahrhundert geführt, welche um so bemerkenswerter ist, als anhand derselben Quellen zwei völlig unterschiedliche Schlußfolgerungen formuliert wurden.[10] Die erstere Auffassung, welche im allgemeinen den in der polnischen Geschichtsschreibung verbreiteten Ansichten entspricht, besagt, daß im 18. Jahrhundert in Litauen Polonisierungsprozesse zugenommen hätten, welche in der Zeit des Großen Sejms zur wirklichen Union geführt hätten. Es sollte ein gemeinsamer Staat mit nicht nur gemeinsamem Herrscher und dem Sejm entstanden sein, sondern auch mit gemeinsamer Regierung, gemeinsamen Rechten und zentralen Institutionen.

Die andere Auffassung wurde von der Feststellung abgeleitet, daß die Polonisierungsprozesse zwar eine wichtige Rolle bei der Herausbildung der Adelsklasse und ihrer Kultur gespielt, jedoch nicht zum Verschwinden des Bewußtseins staatlicher Besonderheit geführt hätten. Gerade umgekehrt hätten die Ereignisse aus der Zeit des Großen Nordischen Krieges das Gefühl dieser Besonderheit bekräftigt. Sie hätten zur Herausbildung politischer Strukturen geführt, welche bei den litauischen Besonderheiten fest bestanden. Die zwischen Litauen und der Krone Polen am Anfang der Herrschaftszeit Augusts II. durchgeführte coequatio iurium (Rechtsgleichschaltung) wurde nicht ganz verwirklicht. Deswegen führten die Ereignisse — trotz mehrmals in verschiedenen Zeiten aufgenommenen Versuche, Litauen entsprechend den Bestimmungen der Lubliner Union von 1569 in Polen aufzunehmen — zur Umwandlung des Unionsstaates in eine Föderation gleichberechtigter Staaten. So wird eine Rechtsakte — „Zareczenie wzajemne obojga narodów“ (Gegenseitige Verbürgerung beider Nationen) vom Oktober 1791 — von Anhängern beider genannten Auffassungen unterschiedlich interpretiert. Die ersteren erblicken darin eine Urkunde, welche den Vereinigungsprozeß Litauens und Polens in einen Staat beendet, und die anderen eine Urkunde, die in der Geschichte der Adelsrepublik eine neue Etappe der polnisch-litauischen Beziehungen zu einem Föderationsstaat eröffnet.

Die obige Information illustriert die in den neuesten Arbeiten präsentierten Ansichten. Es ist noch zu keiner Polemik zwischen den Vertretern beider Auffassungen gekommen, also auch nicht zur Erweiterung der Beweisführung. Man kann also mit einer Diskussion rechnen, welche für die Einschätzung von Ereignissen aus dem 18. Jahrhundert, aber auch der nationsbildenden Prozesse im 19. Jahrhundert und den damit verbundenen Tatsachen sehr wichtig sein wird. Wichtig ist auch, daß diese Forschungen die Liste solcher Fragen erweitern, welche im Zusammenhang mit Prozessen gestellt werden, die sich bisher wie außerhalb von bekannten Fakten, vor allem politischen, abspielten.

Nicht alle Diskussionen aus dem Anfang der 70er Jahre wurden jedoch zu Ende geführt. Zu den unbeantworteten Fragen gehören sicherlich diejenigen, welche Adam Kersten in seinen Forschungen über die polnischen Magnaten gestellt hatte. Kersten hatte das Interesse für Probleme der sog. Magnatenoligarchie in der zweiten Hälfte des 17. Jahrhunderts geweckt. Er hatte auch Kontroversen ausgelöst, welche auf einer Tagung einer besonderen Sektion des XI. Allgemeinen Historikerkongresses (1974) und in mehreren Publikationen geführt wurden. Das Problem wurde dabei unter verschiedenen Gesichtspunkten erörtert. Sie hatten zur Belebung wissenschaftlicher Diskussionen und zur Entstehung von Abhandlungen beitragen, in denen in Übereinstimmung mit Kersten oder gegen ihn wesentliche Probleme der Gesellschafts- und politischen Geschichte behandelt wurden. Das Thema wurde nicht erschöpft, aber die Kontroversen hatten nach einigen Jahren an Heftigkeit verloren. Jetzt wird daran eher im Zusammenhang mit dem Anreger der Diskussion als wegen der Bedeutung des Problems erinnert. Es war aber ein kompliziertes Problem, welches die Aufdeckung vom Wesen der Konflikte innerhalb der regierenden Klasse, welche sich auf die Innenbeziehungen im Lande im weitesten Sinne auswirkten, ermöglichen würde.

Es müßten nun wenigstens die wichtigsten Forschungsergebnisse aus der Wirtschaftsgeschichte angedeutet werden. Die Forschungsergebnisse dieses Zweiges der Geschichtsschreibung aus den fünfziger und sechziger Jahren nehmen bereits einen festen Platz in der polnischen Geschichtswissenschaft ein, und die These vom Vorwerk- und Froncharakter der polnischen Wirtschaft scheint unangreifbar zu sein. Die neuesten Untersuchungen haben jedoch gezeigt, daß diese Wirtschaftsform große Gebiete der Adelsrepublik und, was wichtig ist, hinsichtlich ihres Anteils an der Warenerzeugung und am Umtausch wichtige Gebiete (Königliches Preußen) gar nicht erfaßt hatte.[11] Dort herrschte immer Zinswirtschaft. In anderen Gebieten wurden Fron und Vorwerk erst im 18. Jahrhundert eingeführt. Es ist also zu erwarten, daß weitere Untersuchungen zu weitgehender Differenzierung des Bildes der Wirtschaftsverhältnisse in der polnischen Adelsrepublik in der Neuzeit führen werden. Dadurch werden viele in der polnischen Geschichtsschreibung verbreiteten Auffassungen korrigiert.

Der in diesem Referat vorgestellte Überblick über die Forschungen wurde auf einige interessante und noch auf cinc Lösung wartende Probleme beschränkt. Man kann heute noch nicht voraussehen, welche von den genannten Untersuchungen bleibende Resultate erbringen, die zur Änderung der Auffassungen der Historiker von der Geschichte der polnischen Adelsrepublik in der Neuzeit führen werden. Der Autor dieses Teiles des Referats konnte sich nicht entschließen, die von Prof. Tazbir vorgestellten Probleme weiter zu erörtern, obwohl sie in Form von Quelleneditionen (darunter auch Tagebüchern), Forschungen über Kirchengeschichte, über die Geschichte ethnischer Gruppen (Juden, Tataren, Armenier) weiter erörtert werden. Forschungen zur Kunstgeschichte des 17. und 18. Jahrhunderts hatten neue Erkenntnisse von Fakten und Ereignissen sowie ihre neue Auslegung erbracht. Desto mehr muß betont werden, daß in dem vorgestellten Überblick ausschließlich solche Fragestellungen thematisiert wurden, welche der Autor für die interessantesten hält und von denen in Zukunft bedeutende Ergebnisse zu erwarten sind.

Anmerkungen

[1] Vgl. Z. Wójcik, Między traktatem andruszowskim a wojną turecką. Stosunki polsko-rosyjskie 1667—1672 (Zwischen dem Vertrag von Andruschow und dem türkischen Krieg. Polnisch-russische Beziehungen 1667—1672), Warszawa 1968; ders., Poland and Russia in the 17th Century. Problems of Internal Development, in: Poland at the 14th Congress of Historical Sciences in San Francisco, Wrocław 1975; ders., Ukraina w ramach Rzplitej do połowy XVII w. Prawo, programy, praktyka polityczna (Die Ukraine in Rahmen der Rzeczpospolita des 17. Jahrhunderts. Das Recht, die Programme, politische Praxis), ein Referat auf dem 13. Poln. Historikertag von Poznań 1984 (nicht gedruckt), vgl.: Pamiętnik XIII Powszechnego Zjazdu Historyków Polskich w Poznaniu, cz. II, (Verhandlungen des 13. Allg. Poln. Historikertags in Poznań, 2. Teil), Poznań 1988.

[2] Z. Wójcik, Jan III Sobieski, Warszawa 1983; vgl. meine Rezension in: Acta Poloniae Historica, 51. Bd. 1985.

[3] J. Łojek, Upadek Konstytucji 3 Maja (Fall der Verfassung vom 3. Mai), Wrocław 1976; ders., Przed Konstytucją 3 Maja (Vor der Verfassung vom 3. Mai), Warszawa 1977 — beide u. d. Titel: Urgeschichte und Sturz der Verfassung von 3. Mai (Geneza i obalenie Konstytucji 3 Maja), Lublin 1986. Rezensionen: J. Michalski, Z. Zielińska, in: Przegląd Historyczny, 69. Bd., 1978, Heft 1; E. Rostworowski, in: Tygodnik Powszechny, Nr. 36/1982, Nr. 14 u. 20, 1983 und i. d. Buch: Popioły i korzenie (Asche und Ursprünge), Kraków 1986.

[4] E. Rostworowski, Podbój Śląska przez Prusy a pierwszy rozbiór Polski (Die Preußische Eroberung Schlesiens und die 1. Teilung Polens), in: Przegląd Historyczny, 63. Bd., 1972; J. Michalski, Historiografia polska wobec problematyki pierwszego rozbioru (Die polnische Historiographie gegenüber der Problematik der 1. Teilung Polens), in: Przegląd Historyczny, 63. Bd., 1972; Z. Góralski, Austria a trzeci rozbiór Polski (Österreich und die 3. Teilung Polens). Warszawa 1979.

[5] Polen zwischen Preußen und Rußland, Berlin 1983; ders., Die Teilungen Polens, München 1984.

[6] J. Maciejewski, Oświecenie polskie. Początek formacji, jej stratyfikacja i przebieg procesu historyczno-literackiego (Polnische Aufklärung. Entstehung der Gestaltung, seine Stratifikation und Verlauf des historisch-literarischen Prozesses), in: Problemy literatury polskiej okresu Oświecenia (Probleme der polnischen Literatur zur Zeit der Aufklärung), Wrocław 1977.

[7] B. Rok, Kalendarze polskie czasów saskich (Polnische Kalender aus der „sächsischen Epoche“), Wrocław 1985; vgl. auch: Józef Baka, Poezje (Dichtungen) mit einem Vorwort von A. Czyc und A. Nawarecki, Warszawa 1986.

[8] J. Staszewski, La culture polonaise durant le crise du XVIIIe siècle, in: Acta Poloniae Historica, 55. Bd., 1987.

[9] Die Bedeutung dieses Erscheinens betonte Z. Wójcik im 2. Bd. der Geschichte der polnischen Diplomatie, Warszawa 1982.

[10] Vgl. Zapiski Historyczne, 51. Bd., 1986, 1. Heft (Sondernummer zum Jahrestag des Vertrags von Krewo 1386); J. Malec, Problem stosunku Polski do Litwy w dobie Sejmu Wielkiego 1788—1792 (Das Problem der Stellung Polens gegenüber Litauen zur Zeit des Großen Reichstags 1788—1792), in: Czasopismo Prawno-Historyczne, 34. Bd., 1982, 1. Heft.

[11] S. Cackowski, Struktura społeczna i gospodarcza wsi województwa chełmińskiego w okresie pierwszego rozbioru Polski (Die soziale und wirtschaftliche Struktur der Lande der Culmer Wojewodschaft zur Zeit der Ersten Teilung Polens), Toruń 1985.

Hans Hennig Hahn

Forschungslage und „weiße Flecken" in der deutsch-polnischen Beziehungsgeschichte (1. Hälfte des 19. Jahrhunderts)

Überblickt man die wissenschaftlichen Veröffentlichungen der letzten 20 Jahre zur Geschichte der deutsch-polnischen Beziehungen und das Tagungsgeschehen im deutsch-polnischen Wissenschaftsdialog, so geht man wohl nicht fehl mit der Feststellung, daß der hier zu behandelnde Zeitraum und vor allem die sogenannte deutsche Polenfreundschaft sich einer steigenden Beliebtheit erfreuen. Das hat zweifellos sowohl wissenschaftliche als auch außerwissenschaftliche Ursachen. Denn zum einen ist dies im Zusammenhang zu sehen mit der Intensivierung, die die Vormärzforschung in der deutschen Geschichtswissenschaft erfahren hat. Zum anderen aber scheint es, vor allem angesichts des verschärften deutsch-polnischen Antagonismus der letzten 100 Jahre, daß man sich neuerdings aus der deutsch-polnischen Beziehungsgeschichte nur zu gern eine Zeitspanne „herausfischt", in der noch gewisse Gemeinsamkeiten festzustellen sind, deren Relevanz, zumindest für die damalige Epoche, kaum in Frage steht. In der Einleitung zu der Veröffentlichung eines Symposiums, das 1981 in Frankfurt stattfand, schrieb Peter Ehlen, und seine Worte sind für die aktuelle Motivation der Beschäftigung mit dem deutsch-polnischen Verhältnis im Vormärz symptomatisch:

„Davon zu wissen, daß es in der jüngeren Vergangenheit auch herzliche Beziehungen zwischen beiden Völkern gab (ohne daß die auch die Deutschen belastenden Teilungen übersehen werden sollten), ist für die unbefangene Gestaltung eines freundschaftlichen Verhältnisses zwischen Deutschen und Polen gerade in der unmittelbaren politischen Gegenwart nicht unerheblich".[1]

Kaum eine Epoche der deutsch-polnischen Beziehungsgeschichte scheint so dazu geeignet zu sein, zu konsensfähigen Urteilen zu kommen. So ist es wohl kein Zufall, daß in der publizistischen und politischen Diskussion, welche die Schulbuchempfehlungen hervorgerufen haben, die Empfehlungen zum Vormärz offensichtlich von den erklärten Gegnern der Empfehlungen kaum angegriffen oder zum Gegenstand der Kontroverse gemacht wurden.

Nun mag es dahingestellt bleiben, ob über diese Epoche wirklich Konsens zwischen deutschen und polnischen Historikern herrscht. Ohnehin ist Konsens in der wissenschaftlichen Diskussion ein höchst unstabiler Zustand. Aber zweifellos hat diese Epoche äußerst dialogfördernd und dialoganregend gewirkt — neben zahlreichen Einzelkontakten gab es eine Reihe von Gesprächsrunden, die sich direkt oder zumindest auch mit der Thematik der deutschen Polenfreundschaft befaßten — erinnert sei neben der Deidesheimer Tagung der Schulbuchkonferenz[2] nur an die Tagungen in der Historischen Kommission zu Berlin 1979[3] und 1986[4] sowie an das erwähnte, von der Ostakademie Königstein in Frankfurt 1981 veranstaltete Symposium[5]. Auch bei den Tagungen anläßlich des 150. Jahrestags des polnischen Novemberaufstandes wurde die Reaktion in Deutschland auf dieses Ereignis diskutiert und gewürdigt. Als ein positiver Beweis für den Stand des polnisch-deutschen Wissenschaftsdialogs mag gelten, daß zu dem großen, vom polnischen Historikerverband veranstalteten Jubiläums-Symposium in Warschau im November 1980 auch vier deutsche Historiker aus der Bundesrepublik und der DDR eingeladen waren[6]. Die Teilnahme polnischer Kollegen an den entsprechenden Veranstaltungen zum Jahrestag des Hambacher Fests scheiterte 1982 offensichtlich an den aktuellen innenpolitischen Bedingungen in Polen zur Zeit des Kriegsrechts. Die deutschen Veranstalter unterließen es dabei, auf deutsche Kenner der Materie zurückzugreifen, so daß in den entsprechenden Veröffentlichungen der gewiß nicht nebensächliche polnische Aspekt leider weitgehend unberücksichtigt blieb.

Bis weit in die 70er Jahre hinein stand bei der Beurteilung der deutschen Polenfreundschaft die Frage im Vordergrund, ob es sich dabei um eine unpolitische idealistische Schwärmerei oder um eine wohlbedachte politische Parteinahme des deutschen Frühliberalismus handelte. Die Kontroverse darum war eine notwendige Auseinandersetzung mit dem Verdikt der borussischen Historiographie, das sich in abgeschwächter Form bis nach dem 2. Weltkrieg hielt, auch als man sich in den 60er Jahren wieder stärker damit zu befassen begann. Noch A. Gerecke[7] und H. J. Seepel[8] ließen sich in ihren materialreichen Arbeiten durch die zeitbedingten literarischen Ausdrucksformen dazu verleiten, das Ganze als eine vorwiegend unpolitische „ästhetische Hingabe an das Gefühl“[9] zu charakterisieren.

Diese Diskussion ist inzwischen weitgehend ausgestanden. Die Arbeiten von Georg W. Strobel,[10] Eberhard Kolb[11] und Michael G. Müller[12] haben sowohl die politische Motivation der deutschen Polenfreundschaft als auch ihre Funktion für den deutschen Frühliberalismus herausgearbeitet.[13] Letzteres, die Funktion, ist dabei durchaus in zweifachem Sinn zu verstehen. Einmal geht es um die historische Funktion der Polenfreundschaft für die Geschichte des deutschen Frühliberalismus — nicht nur die Ventilfunktion und die politische Mobilisierungsfunktion, sondern auch, darauf hat Georg G. Strobel mehrfach hingewiesen, die Rolle der Polenvereine in der Organisierungsgeschichte des Liberalismus, eine Rolle, die durch ideelle und personelle Kontinuitäten zwischen Polenvereinen und dem Preß- und Vaterlandsverein unschwer zu dokumentieren ist. Die Polenvereinsbewegung war so die unmittelbare Vorstufe und der Anlaß der ersten parteiähnlichen Organisation des deutschen Liberalismus.

Zum anderen geht es um die von den beteiligten Zeitgenossen intendierte politische Funktion der Parteinahme für die polnischen Aufständischen und Emigranten. Angesichts der Tatsache, daß die literarischen und publizistischen Verlautbarungen aus dem Umkreis der deutschen Polenfreunde keineswegs einheitlich waren, sondern, analysiert man sie einmal auf Weltbild und politische Zielvorstellungen hin, ein doch recht heterogenes Bild abgeben, hat sich in gewisser Weise „eingeschlichen“, einen Unterschied zwischen echten „Polenfreunden“ und bloß interessengeleiteten „Polenbenutzern“ zu machen. Wenn man diese begriffliche Unterscheidung akzeptieren würde (der Autor dieser Zeilen hält sie — das sei gleich betont — für grundsätzlich falsch), dann hieße das, für einen wichtigen Teil der deutschen Polenfreunde doch die politische Motivation in Abrede zu stellen. Denn eine nicht interessengelenkte Parteinahme, die aber doch politisch sein soll, ist eine contradictio in adiecto.

Nun soll das nicht heißen, daß es a priori sinnlos sei, Unterscheidungen zu treffen bezüglich der politischen Antriebskräfte der Polenfreundschaft. Michael G. Müller hat in seinem wichtigen Aufsatz „Deutsche und polnische Nation im Vormärz“[14] zwei Richtungen deutscher Polenfreundschaft idealtypisch herausgestellt: einmal diejenige, die eine Niederlage Rußlands und einen polnischen Staat als Vormauer wünscht, um eine imperiale Lösung der deutschen Frage unter preußischer Führung, also die Nationalstaatsbildung von oben, zu ermöglichen, wobei aber die deutschen Staaten ihre polnischen Teilungsgebiete nicht verlieren sollen; zum anderen diejenige, die eine gleichberechtigte Lösung beider nationaler Fragen erstrebt, um das gesamte System der Heiligen Allianz zu zertrümmern, mit dem Ziel einer republikanischen Lösung der deutschen Nationalstaatsfrage (quasi Nationalstaatsbildung von unten) und unter Auflösung der antinationalen oder zumindest a-nationalen Reiche der Habsburger und Hohenzollern. Müller ordnet diesen beiden Richtungen auch zwei unterschiedliche Nationskonzepte zu, einen integrativen Nationalismus und einen partizipatorisch-republikanischen Nationalismus.

Während Müllers Argumentation soweit zu folgen ist, muß doch in dem Moment Kritik angemeldet werden, wenn er nur die erste Richtung als „funktionale Polenfreundschaft“ bezeichnet, denn funktional waren grundsätzlich beide Richtungen. Beide trugen pragmatische Züge. Beide erstrebten eine deutsche Nationalstaatsbildung, und die polnische Nationalbewegung spielte in beider strategischen Überlegungen eine wichtige, wenn auch im konkreten Inhalt unterschiedliche Rolle. Die Gretchenfrage war praktisch die nach dem Schicksal und der Rolle Preußens. Die Hypothek „negativer preußischer Polenpolitik“ mit zu übernehmen, wie es Klaus Zernack formuliert hat, war eine reale Gefahr für die deutsche Nationalstaatsbewegung, der sie mit der preußischen Lösung der deutschen Frage dann auch mit verhängnisvollen Folgen für die spätere deutsch-polnische Beziehungsgeschichte erlegen ist.[15]

War diese Entwicklung zwangsläufig? Mit dieser Frage berühren wir zwei wichtige Probleme der politischen Beziehungsgeschichte zwischen Deutschen und Polen.

Das erste Problem betrifft die Frage, ob eine Alternative zur „negativen preußischen Polenpolitik“ in der ersten Hälfte des 19. Jahrhunderts überhaupt real möglich war. Überlegungen dazu sind mit Namen wie Heinrich von Arnim, Willisen und Bunsen verbunden und mit den Hoffnungen, die sich eine propreußische Orientierung in Posen nach dem Regierungsantritt Friedrich Wilhelms IV. 1840 machte. Eine Analyse der realgeschichtlich vielleicht einzigen Chance für eine radikale Umorientierung der preußischen Polenpolitik, des sogenannten Arnim'schen Plans im März/April 1848, zeigt, daß für dessen Scheitern sowohl innenpreußische Faktoren als auch die Struktur des europäischen Staatensystems und die Rolle, welche die polnische Frage in dieser Struktur spielte, verantwortlich zu machen sind.[16] Damit ist sicherlich nicht das letzte Wort zu diesem Problemkreis gesprochen. Die Rolle der polnischen Frage auf dem Vereinigten Landtag von 1847, das Echo in der preußischen und deutschen Öffentlichkeit auf den Moabiter Polenprozeß 1847, ja vor allem die schon erwähnte propreußische Orientierung in Posen[17] und in der Emigration, diese Themen warten alle noch auf eine detaillierte wissenschaftliche Darstellung und Analyse.

Vor allem letzteres, die propreußische Orientierung, muß dabei in einem breiteren Zusammenhang der polnischen Geschichte des 19. Jahrhunderts gesehen werden: Während der gesamten Teilungszeit, ja im Grunde schon vorher, seit spätestens dem Beginn des 18. Jahrhunderts, bis hin zum Ersten Weltkrieg hat es immer Magnatengruppen gegeben, deren Konzept darin bestand, im Bündnis mit einer Teilungsmacht etwas für die polnische Sache zu erreichen — meist verbunden mit dem Projekt einer Personalunion oder einer Sekundogenitur. Solche pro-Orientierungen kennen wir in allen Teilungsgebieten. Während wir über die prorussischen und proösterreichischen Orientierungen relativ gut informiert sind, scheint die propreußische Orientierung noch mit einer Art Tabu behaftet zu sein. Dabei geht es auch, aber nicht nur um den Radziwiłł-Kreis oder um die Raczyński-Brüder. Schließlich sind die propreußischen Hoffnungen in Posen vor 1848 ja sogar von einem Revolutionär wie Ludwik Mierosławski in seiner Verteidigungsrede auf dem Moabiter Polenprozeß argumentativ ausgenutzt worden.

Zwischen den Magnatengruppen der verschiedenen Teilungsgebiete gab es gelegentlich offene Kontroversen — hier sei nur an das vielfältige Echo erinnert, das Aleksander Wielopolskis berühmter „Lettre d'un gentilhomme polonais au prince de Metternich“ 1846 gefunden hat, vor allem in Posen und in der Emigration, aber auch in der nicht-polnischen Öffentlichkeit. Dieses für den politischen Bewußtseinszustand und dessen Wandel in der polnischen Aristokratie und damit für die Entwicklung des politischen Konservatismus in Polen bedeutende Ereignis, das auch in beziehungsgeschichtlicher Hinsicht sehr interessant ist, wartet noch auf eine detaillierte monographische Beschreibung.

Der Bemerkung Jerzy Jedlickis, daß die polnische Sozialgeschichtsschreibung die Aristokratie oder besser die Elite der Schlachta weitgehend vernachlässigt hat,[18] ist nur hinzuzufügen, daß dies auch, vor allem hinsichtlich des preußischen Teilungsgebiets, für das politische Verhalten und die politische Evolution dieser zwar quantitativ marginalen, von ihrem politischen und ökonomischen Gewicht aber sehr bedeutsamen Gesellschaftsschicht gilt.[19]

Zwar läßt sich einwenden, daß all diese Magnatenorientierungen letztlich gescheitert und nur Episode geblieben sind, auch in dem Sinne, daß eventuelle begrenzte nationale Zielvorstellungen und sozialkonservative Interessen dabei eine Verbindung eingegangen sind, in der die nationalpolitische Seite immer mehr zurückstehen mußte. Das ist unbestritten. Aber was ist nicht alles im 19. Jahrhundert gescheitert, in der polnischen und in der deutschen Geschichte (und nicht nur im 19. Jahrhundert)! Der Historiker hat nichtsdestoweniger die Verpflichtung, dies aufzuarbeiten und sich nach den inneren und äußeren Ursachen dieses Scheiterns zu fragen. Denn das Etikett „konservativ" reicht doch wohl zur Erklärung noch nicht aus.

Dieses Plädoyer für die wissenschaftliche Beschäftigung mit einer heute unbeliebten Gesellschaftsschicht hat auch eine beziehungsgeschichtliche Komponente. Die oft beschworene Tradition eines revolutionären Bündnisses zwischen bestimmten Teilen beider Nationalbewegungen, der polnischen und der deutschen, läßt oft vergessen, daß es auch in anderen politisch-ideologischen Lagern beziehungsgeschichtlich relevante Ansätze gegeben hat, die auf eine wissenschaftliche Aufarbeitung warten.

Das zweite Problem, das sich mit der Frage nach der Zwangsläufigkeit der Entwicklung hin zu einer Verschärfung des preußisch-polnischen bzw. deutsch-polnischen Antagonismus verbindet, stellt die eigentliche Gretchenfrage jeder Beschäftigung mit der deutschen Polenfreundschaft im 19. Jahrhundert dar, nämlich die Frage nach Ursachen und Motiven des sogenannten „Umfalls" der deutschen Liberalen oder zumindest ihres größten Teils in ihrer Haltung zur polnischen Nationalbewegung während der Revolution von 1848, sinnfällig dokumentierbar vor allem durch Jordans berühmte Rede während der Polendebatte in der Frankfurter Paulskirche.

Traditionell wurde in der deutschen Historiographie als Ursache für diesen Umschlag der Konflikt zwischen polnischer und deutscher Bevölkerung im Großherzogtum Posen und in Westpreußen angeführt. Aus dem Antagonismus preußischer Staat — polnische Nation habe sich durch die 1846er und 1848er Aufstände ein unüberwindlicher Antagonismus zwischen Deutschen und Polen als Bevölkerung entwickelt, der dann im Zuge einer natürlichen Solidarisierung auch die deutschen Liberalen außerhalb Posens sehr schnell erfaßt habe. Daran seien die propolnischen Absichten des Berliner Märzministeriums und deutscher liberaler Kreise gescheitert. Schon Hans Schmidt[20] vor dem Ersten Weltkrieg und Wolfgang Hallgarten[21] in den 20er Jahren haben auf die provokative Rolle des Berliner Hofes und der preußischen Armee in diesen Ereignissen hingewiesen. Posen als ein Experimentierfeld der preußischen Reaktion schon im April 1848 — diese schon bei Schmidt und Hallgarten angelegte Interpretationslinie ist dann nach dem Krieg von einigen Historikern in der DDR[22] unter veränderten ideologischen Vorzeichen weitergeführt worden.

In den letzten 10 Jahren wird stärker darauf hingewiesen, daß dieser „Umschlag" der deutschen Liberalen nicht nur mit dem Posener Aufstand und der spezifischen Situation des Jahres 1948 zu erklären ist, sondern daß die Ursachen früher und tiefer zu suchen sind. Vor allem Michael G. Müller hat für diese Fragestellung in seiner schon genannten Arbeit „Deutsche und polnische Nation im Vormärz"[23] als erster einen komparatistischen Ansatz — komparatistisch nicht durch faktographisches Nebeneinanderstellen, sondern im Sinne eines Strukturvergleichs[24] — gefunden und damit einen Entwurf vorgelegt, der von der historischen Wissenschaft noch im Detail auszufüllen wäre. Die dort vorgenommene Heraushebung zweier unterschiedlicher Nationskonzepte, eines tendenziell partizipatorischen und eines tendenziell integrativen, die in beiden Nationalbewegungen, der polnischen wie der deutschen, schon während der Hoch-Zeit der Polenfreundschaft feststellbar waren, aber eine unterschiedliche Gewichtung im Laufe der Jahre vor der Revolution erfuhren, ist nicht nur als Versuch zu verstehen, die Genese des Konflikts zu erklären, sondern sie in eine säkulare Entwicklung hineinzustellen und sie damit an die moderne geschichtswissenschaftliche Nationalismusforschung anzubinden — es geht, wie Klaus Zernack es formuliert hat, um den „epochalen Funktionswandel des Nationalismus, in dem der deutsche Nationalismus in seiner Einstellung zur polnischen Frage den solidarischen Gedanken (‚für eure und unsere Freiheit‘) preisgab und statt dessen die Integrationsbedürfnisse des geschlossenen Staats zum Prinzip erhob.“[25]

Neben der vergleichenden Analyse nationalpolitischer Strategiediskussionen bietet wohl vor allem die imagologische Forschung eine Möglichkeit, diesen Wandel beziehungsgeschichtlich konkret und im Detail festzumachen. Ein solcher Ansatz ist an einem Nebenaspekt schon auf der Deidesheimer Schulbuchtagung versucht worden.[26] Auf der Berliner Tagung der Historischen Kommission 1979 hat Günther Stökl in einem leider schriftlich nie festgehaltenen Diskussionsbeitrag angemerkt, daß sich um das Jahr 1840 in den Völkerbildern bzw. nationalen Heterostereotypen, vor allem was die deutschen Vorstellungen von den osteuropäischen Völkern angeht, eine Wende vollzog. In späteren Gesprächen hat Stökl hypothetisch von der „imagologischen Wende“ von 1840 gesprochen, wobei er offen zugab, daß er sich das „Warum?“ noch nicht erklären könne. Meine zugestandenermaßen nicht systematischen Beobachtungen stimmen weitgehend mit der Vermutung G. Stökls von einer imagologischen Wende um das Jahr 1840 überein, und zwar keineswegs nur im deutsch-polnischen Verhältnis. Das mag mit dem von Michael Müller skizzierten Wandel des Nationskonzepts und damit auch mit den Wandel nationalpolitischer Strategien innerhalb der deutschen Nationalbewegung zusammenhängen. Darüber hinaus ist, und das ist nicht als alternative Interpretation, sondern eher komplementär zu verstehen, noch auf einen anderen Zusammenhang hinzuweisen, nämlich auf eine Interdependenz von Mächtepolitik und imagologischer Entwicklung; als These formuliert: Die Orientkrise von 1840 als die erste große internationale Krise, in der die Gefahr eines Krieges, an dem alle Großmächte beteiligt sein würden, durchaus real war, eine Krise, die auch in dieser Dimension von der Öffentlichkeit fast aller Länder wahrgenommen wurde, produzierte Bedrohungsängste, und das nicht nur in Deutschland, die eine unerwartete Langzeitwirkung zeitigten und ursächlich an dem Wandel und der Verschärfung negativer nationaler Heterostereotypen beteiligt waren.

Angesichts des unstrittigen Stellenwerts, den nationale Stereotypen, ihre Herausbildung und ihr Wandel, für die deutsch-polnische Beziehungsgeschichte haben, wäre ein epochenübergreifender und interdisziplinärer wissenschaftlicher Dialog über diese Problematik ein dringendes Desiderat. Der Rang der Schulbuchgespräche im deutsch-polnischen Wissenschaftsdialog prädestiniert die gemeinsame Schulbuchkommission geradezu, ein solches Unternehmen in ihr Aufgabenfeld miteinzubeziehen.

1848 ist eine Lösung der polnischen Frage nicht am Umfall der deutschen Liberalen und an der Verschlechterung der deutsch-polnischen Beziehungen gescheitert, sondern an der bestehenden Struktur des europäischen Staatensystems, daß nämlich Polen nur wiederherzustellen war durch einen großen allgemeinen europäischen Krieg mit revolutionärem Vorzeichen oder zumindest mit revolutionären Begleitumständen.[27]

Die methodische Schlußfolgerung aus dieser Feststellung lautet im Rahmen der Problematik der deutsch-polnischen Beziehungsgeschichte: Die bilateralen deutsch-polnischen Beziehungen im 19. Jahrhundert müssen gesehen werden im Zusammenhang eines multilateralen gesamteuropäischen Beziehungsgeflechts. Nur so ist ein wichtiger, in der Historiographie der letzten Jahre mehrfach angeklungener, aber noch nicht ausführlich behandelter Aspekt der deutsch-polnischen Beziehungsgeschichte adäquat darstellbar, nämlich die Interdependenz von deutscher und polnischer nationaler Frage. K. O. von Aretin hat vor acht Jahren betont:

„Das Ende Polens stand in einem mittelbaren Zusammenhang mit der mit dem Frieden von Basel einsetzenden Neuverteilung der mitteleuropäischen Ländermasse."[28]

Aber das Ende der Republik Polen und das des Heiligen Römischen Reiches waren nicht nur die „letzte Stunde der feudalen Monarchie in Europa, die sich in dem Sterben beider Reiche ausdrückt",[29] sondern auch der Anfang von etwas Neuem, nämlich der nationalen Fragen Deutschlands, Polens und auch Italiens. Aus dem Zusammenhang des Teilungsgeschehens ergibt sich auch die Interdependenz der nationalen Fragen, und das nicht nur ideologiegeschichtlich, als paralleles Aufkommen nationaler Ideologien, sondern auch realgeschichtlich als Wirkungsfaktor in den internationalen Beziehungen. Konkret festzumachen ist das unter anderem an der Rolle der beiden halbdeutschen Großmächte, die ab 1815 nicht nur die Teilungsmächte Polens, sondern auch die Teilungsmächte Deutschlands waren. Die vier großen ungelösten bzw. auf dem Wiener Kongreß zum Teil bewußt ausgeklammerten „Fragen" der europäischen Staatenwelt des 19. Jahrhunderts — die polnische Frage, die deutsche Frage, die italienische Frage und die Orientfrage — müssen als integrale Bestandteile der Struktur der internationalen Beziehungen nach 1815 gesehen werden, denn das Konfliktpotential gehörte mit zu dieser Struktur, unabhängig davon, wie groß die Konfliktbereitschaft der Mächte war. Zwischen diesen ungelösten Fragen existierten Interdependenzen auf verschiedenen Ebenen, und sie wurden von den Zeitgenossen auch als solche wahrgenommen, wenn auch auf höchst unterschiedliche Weise: anders von den Radikaldemokraten des Vormärz als von den 48ern, von Metternich anders als von Bismarck, von Arnim anders als von Lamartine und von Napoleon III. Diese Interdependenzen, und vor allem diejenigen zwischen deutscher und polnischer Frage, haben sicherlich eine stärkere Beachtung durch die Wissenschaft verdient, und zwar nicht nur als Perzeptionsfrage, sondern auch als realgeschichtliche Problemfrage.[30] Es wäre einmal interessant, eine Geschichte des europäischen Staatensystems aus dem Blickwinkel dieser Interdependenzen zu schreiben, sowohl was ihre Wahrnehmung durch die handelnden oder erlebenden Zeitgenossen als auch was die realen mächtepolitischen Veränderungen angeht oder, besser, den Einfluß dieser Interdependenzen auf den langsamen Strukturwandel des europäischen Staatensystems.[31]

Periodisierung und Zäsursetzung gehören zu den Lieblingsbeschäftigungen der Historiker. Für die Geschichte der deutsch-polnischen Beziehungen bzw. vor allem der sogenannten deutschen Polenfreundschaft scheint weitgehend darüber Einigkeit zu bestehen, daß die wichtigsten Zäsurdaten die Jahre 1833 und 1846 darstellen. Daran braucht auch nichts korrigiert zu werden; allerdings wird oft unterschwellig oder expressis verbis behauptet, zwischen 1833/34 und 1846 habe es „eine Phase der relativen Beziehungslosigkeit zwischen deutscher und polnischer nationaler Bewegung"[32] gegeben. Dieses Diktum ist zumindest anzuzweifeln. Beziehungen gab es, publizistischer und konkret politischer Natur, sie fanden sowohl in Deutschland als auch, und vor allem, im Exil statt — nur wissen wir zugestandenermaßen noch recht wenig darüber, da sie nur allzu oft im Halbdunkel der Konspiration sich abspielten.[33] Über ihren Stellenwert für die Beziehungsgeschichte können wir erst dann urteilen, wenn diese „weißen Flecken“ eine etwas deutlichere Zeichnung erfahren.

Was den Zäsurcharakter des Jahres 1846 angeht, so steht schon in den Schulbuchempfehlungen: „Der Krakauer Aufstand 1846 und die Bewegung in Posen eröffneten den europäischen Völkerfrühling.“

Dieser Periodisierungsansatz, dem gerade in gesamteuropäischer Perspektive durchaus zuzustimmen ist, hat sich offensichtlich historiographisch noch keineswegs durchgesetzt, vor allem in Deutschland nicht. Februar- und Märzrevolution gelten noch immer als die paukenschlagartige Eröffnung der Revolution; die Ereignisse in Polen, in der Schweiz und in Italien werden lediglich als Vorspiel gewertet. Dabei lassen sich in diesem angeblichen Vorspiel, das besser als der erste Akt des Revolutionsschauspiels zu bezeichnen ist, schon fast alle Elemente finden, die das weitere Revolutionsgeschehen prägten und zum Scheitern der Revolution beitrugen — die Spaltung der Revolutionsbewegungen aufgrund unterschiedlicher politischer und sozialer Interessen, das Aufbrechen nationaler Antagonismen, die Rolle des Militärs, die faktische Schwäche des politischen Radikalismus, und schließlich die Brüchigkeit und Hinfälligkeit der Wiener Ordnung von 1815 in den Augen nicht nur ihrer Gegner, sondern auch ihrer Hauptarchitekten (zu verweisen ist auf die Annexion Krakaus und die internationalen Implikationen des Schweizer Sonderbundskriegs). Deshalb sei hier nochmals dafür plädiert, die Jahre 1846 bis 1849 als eine zusammenhängende revolutionäre Phase oder Epoche zu begreifen.

Es wäre dies zudem ein kleines Beispiel, wie die Berücksichtigung von Forschungsergebnissen zur deutsch-polnischen Beziehungsgeschichte dazu beitragen würde, unser Bild nicht nur der deutschen, sondern der europäischen Geschichte zu korrigieren, zu ergänzen und zu erweitern.

Anmerkungen

[1] *Peter Ehlen* (Hrsg.), Der polnische Freiheitskampf 1830/31 und die liberale deutsche Polenfreundschaft, München 1982, S. 10.
Die 27. Tagung der Historikerkommission der DDR und der Volksrepublik Polen im Mai 1980 war ebenfalls dem 150. Jahrestag des Novemberaufstands und der Polenfreundschaft gewidmet. Dabei berief man sich auf die Kontinuität eines „Bündnisses zwischen deutschen und polnischen Revolutionären ... Dieses Bündnis unter den heutigen, historisch völlig neuen Bedingungen auf der Grundlage des Marxismus-Leninismus und des proletarischen Internationalismus zum Nutzen unserer beiden Völker und der ganzen sozialistischen Staatsgemeinschaft mit den Mitteln der historischen Analyse zu bekräftigen und zu vertiefen, war Anliegen der 27. Tagung der Historikerkommission“. (Die deutsche Polenfreundschaft in den dreißiger Jahren des 19. Jahrhunderts. Beiträge der Leipziger Tagung der Historikerkommisssion der Deutschen Demokratischen Republik und der Volksrepublik Polen, 27.—30. 5. 1980, Leipzig 1981, S. 4).

[2] Die deutsch-polnischen Beziehungen 1831—1848. Vormärz und Völkerfrühling. XI. deutsch-polnische Schulbuchkonferenz der Historiker 16.—21. Mai 1978 in Deidesheim (Rheinland-Pfalz), Braunschweig 1979.

[3] *Klaus Zernack* (Hrsg.), Polen und die polnische Frage in der Geschichte der Hohenzollernmonarchie 1701—1871. Referate einer deutsch-polnischen Historiker-Tagung 1979 in Berlin-Nikolassee, Berlin 1982.

[4] *Klaus Zernack* (Hrsg.), Zum Verständnis der polnischen Frage in Preußen und Deutschland 1772—1871. Referate einer deutsch-polnischen Historiker-Tagung vom 14.—16. Januar 1986 in Berlin-Nikolassee, Berlin 1987.

[5] Siehe Anm. 1.

[6] *Jerzy Skowronek/Maria Żmigrodzka* (Hrsg.), Powstanie listopadowe 1830—1831. Geneza — uwarunkowania — bilans — porównania (Der Novemberaufstand 1930—31. Genese — Bedingungen — Bilanz — Vergleiche), Wrocław usw. 1983 (Georg W. Strobel, Michael G. Müller und Hans Henning Hahn aus der Bundesrepublik, Helmut Bleiber aus der DDR, darüber hinaus befaßte sich auch der Beitrag von Jan Kosim mit der deutschen Polenfreundschaft). — Zur Tagung in Leipzig im Mai 1980 siehe Anm. 1. — Dziedzictwo powstania listopadowego w literaturach obcych. Referaty i materiały z sesji naukowej zorganizowanej przez Instytut Literatury Polskiej Uniwersytetu Warszawskiego w 150 rocznicę powstania (Das Vermächtnis des Novemberaufstandes in ausländischen Literaturen. Referate und Materialien einer vom Institut für Polnische Literatur der Universität Warschau veranstalteten Tagung zum 150. Jahrestag des Aufstands), Warszawa 1986 (Aufsätze von *Marek Jaroszewski* und *Piotr Roguski*).
Auch in dem repräsentativen, von W. Zajewski herausgegebenen Sammelband widmeten *Jan Kosim* und *Henryk Kocój* der hier interessierenden Problematik zwei Aufsätze (*Władysław Zajewski* [Hrsg.], Powstanie Listopadowe 1830—1831. Dzieje wewnętrzne, Militaria, Europa wobec powstania [Der Novemberaufstand 1830—1831. Seine innere Geschichte, Militaria, Europa und der Aufstand], Warszawa 1980).

[7] *Anneliese Gerecke,* Das deutsche Echo auf die polnische Erhebung von 1830, Wiesbaden 1964.

[8] *Horst-Joachim Seepel,* Das Polenbild der Deutschen. Vom Anfang des 19. Jahrhunderts bis zum Ende der Revolution von 1848, Diss. Kiel 1967.

[9] ebenda., S. 101.

[10] *Georg W. Strobel,* Die deutsche Polenfreundschaft 1830—1834: Vorläuferin des organisierten politischen Liberalismus und Wetterzeichen des Vormärz, in: Die deutsch-polnischen Beziehungen 1831—1848 (Anm. 2), S. 126—147; Ders., Die liberale deutsche Polenfreundschaft und die Erneuerungsbewegung Deutschlands, in: *Peter Ehlen* (Hrsg.), Der polnische Freiheitskampf (Anm. 1), S. 31—47; Ders., Polenfreundevereine oraz liberale deutsche Polenfreundschaft w latach 1831—1834 jako przejawy reperkusji powstania listopadowego w społeczeństwie niemieckim, in: *Jerzy Skowronek/Maria* Żmigrodzka (Hrsg.), Powstanie (Anm. 6), S. 185—197.

[11] *Eberhard Kolb,* Polenbild und Polenfreundschaft der deutschen Frühliberalen. Zu Motivation und Funktion außenpolitischer Parteinahme im Vormärz, in: Saeculum 26/1975, S. 111—127.

[12] *Michael G. Müller,* Zur Periodisierung der Geschichte der deutschen Polenliteratur im Vormärz, in: Die deutsch-polnischen Beziehungen 1831—1848 (Anm. 2), S. 101—115; Ders., Deutsche und polnische Nation im Vormärz, in: *Klaus Zernack* (Hrsg.), Polen und die polnische Frage (Anm. 3), S. 69—95; Ders., Powstanie listopadowe a opozycja niemiecka. Rozważania nad niemiecką literaturą poświęconą Polsce, in: *Jerzy Skowronek/Maria Żmigrodzka* (Hrsg.), Powstanie (Anm. 6), S. 199—207.

[13] In einem Referat auf der V. deutsch-polnischen Schulbuchkonferenz in Braunschweig März 1974 habe ich versucht, den Forschungsstand zusammenzufassen und die hier angesprochenen Aspekte herauszuarbeiten, veröffentlicht zunächst polnisch: *Hans Henning Hahn,* Stosunki między polskim narodowym ruchem wyzwoleńczym a liberalizmen niemieckim w okresie przed Wiosną Ludów, in: Roczniki Historyczne 42/1976, S. 139—163; später dann auch deutsch: Bürgerliche Liberale und adlige Revolutionäre — die Beziehungen zwischen der nationalen polnischen Freiheitsbewegung und dem deutschen Liberalismus im Vormärz, in: Deutsch-Polnisches Jahrbuch 1981/82 der Deutsch-polnischen Gesellschaft Bremen/Bremerhaven e. V., Bremen 1982, S. 175—212.
Hinzuweisen ist auch auf die umfangreiche, verdienstvolle Quellenedition von *Helmut Bleiber/ Jan Kosim,* Dokumente zur Geschichte der deutsch-polnischen Freundschaft 1830—1832, Berlin (Ost) 1982, mit einer ausführlichen Einleitung, sowie auf *Helmut Bleiber,* Die deutsche Polen-

freundschaft zu Beginn der dreißiger Jahre des 19. Jahrhunderts, in: Die deutsche Polenfreundschaft (Anm. 1), S. 5—57 (Auf polnisch in: *Jerzy Skowronek/Maria Żmigrodzka* [Hrsg.], Powstanie [Anm. 6], S. 157—184).

[14] Siehe Anm. 12.

[15] *Klaus Zernack*, Preußen als Problem der osteuropäischen Geschichte, in: Studia Historica Slavo-Germanica Bd. 6/1977, S. 31—48, abgedruckt auch in: *Otto Büsch/Wolfgang Neugebauer* (Hrsg.), Moderne Preußische Geschichte 1648—1947. Eine Anthologie, Berlin — New York 1981, S. 1602—1622, hier S. 1621: „Auf eine sehr dialektische Weise aber hatte der nichtnationale Faktor Preußen — die halbdeutsche Großmacht — auch Hand an die deutsche und polnische Nation gelegt. Denn nur auf der Grundlage negativer Polenpolitik — das war Bismarcks Credo — sollte preußisch verstandene positive Deutschlandpolitik erwachsen können. Die katastrophale Verschlechterung der Beziehungen zweier großer historischer Nachbarnationen, die nun eintrat, war das Werk des nichtnationalen Sonderfaktors Preußen, der offensichtlich die Traditionalität seines osteuropäischen Engagements nicht zu revidieren in der Lage war".

[16] *Hans Henning Hahn*, Polen im Horizont preußischer und deutscher Politik im 19. Jahrhundert, in: *Klaus Zernack* (Hrsg.), Zum Verständnis (Anm. 4), S. 1—19.

[17] In der verdienstvollen, weil ausführlich die preußische Politik im Großherzogtum Posen mit nationalen Integrationsprozessen in der polnischen Gesellschaft Großpolens in bezug zueinander setzenden Arbeit von *Karl Heink Streiter*, Die nationalen Beziehungen im Großherzogtum Posen (1815—1848), Diss. Zürich 1984, Bern usw. 1986, wird dieser Aspekt S. 82ff. angeschnitten.

[18] Siehe *Witold Kula/Janina Leskiewiczowa* (Hrsg.), Przemiany społeczne w Królestwie Polskim 1815—64 (Gesellschaftlicher Wandel im Königreich Polen 1815—64), Wrocław usw. 1979, S. 497. Allerdings sind in den letzten Jahren schon verstärkte Bemühungen um dieses Thema zu verzeichnen — vgl. *Irena Rychlikowa*, Ziemiaństwo polskie 1789—1864. Zróżnicowanie społeczne (Die polnischen Gutsbesitzer 1789—1864. Soziale Differenzierung), Warszawa 1983, sowie *Janina Leskiewiczowa* (Hrsg.), Ziemiaństwo polskie 1795—1945 (Die polnischen Gutsbesitzer), Warszawa 1985, insbesondere S. 121—146 der Aufsatz von *Witold Molik*, Wzór osobowy ziemianina w Wielkim Księstwie Poznańskim w drugiej połowy XIX i początkach XX w (Der Typ des Gutsbesitzers im Großherzogtum Posen in der zweiten Hälfte des 19. und zu Beginn des 20. Jahrhunderts).

[19] In der interessanten Arbeit von *Marcin Król*, Konserwatyści a niepodległość. Studia nad polską myślą konserwatywną XIX wieku (Die Konservativen und die Unabhängigkeit. Studien zum konservativen Denken in Polen im 19. Jahrhundert), Warszawa 1985, wird diese Problematik zwar angesprochen, jedoch nicht erschöpfend behandelt, da Król von anderen Fragestellungen ausgeht.

[20] *Hans Schmidt*, Die polnische Revolution des Jahres 1848 im Großherzogtum Posen, Weimar 1912.

[21] *Wolfgang Hallgarten*, Studien über die deutsche Polenfreundschaft in der Periode der Märzrevolution, München-Berlin 1928.

[22] Vor allem *Hans Henseke*, Die Politik der bürgerlichen preußischen Regierungen gegenüber dem polnischen Freiheitskampf im Großherzogtum Posen im Jahre 1848, in: Wissenschaftliche Zeitschrift der Pädagogischen Hochschule Potsdam. Gesellschafts- und Sprachwissenschaftliche Reihe 6/1960—61,67 S. 13—22; in seiner ungedruckten Dissertation *ders.*, Die Stellung der deutschen Bourgeoisie zum Kampf des polnischen Volkes um nationale Unabhängigkeit im Großherzogtum Posen in der Revolution 1848/49, Masch. Diss. Pädag. Hochschule Potsdam 1957. Vgl. meinen Aufsatz, Polen im Horizont (Anm. 16), S. 13ff..

[23] Siehe Anm. 12.

[24] Die Einbeziehung komparatistischer Vorgehensweise in die beziehungsgeschichtliche Forschung ist ein dringendes methodisches Desiderat. Neben der beispielhaften Arbeit von M. G. Müller hat dies, soweit ich sehe, bisher nur die polnische Historikerin Maria Wawrykowa in einer vergleichenden Ideen- und Organisationsgeschichte der oppositionellen Bildungseliten in Deutschland, Polen und Rußland in der ersten Hälfte des 19. Jahrhunderts unternommen: *Maria Wawrykowa*, „Für eure und unsere Freiheit". Studentenschaft und junge Intelligenz in Ost- und Mitteleuropa in der ersten Hälfte des 19. Jahrhunderts, Stuttgart 1985 (= Schriften der Mainzer Philosophischen Fakultätsgesellschaft Nr. 10).

[25] *Klaus Zernack,* Das Preußenproblem in der Geschichte Polens, in: Preußen. Versuch einer Bilanz. Eine Ausstellung der Berliner Festspiele GmbH. Bd. 2: Preußen. Beiträge zu einer politischen Kultur, hrsg. von *Manfred Schlenke,* Reinbek bei Hamburg 1981, S. 322—334, hier S. 328.

[26] *Hans Henning Hahn,* Die „Große Emigration" der Polen in der deutschen Publizistik des Vormärz (1842—47), in: Die deutsch-polnischen Beziehungen 1831—1848 (Anm. 2), S. 83—100. Dort wurde versucht, die Veränderungen im deutschen Polenbild ausschnittweise nachzuzeichnen.

[27] Siehe dazu *Hans Henning Hahn,* Polen im Horizont (Anm. 16).

[28] *Karl Otmar Freiherr von Aretin,* Tausch, Teilung und Länderschacher als Folgen des Gleichgewichtssystems der europäischen Großmächte. Die polnischen Teilungen als europäisches Schicksal, in: *Klaus Zernack* (Hrsg.), Polen und die polnische Frage (Anm. 3), S. 53—68, S. 61.

[29] So die Formulierung von *Kurt von Raumer,* Deutschland um 1800 — Krise und Neugestaltung 1789—1815, in: *Leo Just* (Hrsg.), Handbuch der deutschen Geschichte, Bd. III, 1a, Wiesbaden 1959, S. 176.

[30] Lediglich Michael G. Müller hat in dem Schlußkapitel „Die Teilungen Polens als Problem der deutschen Geschichte" seines Buches: *Michael G. Müller,* Die Teilungen Polens 1772 — 1793 — 1795, München 1984, S. 80—87, dieses Problem überblickartig behandelt, wobei er die Fragestellung bis in die Mitte des 20. Jahrhunderts hinein verfolgt hat.

[31] Die Arbeit der Schulbuchkommission hat sich bisher auf eine rein bilateral verstandene Beziehungsgeschichte konzentriert. Der heutige Kenntnisstand und der Stand des geschichtswissenschaftlichen Dialogs erlaubt es wohl, diese bewußte Beschränkung zu übersteigen und den multilateralen Beziehungsrahmen miteinzubeziehen. Die Frage nach der Interdependenz beider nationaler Fragen scheint hier einen sachgerechten Einstieg zu ermöglichen.

[32] *Michael G. Müller,* Deutsche und polnische Nation im Vormärz (Anm. 12), S. 92.

[33] Vgl. Hinweise in *Hans Henning Hahn,* Bürgerliche Liberale und adlige Revolutionäre (Anm. 13), S. 183—187.

Rudolf Jaworski

Der wissenschaftliche Ertrag der Schulbuchkonferenzen für die deutsch-polnische Problematik in der zweiten Hälfte des 19. Jahrhunderts

Aufgabe dieser Bilanz ist es, die Arbeit der Schulbuchkommission für das halbe Jahrhundert zwischen 1849 und 1918 vor dem Hintergrund der modernen deutschen Geschichtsforschung seit 1945 in knapper Form zu rekapitulieren – eine schier nicht zu bewältigende Aufgabe, wenn man sich vor Augen hält, wie prägend dieser Zeitraum für die Gestaltung des Verhältnisses zwischen Deutschen und Polen gewesen ist und welche einschneidenden Veränderungen politischer und gesellschaftlicher Art sich in diesen Jahrzehnten bei beiden Nationen vollzogen haben. Es versteht sich von selbst, daß unter diesen Umständen an einen systematischen Überblick aller tatsächlichen und möglichen Beobachtungsfelder nicht zu denken ist. Statt dessen sollen einige, hoffentlich weiterführende Überlegungen grundsätzlicher Art angestellt werden. Der Charakter dieses Referates, die Forschungslage und die bisherigen Erträge der Kommissionsarbeit legen einen solchen Zugang nahe, wie gleich noch zu zeigen sein wird.

Das 19. Jahrhundert insgesamt und die Jahre bis zum Ende des Ersten Weltkrieges haben in der Nationalgeschichtsschreibung Polens und der Bundesrepublik bisher eine durchaus vergleichbare intensive Bearbeitung erfahren. Ganz anders stellen sich freilich die Proportionen in der deutsch-polnischen Beziehungsgeschichte dar. Auf diesem Gebiet ist, und zwar für den gesamten Berichtszeitraum, ein deutliches Übergewicht der polnischen Forschung, speziell der Posener Schule festzustellen, ein Übergewicht, das so stark ist, daß man fast schon von einer Monopolstellung sprechen könnte. Dabei ist eine Konzentration auf das preußische Teilungsgebiet und darin wiederum auf die Provinz Posen (Wielkopolska) nicht zu übersehen. Dem stehen vergleichsweise wenige originelle Forschungsbeiträge von westlicher Seite entgegen. Als ein bemerkenswertes Beispiel dieser Art sei hier stellvertretend eine an etwas versteckter Stelle publizierte Studie von Lothar Burchardt erwähnt, die den Streit um die Gründung einer Universität in Posen vor dem Ersten Weltkrieg zum Inhalt hat (Burchardt, 1981).

Vor allem größer geschnittenen Überblickswerken nichtpolnischer Autoren zur Geschichte der deutsch-polnischen Beziehungen im 19. Jahrhundert bis zum Ersten Weltkrieg kommt unter diesen Voraussetzungen oftmals eine eher kompilatorische Vermittlungsfunktion, im besten Fall eine Interpretation der reichen polnischen Forschungsergebnisse zu. Die verdienstvollen Werke der angelsächsischen Kollegen Richard Blanke und Wiliam W. Hagen sind zwei gute Beispiele dieser Art (Blanke, 1981; G. Eley, 1984; Hagen, 1980). Was allgemein für die westliche Geschichtsforschung behauptet wurde, gilt im verstärkten Ausmaße auch für die deutsche Geschichtsschreibung nach 1945. Auch bei uns in der Bundesrepublik kann von einer intensiven und vor allem von einer kontinuierlichen wissenschaftlichen Auseinandersetzung mit den zur Debatte stehenden Fragekomplexen nicht die Rede sein. Auch bei uns sind ernstzunehmende Studien zur deutsch-polnischen Problematik in der zweiten Hälfte des 19. Jahrhunderts ohne eine Auswertung der polnischen Forschungen gar nicht mehr zu leisten. Das gilt selbst dann, wenn neue Fragestellungen erprobt werden, wie der Verfasser dieses Berichts an seiner eigenen Habilitationsarbeit erfahren konnte (Jaworski, 1986).

Dieses drastische Ungleichgewicht in der Forschungsleistung ist unbedingt in Rechnung zu stellen, wenn die Anlage und der Charakter der vorliegenden Bilanz gerecht bewertet werden soll, die sich aufgrund dieser Ausgangslage nicht ausschließlich auf deutsche Forschungserträge stützen kann. In diesem Punkt ergibt sich – vielleicht in etwas abgemilderter Form – dasselbe Dilemma wie für den vorausgehenden Berichtszeitraum der ersten Jahrhunderthälfte: der wichtigste Teil der einschlägigen Forschungen, nämlich der polnische, soll ausgeklammert werden, weil er einer gesonderten Betrachtung vorbehalten bleibt. Andererseits wird dadurch die gestellte Aufgabe wesentlich erleichtert, die geleistete Kommissionsarbeit vor dem Hintergrund der westlichen Forschung knapp zu beurteilen und auf noch offene Fragen aufmerksam zu machen. Die Aufzählung noch vorhandener Lücken wird dabei nicht im Geiste eines nörglerischen Mängelberichtes vorgenommen, sondern ist ganz im Gegenteil als aufmunternde Erinnerung zu verstehen, daß noch genügend Desiderate vorhanden sind, die eine Fortsetzung der Kommissionsarbeit rechtfertigen. Und dies geschieht außerdem im vollen Bewußtsein darüber, daß es viel leichter und auch bequemer ist, Forschungslücken aufzuzeigen, als sie zu schließen.

Vorweg ist gleich anzumerken, daß allein der chronologische Rahmen dieses Referates (1849—1918) eine größere thematische Vielfalt impliziert, als sie in der bisherigen Kommissionsarbeit berücksichtigt werden konnte. Denn für den gesamten Zeitraum liegen uns bislang allein die Ergebnisse einer Fachtagung vor, und zwar derjenigen, die im Mai 1983 in Warschau unter dem Generalthema: Industrialisierung, sozialer Wandel und Arbeiterbewegung in Deutschland und Polen bis 1914 stattgefunden hat (Czubiński, 1987; Jacobmeyer, 1983; Trzeciakowski, 1984). Damit ist im Grunde nur die Empfehlung Nr. 12: „Industrialisierung" einer fachwissenschaftlichen Überprüfung unterzogen worden. Noch nicht bearbeitet sind die letzten Absätze der Empfehlung Nr. 11, die das Abklingen der deutschen Polenbegeisterung nach der Revolution von 1848 bzw. deren Fortleben in der jungen deutschen Arbeiterbewegung zum Thema haben sowie das deutsche Echo auf den Januaraufstand von 1863. Dasselbe gilt für die ganze Empfehlung Nr. 13, welche die preußisch-deutsche Polenpolitik im Kaiserreich betrifft, die Nr. 14: Der Erste Weltkrieg, die Nr. 15: Die Oktoberrevolution und Polen und die Nr. 16: Der Zusammenbruch der Mittelmächte und die deutsch-polnischen Beziehungen.

Nun hat ja die Schulbuchkommission schon in ihren Empfehlungen von 1976 klar zum Ausdruck gebracht, daß sie sich in nachfolgenden Fachtagungen nur solcher Themen anzunehmen gedenkt, die noch besonders strittig sind und einer genaueren wissenschaftlichen Klärung bedürften, so daß von vornherein der Anspruch auf eine gleichmäßige Erörterung aller Empfehlungen ausgeschlossen war. Aber klärungsbedürftig sind die bislang noch nicht behandelnden Empfehlungen aus dem hier interessierenden Zeitraum allemal, wenngleich in sehr unterschiedlicher Weise. Sicher wird man dem Themenkomplex Polenpolitik keine grundsätzlich neuen Aspekte und Bewertungen mehr abgewinnen können. Doch die Situation ändert sich, sobald man sich auf einen Perspektivenwechsel einläßt, d.h. sobald man bereit ist, die konventionelle herrschaftsgeschichtliche Betrachtungsweise einzutauschen gegen einen gesellschaftsbezogenen Ansatz. Unter diesem Blickwinkel geraten die Polen als eine Minderheit des Deutschen Reiches ins Visier, deren Lage mit derjenigen anderer vergleichbar wird und deren spezifische soziale und wirtschaftliche Situation in den preußischen Ostprovinzen dann um so plastischer hervortritt (Jersch-Wenzel, 1981).

Solche Fragestellungen sind mittlerweile von der historischen Forschung aufgenommen worden, und zwar nicht nur in Polen. Stellvertretend sei nur an den exzellenten Problemaufriß von Werner Conze erinnert, der den treffenden Titel trägt: Nationsbildung durch Trennung — Deutsche und Polen im preußischen Osten (Conze, 1983). Darin wird der Herrschaftsaspekt im deutsch-polnischen Verhältnis in keiner Weise ausgeklammert, aber eben auch nicht zum Angelpunkt der Untersuchung gemacht, sondern vielmehr die verschiedenen deutsch-polnischen Konfliktzonen. Bleibt noch hinzuzufügen, daß die Geschichte des unmittelbaren deutsch-polnischen Nachbarschaftsverhältnisses in den preußischen Ostprovinzen im allgemeinen und die des ostdeutschen Bevölkerungselements im besonderen noch kaum eine moderne geschichtswissenschaftliche Aufarbeitung gefunden hat. In der Bundesrepublik ist diese Thematik weitgehend der landsmannschaftlich eingefärbten Heimatforschung vorbehalten geblieben. Die polnische Forschung hingegen hat die Ostdeutschen entweder in eine national undifferenzierte Territorialgeschichte aufgehen lassen oder sie als Kontrastfolie benutzt, um die Lage der Polen im preußischen Teilungsgebiet gleichsam von außen her zu spiegeln, wie z. B. in einem jüngeren Posener Sammelband (Grześ 1976).

Was aber noch fehlt, das sind fundierte Studien zu den inneren Verhältnissen der Deutschen in den preußischen Ostprovinzen und zu ihren Einstellungen den polnischen Nachbarn gegenüber. Der in letzter Zeit immer häufiger bedauerte Mangel einer seriös betriebenen, modernen ostdeutschen Landesgeschichte ist in der bundesrepublikanischen Geschichtsforschung evident (Kessler, 1987) und läßt sich auf verschiedene Ursachen zurückführen. Die immer noch verbreitete Scheu vieler jüngerer Historiker, sich ostdeutschen Themen zuzuwenden, stellt eine ebenso gesunde wie langfristig unhaltbare Reaktion auf eine Forschungstradition der zwanziger und dreißiger Jahre dar, als Osteuropa in erster Linie zu einem Beobachtungsfeld deutscher Kultureinflüsse gemacht worden war. Ein anderes, nicht minder bedeutsames Hindernis kommt hinzu: Niemand fühlt sich bei uns so recht für dieses Arbeitsgebiet zuständig. Die Osteuropaspezialisten nicht, weil deutsche Geschichte mit im Spiel ist, und die Allgemeinhistoriker nicht, weil slawische Sprachkenntnisse vorausgesetzt werden. Auch hier gibt es freilich vielversprechende Ansätze wie z. B. die von der Historischen Kommission in West-Berlin herausgegebenen „Jahrbücher für die Geschichte Mittel- und Ostdeutschlands".

Eine stärker gesellschaftsbezogene Betrachtungsweise ist auch bei der Behandlung der deutsch-polnischen Beziehungen während des Ersten Weltkrieges vorstellbar. Denn die Schulbuchempfehlungen enthalten zwar die weitgehend unstrittigen Standpunkte der großen Politik zu dieser Frage. Von mindestens ebenso großem Interesse dürften aber die Auswirkungen des Krieges auf breiteste Bevölkerungskreise in beiden Ländern sein. Dabei sind sehr wohl verschränkte Beobachtungsfelder denkbar, wie z. B. die Lage und Haltung der Polen in Oberschlesien oder die der deutschen Minderheit in Mittelpolen (Heike, 1985; Mendel, 1971).

Etwas anders liegen die Probleme bei der Beurteilung des Einflusses und der Auswirkungen der russischen Oktoberrevolution auf die Wiedererrichtung eines polnischen Staates, wo der Stellenwert und die Bedeutung dieser historischen Wendemarke für die moderne polnische Nationalstaatsbildung sicher noch diskussionswürdig sind (Jabłoński, 1980; Ochmański, 1987). Eine vergleichende Gegenüberstellung zu dem Echo, das die Oktoberrevolution in Deutschland gefunden hat, könnte dabei wesentlich zu einer nüchternen Einschätzung beitragen. Fruchtbar und erhellend wäre desgleichen ein Vergleich zwischen den polnischen Arbeiter- und Soldatenräten in Posen und ihren deutschen Pendants, ein Vergleich, der schon in den Empfehlungen angeregt worden ist, der sich freilich nicht auf einen einfachen Kontrast zwischen polnischen Revolutionären und deutschen Freicorpskämpfern eingrenzen lassen wird.

Nach diesem kursorischen „tour d'horizont" ist nun etwas näher auf diejenigen Aspekte einzugehen, die von alldem in die konkreten Bemühungen der Kommission Eingang gefunden haben, also auf die Industrialisierungsproblematik und die 16. deutsch-polnische Schulbuchkonferenz. Es war gewiß kein Zufall, daß ausgerechnet das Industrialisierungsthema und kein anderes bevorzugt und gleichsam stellvertretend für den gesamten Zeitraum in der Kommissionsarbeit berücksichtigt worden ist. Dieser Eindruck wird zusätzlich durch die Tatsache verstärkt, daß auch zwei Tagungen des deutschen und polnischen Historikerverbandes im Jahre 1978 in Freiburg und in Posen eine ähnliche thematische Schwerpunktbildung aufweisen. Die Ergebnisse beider Treffen liegen inzwischen in gedruckter Form vor: Der Freiburger Tagungsband mit der etwas umfassenderen Fragestellung „Modernisierung und nationale Gesellschaft im ausgehenden 18. und im 19. Jahrhundert" und ohne direkten Bezug zu den Empfehlungen (Conze, 1979). Der Posener Tagungsband wiederum erschien unter dem Titel „Deutsche und Polen im Kaiserreich und in der Industrialisierung", versteht sich explizit als ein Beitrag zur Klärung der Empfehlungen 12 und 13 und geht auch gezielt auf die dort formulierten Thesen ein (Leidinger, 1982). Wissenschaftlich interessanter ist ohne Zweifel die zuerst genannte, schulbuchrelevanter freilich die zweite Position, auch wenn letztere berechtigte Kritik hervorgerufen hat (Strobel, 1986). Zusammen mit dem entsprechenden Sammelband der Schulbuchkommission von 1983 verfügen wir somit inzwischen über eine erstaunliche Darstellungsdichte zu diesem Teilbereich, der in Wirklichkeit gar keiner ist.

Denn die Industrialisierung stellt in der europäischen Geschichte einen Basisvorgang von säkularer Bedeutung dar mit Folgeerscheinungen, die weit über die sozialökonomische Sphäre hinausreichten. Dadurch eröffnete sich die Chance, den angestrebten deutsch-polnischen Ländervergleich für die zweite Hälfte des 19. und für das beginnende 20. Jahrhundert unter modernen Fragestellungen thematisch gebündelt und doch gleichzeitig in größtmöglicher Breite auszuprobieren. Bewußt wurde der etwas engherzige Bezugsrahmen des wechselseitigen Leistungsaustausches im Industrialisierungsprozeß (Polen im Ruhrgebiet, Deutsche in Lodz), wie er noch in den Empfehlungen vorgezeichnet worden ist, aufgegeben zugunsten einer umfassenderen Perspektive. Walter Martineit und Karl-Ernst Jeismann haben in ihrem Vorwort zur deutschen Veröffentlichung der Konferenzergebnisse noch einmal ausdrücklich auf diese Erweiterung hingewiesen. Die Wahl des Industrialisierungsthemas befreite ferner von dem historiographischen Wiederholungszwang, das deutsch-polnische Verhältnis im 19. und beginnenden 20. Jahrhundert monomanisch unter dem Gesichtspunkt der preußischen Polenpolitik zu betrachten. Und auch von den methodologischen Ausgangspositionen sowie von den bereits vorliegenden Erträgen der historischen Forschung in Polen und in der Bundesrepublik war von vornherein ein hohes Ausmaß an Übereinstimmung und Ausgewogenheit zu erwarten.

Die Entstehungsbedingungen und die Formierung der deutschen und der polnischen Industriegesellschaft sowie das soziale und politische Profil der sie charakterisierenden Arbeiterklasse standen danach folgerichtig im Mittelpunkt der 16. Schulbuchkonferenz (siehe auch Tenfelde, 1986). Ein vielversprechendes Programm also, dem die Referenten in verschiedenen historischen Längsschnitten und Problemaufrissen gerecht zu werden suchten. Es würde zu weit führen, die einzelnen Beiträge gesondert zu würdigen und bereits Bilanziertes noch einmal zusammenzufassen. Die thematische Palette reicht von streng wirtschaftlicher Analyse bis hin zu Reflexionen über die politische Mentalität der sich organisierenden Industriearbeiterschaft. Nicht gerade einfach erwies sich dabei das Abstecken der Vergleichsebenen. Ist der Industrialisierungsprozeß für sich genommen schon ein regionaler Vorgang, der erst mittelbar und langfristig gesamtnationale Ausmaße annimmt, so waren beim deutsch-polnischen Vergleich zusätzlich eine zeitliche Phasenverschiebung und die politische Dreiteilung der polnischen Nation mit einzukalkulieren. Kontrastreich, weil grundverschieden erwiesen sich sowohl die Ausgangspositionen wie auch die Auswirkungen der Industrialisierung in den deutschen und polnischen Territorien. War Industrialisierung in Deutschland gleichbedeutend mit einer — wenn auch revolutionären — Umstrukturierung bereits vorhandener gesellschaftlicher und wirtschaftlicher Kräfte, so ermöglichte derselbe Vorgang in Polen in vieler Hinsicht überhaupt erst die Herausbildung und Formierung solcher

Kräfte. Zeigte die Industrialisierung in Deutschland nachhaltige Rückwirkungen auf den ländlichen Bereich, so blieben die polnischen „Industrialisierungsinseln" bis zum Ersten Weltkrieg überwiegend isolierte Einsprengsel innerhalb einer noch weitgehend traditional geprägten Agrargesellschaft usw. Es dürfte sicherlich nicht schwerfallen, noch eine ganze Reihe ähnlicher Kontrastpunkte aufzuzählen. Doch bei einem solchen Verfahren erhebt sich sogleich die Frage nach der Angemessenheit der gewählten Bewertungsmaßstäbe. Und die können bei dem hier erforderlichen strukturgeschichtlichen Ansatz nicht bloß bilateraler Natur sein.

Die Industrialisierung in Polen wie in Deutschland war von jeweils unterschiedlichen länderübergreifenden Entwicklungsmustern mitbestimmt, die ebenfalls zur Erklärung herangezogen werden müssen. Dergestalt wurde die Kommission einmal mehr mit der Erfahrung konfrontiert, wie schnell die Grenzen einer bilateral beschränkten deutsch-polnischen Betrachtung erreicht sind, gerade dann wenn die reine Beziehungsgeschichte verlassen wird. Und die stand unbedingt im Mittelpunkt dieser Tagung, ganz gewiß nicht für die deutschen Referenten.

Nimmt man den hier interessierenden Tagungsband der gemeinsamen Kommission noch einmal zur Hand, so fällt auf, daß die deutschen Beiträge durchgängig umfangreicher ausgefallen sind als ihre polnischen Pendants. Die Auswahl hochkarätiger Spezialisten (Wolfram Fischer, Jürgen Kocka, Hans Mommsen, Gerhard Ritter) bot eine hinreichende Gewähr dafür, daß der neueste Forschungsstand in der Bundesrepublik auf dem Gebiet der Industrialisierungs- und Arbeitergeschichte präsentiert werden konnte. Sieht man aber von den Beiträgen Enno Meyers und Georg W. Strobels einmal ab, so handelt es sich doch weitgehend um hermetisch in sich abgeschlossene Abhandlungen ohne beziehungsgeschichtlichen Aspekt. Und auch die Vergleichspunkte und -ebenen zur polnischen Entwicklung sind darin verhältnismäßig schwach herausgearbeitet. Dagegen fehlen bei kaum einem der meist skizzenhaft gehaltenen polnischen Referate deutsche Bezüge. Gravierender dürfte aber der Umstand zu werten sein, daß es in diesem Fall – abweichend von den üblichen Tagungsarrangements der Kommission – nicht oder nur teilweise zu den bewährten Doppelbesetzungen bestimmter Einzelthemen gekommen ist, so daß verschiedene Fragen, wie z. B. die Arbeiterkultur (H. Mommsen), leider ohne polnische Entsprechung geblieben sind.

Gänzlich ausgespart blieben die demographischen Folgen der Industrialisierung und die daraus resultierenden Arbeitskraftimmigrationen, obwohl sie vor allem im Ruhrgebiet und in Oberschlesien direkt auf die deutsch-polnischen Beziehungen zurückgewirkt haben und obwohl dazu zuverlässige Forschungsergebnisse vorliegen (u. a. Bade 1984; Bobińska 1976; Kleßmann, 1978; Schofer, 1983; Wegner, 1984). Der Tagungsband der gemeinsamen Schulbuchkommission ist also ein anregender, aber in vieler Hinsicht eben doch ergänzungsbedürftiger Torso heterogenen Inhalts, was bei der komplexen Themenstellung und dem begrenzten zeitlichen Rahmen einer einzigen Konferenz auch gar nicht verwunderlich ist. Das volle Ausmaß der noch zu leistenden komparatistischen Untersuchungsgänge wird erst sichtbar, wenn man sich etwa den nichtproletarischen Gesellschaftsschichten zuwendet (Koestler, 1987).

Wichtig erscheint abschließend aber noch eine grundsätzliche methodologische Überlegung im Zusammenhang mit der Warschauer Industrialisierungstagung. Langfristig kann es nicht darum gehen, Beziehungsgeschichte einfach durch Komparatistik zu ersetzen und das eng verzahnte deutsch-polnische Mit- und Gegeneinander in ein wohlgeordnetes Vergleichspaar nebeneinanderzustellen. Dieser Vorbehalt heißt noch lange nicht, hinter die Einsicht zurückzufallen, daß gerade der nüchterne komparatistische Ansatz wesentlich zu einer Objektivierung der beiderseitigen Geschichtsauffassungen beitragen kann. Die Ergebnisse der 16. deutsch-polnischen Schulbuchkonferenz sind der beste Beweis dafür.

Aber — und diese Einschränkung scheint mir von entscheidender Bedeutung zu sein — ein solcher Zugang kann nur ein erster Schritt der Distanzgewinnung von national zentrierten Geschichtsbildern und von dem beiderseitigen historiographischen Clinch vergangener Jahrzehnte sein. Nach einem solchen heilsamen Sich-Zurücklehnen und auf der Basis der neu gewonnenen Einsichten in die sozialökonomischen Voraussetzungen beider Nationalgesellschaften wird man sich wieder beziehungsgeschichtlichen Fragen zuwenden müssen. Dabei besteht berechtigter Anlaß zur Hoffnung, daß sich innerhalb dieses neuen Bezugsrahmens auch kontroverse Themen und Auffassungen ruhiger verhandeln lassen werden, wie z. B. der deutsch-polnische Nationalitätenkampf in den preußischen Ostprovinzen vor dem Ersten Weltkrieg.

Damit schließt sich der gedankliche Kreis zu den eingangs aufgestellten Desideraten. Das Industrialisierungsthema, so darf zusammenfassend festgestellt werden, war ein brauchbarer Einstieg zu einer Neufundierung der deutsch-polnischen Beziehungsgeschichte im 19. und zu Beginn des 20. Jahrhunderts. Eine beziehungsgeschichtliche Vertiefung steht freilich noch aus und die wird sich weniger im Industrialisierungsprozeß selber als vielmehr in seinen soziokulturellen und politischen Folgeerscheinungen herbeiführen lassen.

Zitierte Literatur

Klaus Bade, „Preußengänger" und „Abwehrpolitik". In: Archiv für Sozialgeschichte XXIV (1984), S. 92—283.

Richard Blanke, Prussian Poland in the German Empire 1871—1914. New York 1981.

Celina Bobińska (Hg.), Mechanizmy polskich migracji zarobkowych. Warszawa 1976.

Lothar Burchardt, Hochschulpolitik und Polenfrage: Der Kampf um die Gründung einer Universität in Posen. In: E. Mai u. St. Waetzold (Hg.): Kunstverwaltung, Bau— und Denkmal-Politik im Kaiserreich. Berlin 1981, S. 147—164.

Werner Conze u. a., Modernisierung und nationale Gesellschaft im ausgehenden 18. und im 19. Jahrhundert. Berlin 1979.

Werner Conze, Nationsbildung durch Trennung. Deutsche und Polen im preußischen Osten. In: O. Pflanze (Hg.): Innenpolitische Probleme des Bismarckreiches. München 1983, S. 95—118.

Antoni Czubiński u. *Zbigniew Kulak* (Hg.), Industrializacja, przemiany społeczne i ruch robotniczy w Polsce i w Niemczech do 1914 r. Poznań 1987.

Geoff Eley, German Politics and Polish Nationality: The Dialectic of Nation—Forming in the East of Prussia. In: East European Quarterly XVIII (1984), S. 335—364.

Bolesław Grześ u. a., Niemcy w Poznanskiem wobec polityki germanizacyjnej 1815—1920. Poznań 1976.

Wiliam W. Hagen, Germans, Poles and Jews. The Nationality Conflict in the Prussian East 1772–1914. London 1980.
Otto Heike, Die deutsche Minderheit in Polen bis 1939. Leverkusen 1985.
Henryk Jabłoński u. *Andrzej Kruczkowski,* Wielka Socjalistyczna Rewolucja Październikowa a Polska. Warszawa 1967.
Wolfgang Jacobmeyer (Hg.), Industrialisierung, sozialer Wandel und Arbeiterbewegung in Deutschland und Polen bis 1914. Braunschweig 1983.
Rudolf Jaworski, Handel und Gewerbe im Nationalitätenkampf. Studien zur Wirtschaftsgesinnung der Polen in der Provinz Posen 1871–1914. Göttingen 1986.
Stefi Jersch-Wenzel, Minderheiten in der preußischen Gesellschaft. in: O. Bösch u. W. Neugebauer (Hg.): Moderne preußische Geschichte Bd. 1 Berlin 1981, S. 486–506.
Christoph Kleßmann, Polnische Bergarbeiter im Ruhrgebiet 1870–1945. Göttingen 1978.
Wolfgang Kessler, Aspekte der ostdeutschen Landesgeschichte. Marburg 1987 (MaSchr).
Nora Koestler, Polska inteligencja a niemiecki „Bildungsbürgertum". In: R. Czepulis-Rastenis (Hg.): Inteligencja polska XIX i XX wieku. Warszawa 1987, S. 270–284.
Paul Leidinger (Hg.), Deutsche und Polen im Kaiserreich und in der Industrialisierung. Paderborn 1982.
Edward Mendel, Polacy na Gornym Śląsku w latach I wojny światowej. Katowice 1971.
Jerzy Ochmański, Wielki Paździemik i Polacy. Poznań 1987.
Lawrence Schofer, Die Formierung einer modernen Arbeiterschaft Oberschlesien 1865–1914. Dortmund 1983.
Georg W. Strobel, Die deutsch-polnischen Schulbuchempfehlungen in der Auseinandersetzung um „Deutsche und Polen im Kaiserreich und in der Industrialisierung". In: Internationale Schulbuchforschung 6 (1986) H. 1, S. 73–77.
Klaus Tenfelde, Arbeiter und Arbeiterbewegung im Vergleich. München 1986.
Lech Trzeciakowski, XVI. Konferencja Wspólnej Komisji Podręcznikowej PRL-RFN w Warszawie: In: Kwartalnik Historyczny 91 (1984), S. 236–242.
Konrad Wegner, Auswanderer, Saisonarbeiter, Wanderarbeiter und Sachsengänger aus Ost- und Südosteuropa. In: Jahrbuch für ostdeutsche Volkskunde 27 (1984), S. 59–141.

Maria Wawrykowa

Unsere Überlegungen beziehen sich natürlich auf das 19. Jahrhundert: nicht im kalendarischen, sondern im historischen Sinne. Es beginnt 1795, d. h. mit der dritten Teilung Polens, und endet 1918, also mit dem Jahr, in dem der polnische Staat wiederhergestellt wurde. In dieser Zeit haben wir es, zum ersten Male in der Geschichte deutsch-polnischer Beziehungen, mit einer ganz neuen Qualität zu tun; nämlich mit verschiedenartigen Staatsbeziehungen und Rechtsverhältnissen, mit innerstaatlichen Beziehungen in den annektierten Gebieten, mit zwischenstaatlichen Beziehungen zwischen dem Herzogtum Warschau und dem Königreich Polen als Ersatzformen des unabhängigen polnischen Staates und der preußischen Monarchie sowie, mehr oder weniger formalisiert, mit den anderen deutschen Staaten in ihren sich wandelnden Verfassungszusammenhängen: Beziehungen also zu dem ausgehenden Heiligen Römischen Reich Deutscher Nation, zum Rheinbund und dem Deutschen Bund, Beziehungen in der Übergangsperiode 1848—49, schließlich nach 1871 in der Fortsetzung der Beziehungen zum Hohenzollern-Staat.

Gleichzeitig gewannen die Kontakte zwischen verschiedenen gesellschaftlichen Gruppen und auch Individuen in einem bisher unbekannten Ausmaß an Bedeutung. Die komplizierte Problematik der Gesamtheit dieser Beziehungen ist ein integraler Bestandteil der polnischen Nationalgeschichte während der Teilungszeit. Für den Historiker ist es also von größter Bedeutung festzustellen, ob, und wenn ja, wie die erwähnten Verhältnisse die Entstehung der modernen polnischen Nation im Rahmen eines Teilungsstaates determiniert haben. Es müssen dabei sowohl politische, soziale, ökonomische und demographische als auch nationale, konfessionelle und kulturelle Entwicklungen im preußischen Teilungsgebiet in Betracht gezogen werden. Auch der Vergleich mit den anderen Teilungsmächten sowie die allgemeine Konstellation in Deutschland und generell die europäische Lage sind dabei zu berücksichtigen.

Alle in den letzten Jahren veröffentlichten Skizzen und Synthesen der polnischen Geschichte gehen auf diese Aspekte ein. Je nach Art des Werkes werden die Akzente natürlich unterschiedlich gesetzt. Es ist ja ein Unterschied, ob wir es mit einer Gesamtdarstellung oder einer Epochensynthese zu tun haben. Nicht weniger wichtig ist, ob ein Werk einen oder mehrere Verfasser hat. Das individuelle Interesse des Verfassers und dessen fachliche Ausrichtung schlagen immer zu Buche. Das bezieht sich auch auf Synthesen, die speziell die Wirtschafts-, Bildungs- oder Wissenschaftsgeschichte behandeln.

Wie „individuell" Synthesen beschaffen sind, fällt sofort ins Auge, wenn man zum Beispiel die von Jerzy Topolski und die von Janusz Tazbir herausgegebenen Gesamtdarstellungen der Geschichte Polens zur Hand nimmt; und noch deutlicher ist es bei Synthesen von einzelnen Autoren, wie bei dem unsere Epoche betreffenden Bänden von Józef Gierowski und Józef Buszko sowie der „Geschichte des 19. Jahrhunderts" von Stefan Kieniewicz. Die erwähnten Synthesen nun stützen sich durchweg auf die neuesten, nicht nur polnischen Forschungsergebnisse, und zwar auf Forschungen über die letzten Dezennien des 18. Jahrhunderts, denen auch eine spezielle Tagung unserer Kommission gewidmet war, weiter Fragen der napoleonischen Ära unter besonderer Berücksichtigung des Herzogtums Warschau und seiner Stellung im gesamteuropäischen politischen System über die Beziehungen zum Rheinbund, die Genese und Geschichte des Königreichs Polen, ferner die nationalen Aufstände mit dem Novemberaufstand von 1831 an der Spitze, und schließlich die revolutionären Bewegungen. In erster Linie aber wurden die zahlreichen Monographien über die Situation im preußischen Teilungsgebiet ausgewertet.

Die deutsch-polnischen Beziehungen fanden aber auch Berücksichtigung in den polnischen Gesamtdarstellungen der deutschen Geschichte von Jan Wąsicki, Maria Wawrykowa, Adam Galos, Jerzy Krasuski. Darüber hinaus wurden sie — wenn auch nur sehr knapp — von M. Żywczyński in der letzten Ausgabe der Weltgeschichte des 19. Jahrhunderts berücksichtigt. Ludwik Bazylow dagegen verzichtete programmatisch in seiner Weltgeschichte des 19. Jahrhunderts auf eine Darstellung der polnischen Geschichte.

Auf eine Analyse der erwähnten Veröffentlichungen muß ich verzichten, kann sie aber auch nicht ganz unerwähnt lassen, weil sie ein großes Lesepublikum haben und dadurch gewissermaßen meinungsbildende Funktion besitzen. Ich möchte mich mit der Feststellung begnügen, daß die dramatischen deutsch-polnischen Beziehungen trotz alledem nicht nur in ihren Schattenseiten präsentiert werden. Da sich die genannten Werke auf moderne Untersuchungen stützen, haben auch hier diejenigen Momente der deutsch-polnischen Geschichte Eingang gefunden, die in unserer gemeinsamen Erbschaft einen positiven Klang haben. Die präsentierten Gedankengänge und Schlußfolgerungen erleichtern es dem Leser, sich ein nach Möglichkeit objektives Bild der Geschichte zu machen, obwohl auch die besten Synthesen, geschweige denn die Überblikke, Vereinfachungen nicht vermeiden können. Die polnische Synthesen, die nicht nur in den letzten 15 Jahren, sondern auch in den 60 Jahren verfaßt wurden, erfüllen meines Erachtens die Empfehlungen unserer Kommission.

Um den Wert der Gesamtdarstellungen abschätzen zu können, muß man aber vor allem ihre Grundlage in Betracht ziehen, d.h. die Vielfalt und die Neuartigkeit der monographischen Untersuchungen. Hier möchte ich eingangs feststellen, daß weder die einzelnen Zeitabschnitte noch die verschiedenen Probleme in den letzten 15 Jahren mit stets gleicher Intensivität bearbeitet wurden. Diese Ungleichgewichtigkeit hat verschiedene Ursachen. Zu den wichtigsten gehört das besondere Interesse für solche Probleme, die zuvor nur ungenügend oder überhaupt nicht erörtert worden waren. Eine nicht geringe Rolle haben aber auch verschiedene Jubiläen gespielt, z.B. der 150. Jahrestag des Ausbruchs des Novemberaufstandes.

Wohlgemerkt, die meisten monographischen Darstellungen der deutsch-polnischen Beziehungen betreffen aus naheliegenden Gründen das preußische Teilungsgebiet, insbesondere das Großherzogtum Posen. Im Vergleich zur älteren Literatur hat sich die Vielfalt der Themen deutlich vermehrt. Alle Aspekte des damaligen Lebens werden in ihrer Komplexität und Vielschichtigkeit geschildert. Das heißt aber nicht, daß die neuen Untersuchungen die älteren Befunde unbedingt radikal in Frage stellen. Die These, daß preußische Politik auf die Integration der annektierten Gebiete und deren Vereinheitlichung mit den anderen Provinzen zielte, wird von den jetzigen Autoren nicht bestritten. Das Novum besteht vielmehr darin, daß die Vorgehensweisen beider Seiten in den verschiedenen Phasen genauer beleuchtet werden. Dabei geht es auch weniger um die formalrechtlichen Rahmenbedingungen, als vielmehr um die konkreten Bedingungen, unter denen sich die nationale Identität in allen ihren Erscheinungsformen behaupten und entwickeln ließ. Sehr wichtig ist daher die Einsicht, daß der polnischen Gesellschaft im preußischen Teilungsgebiet die Nuancen der Politik von Zentral- und Lokalbehörden kaum zu Bewußtsein kamen. Nur wenige machten sich darüber Gedanken, ob die von der preußischen Regierung angewandten Methoden zur Integration noch unter dem Gesichtspunkt der aus dem 18. Jahrhundert stammenden Staatsräson betrieben wurde, oder ob sie nicht vielmehr dem Denken des modernen Nationalismus entsprangen. Jeder Gleichschaltungsversuch wurde von der Mehrheit der Polen als Ausdruck der Germanisierung, d. h. ihrer Entnationalisierung empfunden. Dabei ist auch darauf hingewiesen worden, daß die übrigens unterschiedlich verstandene „Verteidigung der Nationalität“ zu einer allgemein akzeptierten Parole wurde, die die bestehenden Standes- und Weltanschauungsunterschiede sowie die ideologischen Differenzen verwischen konnte.

Bis in die 1830er Jahre hat dies aber die normale Koexistenz beider Nationalitäten nicht beeinträchtigt. Ein Teil der deutschen Gesellschaft zeigte durchaus Sympathie für die polnischen nationalen Bestrebungen. Sogar manche preußischen Lokalbeamten und Militärs sahen damals in dem Bekenntnis zum Polentum keine staatsfeindliche Einstellung.

In mehreren Arbeiten wird die Rolle einzelner Persönlichkeiten im Gesellschaftsleben hervorgehoben. Besonders deutlich kommt das zum Vorschein in den Arbeiten über das „preußische“ Warschau in den Jahren 1795—1806. Man schildert die geringe moralische Qualifikation der Mehrheit der preußischen Beamten, stellt aber die Persönlichkeit des Gouverneurs Koehler heraus, der sich die Sympathie der Warschauer erworben hatte und von diesen mit Bedauern verabschiedet wurde. Aus der Masse der Beamten ragte vor allem aber Ernst Theodor Amadeus Hoffmann heraus. Dieser hervorragende und vielseitige Künstler sah die Schwächen des preußischen Verwaltungssystems genau und versuchte, durch seine Arbeit zur Annäherung zwischen Deutschen und Polen beizutragen. Während seiner dreijährigen Tätigkeit in Warschau knüpfte er Kontakte zu Wojciech Bogusławski und Józef Elsner an, und er war beteiligt an der Gründung der Musikgesellschaft, die zum Zentrum lebhafter Kontakte zwischen Künstlern, Intelligenz und Bürgertum wurde. Der Künstler Hoffmann vermochte sich in das geistige Klima der polnischen Kultur einzufühlen. Juliusz Gomulicki stellt in der Einleitung zu Hoffmanns „Brief aus Warschau“ fest, daß dessen Polonaisen am besten von seiner Einführung in den polnischen Nationalgeist zeugen.

Wie neuere Untersuchungen zeigen, gab es Kontakte auch auf höchster Stufe der sozialen Leiter, und zwar auch in solchen Kreisen, die gemeinhin als durchaus nicht deutschfreundlich galten. Erwähnenswert ist in diesem Zusammenhang die Biographie Fürst Józef Poniatowskis von Jerzy Skowronek.

Der Einfluß einzelner Persönlichkeiten auf die deutsch-polnischen Beziehungen kommt in den Abhandlungen über das Bildungswesen stark zur Geltung. Besonders in der Zeit der preußischen Besetzung Warschaus haben sich preußische Beamte gefunden, die dafür eintraten, bei der Integration der annektierten Gebiete maßvoll vorzugehen, und zwar nicht nur mit dem Kalkül, die „polnischen Untertanen“ mit der preußischen Obrigkeit zu versöhnen, sondern auch in der Überzeugung, daß viele polnische Institutionen unbestreitbar kulturellen Wert hatten.

So trat der Experte für Schulwesen Goedicke gegen die Weisungen ein, ein neues Schulsystem und damit auch die deutsche Unterrichtssprache durchzusetzen, da diese Maßnahmen einen Rückschritt gegenüber der Errungenschaften der Kommission für Nationale Bildung darstellten. Andererseits aber wurden die Leistungen der deutschen Pädagogik und die von deutschen Wissenschaftlern propagierten Bildungskonzepte von den Polen hoch geschätzt, wie u. a. die „Geschichte der Warschauer Universität“, herausgegeben von Stefan Kieniewicz, illustriert. Es war kein Zufall, daß der Priester Wojciech Anzelm Szweykowski, der spätere erste Rektor der neuen Universität, die deutschen Hochschulen bereiste, um deren Organisation und Programme kennenzulernen. Viele spätere Professoren der Universität hatten auch in Deutschland studiert und wurden dort promoviert.

Wie manche Untersuchungen zeigen, waren die Jahre 1795—1806 für die „Söhne“ der nach Warschau gekommenen Deutschen eine prägende Phase der Assimilation an die polnische Umwelt. Sowohl die freundschaftlichen Beziehungen zu den Schülern des Warschauer Lyzeums, das die Funktion einer Hochschule hatte, als auch die fruchtbaren Kontakte der Vertreter der Studentenbewegung haben in den 20er Jahren dazu wesentlich beigetragen. Gewürdigt worden sind auch die günstigen atmosphärischen Bedingungen, unter denen im Jahre 1800 die Warschauer Gesellschaft für Freunde der Wissenschaften gegründet werden konnte. Dabei verliert man freilich auch den politischen Kontext der Gründung dieser Gesellschaft nicht aus den Augen, die Tatsache nämlich, daß sie mit den polnischen wissenschaftlichen und kulturellen Einrichtungen im russischen Teilungsgebiet (vor allem in Wilno und Krzemieniec), deren Kurator Fürst Adam Czartoryski war, konkurrieren sollte. Die Beziehungen der Gesellschaft zu deutschen Gelehrten haben die kulturellen Begegnungen zweifellos begünstigt.

In der Epoche des Herzogtums Warschau standen vor allem die Beziehungen zu Sachsen im Vordergrund. Interessant ist hier, daß man allmählich von der geläufigen Auffassung abkommt, es habe gerade damals grundsätzliche Unterschiede zwischen den polnisch-sächsischen und den polnisch-deutschen Beziehungen gegeben. Diese Anschauung stützte sich vor allem daraus, daß Friedrich August Herzog von Warschau und König Sachsens sich bei den Polen großer Beliebtheit erfreute. Honoriert wurde durch solche Urteile besonders sein Respekt für die polnischen Nationalsymbole, an denen er ungeachtet der Proteste der russischen Diplomatie festgehalten hatte. Jerzy Skowronek betrachtet Friedrich August als einen Herrscher, der sich der Angelegenheiten des Herzogtums Warschau „ehrlich, aber ohne Enthusiasmus“ annahm. In der Tat gab es ernste gegenseitige Vorbehalte zwischen Polen und Sachsen; das hatte einerseits mit der Vorstellung der Sachsen von der wirtschaftlichen und kulturellen Rückständigkeit Polens zu tun, andererseits aber auch mit der Empfindung vieler Polen, sie würden von Sachsen ökonomisch ausgebeutet. Eine Form solcher Ausbeutung war die sächsische Zollpolitik. Die Abneigung der Polen gegen die Sachsen steigerte sich noch in der Wirkung der Willkürmaßnahmen von 1812.

Eine wesentliche Zäsur bildet in den deutsch-polnischen Beziehungen die „Periode der Autonomie“ mit ihren verschiedenen Phasen. Man betont den Sondercharakter der Zeitspanne 1815—1830, in der auf dem Hintergrund gewisser bürgerlicher Freiheiten das Nationalbewußtsein der Polen aufrechterhalten wurde und es zur Annäherung beider Nationen, insbesondere der jungen Generationen, gekommen ist.

Die Kontakte, die die polnischen Studenten an den preußischen Universitäten geknüpft hatten, sollten bald nicht nur in der Zusammenarbeit an den Universitäten in Warschau, Berlin, Breslau und Krakau konkretisiert werden, sondern auch dazu beitragen, daß u. a. die deutsche Philosophie in Polen näher bekannt wurde. Eben damals begannen sich in Polen die enthusiastisch aufgenommenen historiosophischen Konzeptionen Herders und die Philosophie von Kant, Schelling und Hegel durchzusetzen. Der klassische deutsche Idealismus wurde — wie Andrzej Walicki es formuliert hat — zum „Polarisierungsfaktor des polnischen Geisteslebens“. Als Beweis könnte man hier die Biographien und Anschauungen von Józef Kremer, August Cieszkowski, Bronisław Trentowski, Karol Libelt und auch Edward Dembowski nennen. Einen nicht geringen Einfluß hatten auch die polnischen Gelehrten auf die deutsche historische Staats- und Rechtsschule.

Sehr viel mehr Aufmerksamkeit als früher finden inzwischen die Formen legaler Tätigkeit, die die Entwicklung rationeller Wirtschaft und den zivilisatorischen Fortschritt begünstigt hat. Stärker als es in der älteren Historiographie der Fall war, berücksichtigt man heutzutage die Bedeutung des preußischen Landtags, und zwar nicht nur im Hinblick auf seine Promotorenrolle für den allgemeinen Fortschritt, sondern auch in Bezug auf die Zusammenarbeit zwischen deutschen und polnischen Abgeordneten im Interesse der Provinz. Das wirtschaftliche Wachstum und die, wenn auch rudimentären Freiheiten für die Polen ermöglichten hier die Entwicklung einer geistigen Kultur, die das polnische Nationalleben in allen Teilungsgebieten stark beeinflußte. Die Öffnung für die bestimmenden geistigen Strömungen der Zeit und für moderne Formen wirtschaftlicher und kultureller Tätigkeit haben das Gefühl der nationalen Zusammengehörigkeit in allen Teilungsgebieten wesentlich gestärkt.

Auf die sozialen und politischen Bestrebungen der polnischen Bevölkerung reagierten die preußischen Zentral- und Lokalbehörden im Großherzogtum Posen in verschiedenen Phasen durchaus schwankend; und dies wirkte nach den Erkenntnissen vieler Forscher auf die Beziehungen zwischen den nationalen Gruppen deutlich zurück. Dadurch läßt sich u. a. das zwiespältige Verhalten der Deutschen gegenüber dem polnischen Novemberaufstand erklären. Nur wenige haben die Aufständischen aktiv unterstützt. Die Mehrheit verhielt sich abwartend. Der Novemberaufstand und sein Echo in Deutschland sind in den letzten Jahren besonders sorgfältig analysiert worden. Die reiche historische und literaturwissenschaftliche Forschung und die gemeinsam von Jan Kosim (Polen) und Helmut Bleiber (DDR) edierten Dokumente und Quellenmaterialien haben die Funktion und die Tragweite der Zusammenarbeit zwischen großen Gesellschaftsgruppen, die ähnliche, wenn auch nicht identische ideologische und politische Ziele verfolgten, vollkommen sichtbar gemacht.

Auf dieses Problem möchte ich hier nicht mehr näher eingehen, denn es war ja Gegenstand einer unserer Tagungen. Ich möchte nur auf diejenigen Beiträge hinweisen, die das Scheitern dieser Zusammenarbeit im Jahre 1848 besser verstehen lassen. Einerseits war die polenfreundliche Haltung der überwiegenden Mehrheit der deutschen Gesellschaft ein (wie Stefan Treugutt es genannt hat) informelles Referendum, in dem Angehörige verschiedener Stände, Geschlechter und Berufe sich öffentlich, unter eigenen Namen oder auch anonym, für die Wiederherstellung Polens, d. h. für die Veränderung des europäischen status quo aussprechen konnten. Andererseits aber ist die Sympathie des Deutschen für Polen als Ausdruck ihrer realitätsfremden Haltung, ihrer nicht konkretisierten Hoffnungen und Bestrebungen zu verstehen. Eben diese zunächst nicht zur Kenntnis genommenen Realitäten sollten bald zur Enttäuschung auf beiden Seiten führen. Man muß dabei die romantischen Vorstellungen der Polen in Rechnung stellen, die sich in deutschen Oppositionsgruppierungen unterschiedlicher politischer Orientierung engagierten, Vorstellungen, in denen sich die Leitlinien der damals wichtigsten internationalen Revolutionärsbünde widerspiegelten. Eben diese Bünde hatten die Idee vom Europa der Völker aufgebracht und auch das Programm des „Jungen Europa" geprägt, dessen unmittelbare Urheber und Initiatoren jene deutschen und polnischen Revolutionäre waren, die 1831—1833 zusammengearbeitet hatten.

In der Atmosphäre um die Verhaftung der Anführer der polnischen Verschwörung im Februar 1846 in Poznań und um deren Prozeß sowie bei der triumphalen Befreiung aus dem Moabiter Gefängnis durch das Berliner Volk im März 1848 hat sich dieser „romantische" Geist nachweisen lassen. Die deutsch-polnische Verbrüderung errreichte nach der Ansicht mancher Autoren sogar gerade zu dieser Zeit ihren Höhepunkt. Doch wie stark auch immer das Schicksal der polnischen Verschwörer die öffentliche Meinung im ganzen Deutschen Bund für die polnische Sache einnahm — das Jahr 1846 hat doch auch die negative Wende in der Einstellung der deutschen Bevölkerung des Großherzogtums Posen gegenüber den Polen gebracht.

Die bisher wenigstens korrekten Beziehungen bekamen nun deutliche Risse. Diese allgemeine Feststellung bedürfte im Lichte der neuesten Forschungen freilich einer Korrektur in bezug auf die deutschen Katholiken im Südwesten des Großherzogtums.

Im wesentlichen gleich geblieben gegenüber der älteren Literatur ist die gegenwärtige Beurteilung der Rolle, welche die sogenannte „Polenfrage" im Frankfurter Parlament gespielt hat. Die moderne Forschung hat die Situation lediglich präziser beschrieben und die Haltung der linken Abgeordneten deutlicher akzentuiert. Die Historiker sind sich darin einig, daß die „polenfreundliche“ Haltung der deutschen Linken ein Ausnahmephänomen blieb und — außer in der Rheinischen Zeitung — keine größere Resonanz in der deutschen Gesellschaft fand. Die Liberalen standen im Begriff, nationalistische Position zu beziehen und die staatliche Einigung um jeden Preis anzustreben. Dadurch läßt sich auch der krasse Wandel der Einstellungen zur polnischen Frage vom „Vorparlament“ zu den Juli-Beschlüssen der Paulskirche erklären.

In neueren Arbeiten ist verstärkt auf den Schock aufmerksam gemacht worden, den dieser Umschlag in der deutschen öffentlichen Meinung bei der polnischen Gesellschaft im In- und Ausland, und zwar unabhängig von den jeweiligen politischen Orientierungen, ausgelöst hat. Dieser Schock war um so größer, als man die Polenfreundschaft nach dem Novemberaufstand noch deutlich vor Augen hatte. Die Enttäuschung und Empörung der polnischen Gesellschaft fanden ihren Ausdruck u. a. im Verlauf des Prager Slaven-Kongresses. Bis zum Ende haben jedoch die polnischen Demokraten die Hoffnung nicht verloren, daß eine deutsch-polnische Zusammenarbeit trotz allem möglich sei. Sowohl die mutige und konsequente Verteidigung der polnischen Sache im Frankfurter Parlament durch demokratische deutsche Linke schien dafür zu sprechen als auch der Wille der Mehrheit der deutschen Gesellschaft, die Errungenschaften der Revolution zu verteidigen. Für die polnischen Demokraten — besonders diejenigen, die im Exil lebten — war es keine Frage, daß man bei der Verteidigung der Revolution helfen mußte, da nur durch diese eine Veränderung der Machtverhältnisse in Europa und damit auch eine Wiederherstellung des polnischen Staates möglich schien. Deshalb haben die Polen in der Endphase an der Revolution in Sachsen sowie in Baden und der Pfalz teilgenommen.

Die Beseitigung der Autonomie des Großherzogtums Posen mußte den deutsch-polnischen Antagonismus in dieser Provinz zwangsläufig wesentlich verschärfen. Das wurde offenbar u. a. in den antipolnischen Beschlüssen des Preußischen Landtags, in der Politik der preußischen Behörden und in der polenfeindlichen Haltung eines Teils des deutschen Bürgertums im preußischen Teilungsgebiet. Das bedeutete aber noch nicht, daß die beiderseitigen Kontakte und die Zusammenarbeit völlig zum Erliegen gekommen wären. Erst die Bismarck-Ära bildet hier eine Zäsur.

Lech Trzeciakowski

Wenn man über den Beitrag der polnischen Historiographie zur Erforschung der deutsch-polnischen Beziehungen zwischen der Reichsgründung und dem Ende des 1. Weltkriegs nachdenkt, ist es ratsam, sie im Hinblick auf drei Empfehlungen der Schulbuchkommission zu betrachten: 12. Polenpolitik des Deutschen Reiches, 13. Industrialisierung, 14. Erster Weltkrieg und deutsch-polnische Beziehungen.

Die preußische Polenpolitik wurde bisher in Polen traditionell untersucht. Die Forschungen konzentrierten sich auf die Politik der Germanisierung, die durch deutsche Nationalisten begrüßt, wenn nicht sogar inspiriert wurde. Als Beispiele können hier die entsprechenden Kapitel aus den Werken dienen, die der Geschichte Großpolens (hg. von Witold Jakóbczyk) und Schlesiens (hg. von St. Michalkiewicz) gewidmet wurden. Erwähnenswert ist in diesem Zusammenhang auch das Werk „Im preußischen Teilungsgebiet" (Pod pruskim zaborem) von Lech Trzeciakowski. Die monographischen Bearbeitungen wurden einerseits traditionell verfaßt, wie z. B. die Abhandlung über die preußische Bildungspolitik zur Zeit des Kulturkampfes von Łucja Borodziej. Andererseits aber sind auch Werke erschienen, deren Autoren die dargestellten Probleme tiefergründig zu analysieren versuchten. Der erste Platz gebührt hier zweifellos dem Werk „Preußische Ansiedlungskommission" (Pruska Komisja Osadnicza) von Witold Jakóbczyk. Bisher sind bekanntlich ein paar polnische Monographien zu dieser Institution erschienen. Ihre Autoren haben sich auf die Darstellung und Beurteilung der Tätigkeit der Ansiedlungskommission konzentriert. Nur Witold Sukiennicki hat ein wichtiges Problem, d. h. das Alltagsleben der deutschen Ansiedler, berührt. Gerade die Existenzbedingungen und die daraus resultierende Haltung deutscher Ansiedler bilden einen wichtigen Bestandteil der auf Archivalien gestützten Monographie von Witold Jakóbczyk. Die Ergebnisse seiner Untersuchungen sind sehr interessant und beweisen, daß das deutsche Bauerntum nicht immer ein Vorposten des Deutschtums in diesen Gebieten war.

Nicht alle Deutschen beachteten in den Kontakten mit dem nichtdeutschen Gewerbe und Handel den Grundsatz „Jeder zu den Seinen". Nicht selten enthielten sie sich der Stimme und wählten nicht die deutschen Abgeordneten zum Land- und Reichstag. In dem genannten Werk finden wir auch einige Bemerkungen über die Rolle der deutschen Ansiedler, die sie in der Verbreitung der Bodenkultur gespielt haben. Die Beurteilung der Tätigkeit der Ansiedlungskommission durch Jakóbczyk weicht von den Feststellungen seiner Vorgänger nicht ab. Er betont, daß die Ansiedlungskommission die Erwartungen ihrer Gründer nicht erfüllt hat, obwohl sich nicht leugnen läßt, daß sie die Abnahme des Prozentsatzes deutscher Bevölkerung gemäßigt hat. Im großen und ganzen ist diese Monographie, die das Forschungsgebiet in bezug auf die Ansiedlungskommission erweitert, eine Anregung zu weiteren Untersuchungen im Bereich des Faktenwissens und der Interpretation.

Es ist merkwürdig, daß so wichtige Fragen wie z. B. die Aktivität der deutschen Bevölkerung im preußischen Teilungsgebiet nur von wenigen polnischen und, was noch merkwürdiger scheint, von ebenso wenigen deutschen Historikern erörtert werden. Vor mehreren Jahren erschien bekanntlich die dem Ostmarkenverein gewidmete Monographie von Adam Galos, Witold Jakóbczyk und Heinrich Felix Gentzen. Ihre Autoren haben aber nur eine Seite des Problems gezeigt. 1976 erschien die Monographie „Die Deutschen im Posener Gebiet und die Germanisierungspolitik 1815—1920" (Niemcy w Poznańskiem wobec polityki germanizacyjnej 1815—1920) von Bolesław Grześ, Jerzy Kozłowski und Aleksander Kramski. Ihre Autoren haben nur einen, wenn auch wichtigen Aspekt in der Haltung deutscher Bevölkerung betont. Es liegt bisher kein anderes Werk vor, das den Leser so gründlich über Zahl, gesellschaftliche und berufliche Struktur der deutschen Bevölkerung informieren würde. Diese Problematik berührt auch die Monographie von Stefan Kowal, die demographischen, gesellschaftlichen und beruflichen Fragen gewidmet wurde. Da der Autor die Bevölkerung Großpolens und Pommerellens als eine Gesellschaft betrachtete, trat die Nationalitätenfrage bei ihm folgerichtig in den Hintergrund. Es ist eine sehr umstrittene Frage, ob es tatsächlich eine einheitliche Gesellschaft war. Man müßte dabei die Definition der Gesellschaft zur Debatte stellen, woran Historiker und vor allem Soziologen nach wie vor scheitern. Mit diesem Problem wollen wir uns hier nicht befassen.

Der Kampf der Polen gegen die Politik des preußischen Staates und gegen Bestrebungen der deutschen Bevölkerung erfreuten sich einer größeren Aufmerksamkeit. Die in diesem Zusammenhang erwähnenswerte Monographie „Polnische Nationalbewegung in Westpreußen 1860—1914“ (Polski ruch narodowy w Prusach Zach. w latach 1860—1914) von Szczepan Wierzchosławski bildet eine einigermaßen chronologische Fortsetzung des hochgeschätzten Werkes des westdeutschen Historiker Peter Böhning. Die Entwicklung der polnischen Nationalbewegung wird hier nicht ohne Erfolg als ein Entstehungsmerkmal der modernen Nation gezeigt. Sehr interessant ist die Abhandlung über den deutsch-polnischen Wahlkampf im Posener Gebiet um die Jahrhundertwende von Jerzy Wójciak. Beachtenswert sind dabei die Erwägungen über die Organisation der Wahlen. Mehr Platz wurde dabei traditionsgemäß der polnischen Seite gewidmet. Die Abhandlung „Der Kampf um die polnische Volksschule in Oberschlesien 1801—1872“ (Walka o polskość szkoły ludowej na Górnym Slą̨sku 1801—1872) von Leon Górecki befaßt sich mit dem im Titel signalisierten Teilaspekt der oberschlesischen Problematik. Der Autor widerlegt entschieden die These von der sogenannten großpolnischen Agitation als der vermeindlichen Ursache der polnischen Nationalbewegung in Oberschlesien, indem er den spontanen Charakter der deutsch-polnischen Auseinandersetzungen in diesem Gebiet betont. Joachim Benyskiewicz hat den Versuch unternommen, die Tätigkeit der polnischen Abgeordneten im Land- und Reichstag in den Jahren 1866—1890 zu präsentieren.

Die Rolle der Polen und Deutschen in der Industrialisierung des Reichs und Kongreßpolens wird im Kontext des Zusammenlebens beider Nationalitäten in den großen Industriezentren unter besonderer Berücksichtigung der Arbeiterbewegung untersucht. Diesen Problemen wurden bekanntlich zwei polnisch-bundesdeutsche Tagungen gewidmet. Die erste wurde 1978 durch den Polnischen Lehrerverband (ZNP) und den Verband der Geschichtslehrer Deutschlands in Poznań organisiert, die zweite fand als 16. Tagung der Schulbuchkommission 1983 in Warschau statt. Die Skala der Probleme, die die polnische Seite damals angeschnitten hatte, war sehr breit. Man hat solche Fragen erörtert wie: Industrialisierungsprozesse in Preußen und in dem preußischen und russischen Teilungsgebiet (Krzysztof Groniowski, Kazimierz Wajda, Lech Trzeciakowski), Beitrag der Deutschen zur Entwicklung des Industriezentrums in Łódź (Jan Fiałek, Wiesław Puś) Koexistenz polnischer und deutscher Bevölkerung in den Ostprovinzen des Hohenzollern-Staates (Kazimierz Wajda), Differenzierung der Arbeiterklasse und ihrer Kultur in den polnischen Gebieten (Anna Żarnowska), SPD und die Polenfrage (Tadeusz Cieślak) und einige Aspekte der Massenkultur (Kazimierz Żygulski). Diese Konferenzbeiträge haben außer einer Menge von Fakten auch sehr interessante Interpretationsversuche mit sich gebracht. Beachtenswert ist in diesem Zusammenhang u. a. die Hervorhebung der Rolle, die die Kriegsbeute Preußens in der Umwandlung dieses Agrarstaates in ein Land mit starken Industriegebieten (Schlesien, Rheinland, ein Teil Sachsens) gespielt haben. Es wurde auch darauf hingewiesen, daß man die Rolle der Deutschen in der industriellen Entwicklung von Łódź weit überschätzt, denn wie neueste Forschungen zeigen, waren die zugezogenen deutschen Unternehmer ökonomisch ziemlich schwach und verfügten über kein großes Investitionskapital. Sehr oft basierten sie auf den in der Polnischen Bank (Bank Polski) aufgenommenen Krediten. Der technische Fortschritt sei nicht den privaten Aktivitäten, sondern vielmehr der zielbewußten Politik der kongreßpolnischen Regierung zu verdanken, die enge Kontakte mit der hochentwickelten englischen Textilindustrie anzuknüpfen versuchte. Bemerkenswert ist auch die These, daß der landwirtschaftliche Charakter der Ostprovinzen aus der Agrarpolitik des preußischen Staates resultierte. Eine große Bedeutung hatte darüber hinaus die Tatsache, daß es sicherer und rentabler war, in Landwirtschaft als in Industrie zu investieren.

Die erwähnten Probleme wurden in zahlreichen Monographien dargestellt. Das Werk „Arbeiterklasse in Kongreßpolen 1870—1914" (Klasa robotnicza Królestwa Polskiego 1870—1914) von Anna Żarnowska ist dabei besonders beachtenswert. In einem umfangreichen Kapitel wurde die Nationalitätenfrage innerhalb der Arbeiterklasse ausführlich besprochen. Die Autorin spricht auch von der Polonisierung deutscher Arbeiter mit dem Vorbehalt, daß sich erst aus Detailuntersuchungen glaubwürdige Thesen formulieren lassen. Im Werk „Die Geschichte der Sozialdemokratie des Königreichs Polen und Litauen in Łódź 1893—1918" (Dzieje SDKPiL w Łodzi 1893—1918) von Paweł Samuś wurde die Koexistenzfrage polnischer, deutscher, jüdischer und russischer Parteimitglieder gründlich erforscht.

Einer traditionell großen Popularität erfreut sich bei den polnischen Historikern das Problem der polnischen Minorität in Deutschland und ihrer Organisationsformen. Erwähnenswert sind in diesem Zusammenhang die Abhandlungen von Krystyna Murzynowska, Andrzej Brożek, Krzysztof Groniowski und Andrzej Pilch. Murzynowska hat sich auf das Leben polnischer Emigranten im Ruhrgebiet konzentriert. Die übrigen Autoren dagegen haben sich mit der ständigen saisonalen Migration aus den polnischen Gebieten nach Deutschland befaßt.

Die deutsch-polnische Begegnung bedeutete in großen Gebieten Polens und Deutschlands nicht nur eine unerbittliche Rivalität, sondern auch eine friedliche Koexistenz, auch außerhalb der Arbeiterparteien. Von diesen Fragen ist die Rede in der monographischen Darstellung des Alltagslebens im 19. Jahrhundert in Poznań von Maria und Lech Trzeciakowski. Eine wichtige Ebene der Koexistenz und Rezeption verschiedener Werte bildet die Kultur. Den Historikern steht hier, meines Erachtens noch ein weites Feld offen. Die potentiellen Möglichkeiten wurden durch Abhandlungen von Witold Molik und Lech Trzeciakowski signalisiert. Witold Molik publiziert seit einiger Zeit eine Reihe von Artikeln, in denen die Polen dargestellt werden, die an den preußischen Universitäten nach 1871 studiert haben. Diese Artikel sind Bestandteile eines umfangreichen Werkes, das unkonventionell konzipiert wurde, denn viel Platz wurde in ihm nicht nur den Kontakten polnischer Studenten mit deutschen Professoren und Studienkommilitonen, sondern auch ihrem Alltagsleben eingeräumt. Lech Trzeciakowski hat in seinem kurzen Artikel über Bedingungen und Formen der Entwicklung deutsch-polnischer Kulturbeziehungen um die Jahrhundertwende auf die damals neuen Tendenzen hingewiesen, die die kulturelle Diffusion begünstigten. Neben dem traditionellen Mäzenatentum, dem Universitätsmilieu und der Boheme bildeten sich eine neue Ebene gegenseitiger kultureller Durchdringung aus. Gemeint ist hier die Massen- und Arbeiterkultur.

Wenn man von den deutsch-polnischen Beziehungen während des 1. Weltkrieges spricht, dann schildert man einerseits Kriegsziele des Wilhelminischen Reiches und seine Ausbeutungspolitik gegenüber dem Königreich Polen unter Berücksichtigung der Pläne zur Annexion eines Teils seines Territoriums. Andererseits wird die Bedeutung der gemeinsamen deutsch-österreichischen Proklamation über die Wiederherstellung eines polnischen Staates vom 5. 11. 1916 erörtert. Die polnischen Historiker Leon Grosfeld und Janusz Pajewski sind darin einig, daß diese Proklamation der preußischen und österreichischen Armee polnisches Kanonenfutter sichern sollte, was sich bekanntlich als Mißerfolg erwiesen hat. Sie betonen ferner, daß die Polenfrage durch die genannte Proklamation internationalisiert wurde. Darüber hinaus wurde der polnische Verwaltungsapparat gefestigt, was im Moment der Wiederherstellung des polnischen Staates nicht ohne Bedeutung war.

In den letzten 15 Jahren wurden die deutsch-polnischen Beziehungen des 19. Jahrhunderts dem polnischen Lesepublikum dadurch nähergebracht, daß einige Synthesen polnischer Geschichte veröffentlicht wurden, in denen diese Problematik breiter dargestellt wurde. Ihre meinungsbildende Funktion läßt sich nicht verleugnen, zumal wenn man bedenkt, daß sie Auflagen von mehreren hunderttausend Exemplaren erreichten. In dieser Zeit ist auch eine Reihe von Monographien entstanden. Einige von ihnen wurden konventionell verfaßt, andere dagegen lassen den Leser die Polenpolitik des preußischen Staates und die Beziehungen zwischen den Deutschen und Polen besser verstehen. Darüber hinaus wurden einige Abhandlungen publiziert, deren Autoren die Erforschung deutsch-polnischer Kulturbeziehungen postuliert haben. Diese Beziehungen waren, trotz der sich verstärkenden Germanisierungspolitik, sehr lebhaft und fanden sogar neue Entfaltungsmöglichkeiten. Die oben besprochenen Leistungen der polnischen Historiographie bilden zweifellos eine gute Grundlage für die Erarbeitung einer breit angelegten Synthese der deutsch-polnischen Beziehungen im 19. Jahrhundert.

Jörg K. Hoensch

Die wissenschaftliche Resonanz auf den Arbeitsertrag der deutsch-polnischen Schulbuchkommission für den Zeitraum 1919–1945

Unter Historikern gibt es auch Propheten der Vergangenheit.

Die Wiedererrichtung eines polnischen Staatswesens in der Endphase des Ersten Weltkrieges und der militärische Zusammenbruch des Deutschen Reiches, das im Vertrag von Versailles schmerzhafte territoriale Einbußen zugunsten der neuen Republik Polen zu akzeptieren hatte, waren ursächlich für das Aufbrechen eines das deutsch-polnische Nachbarschaftsverhältnis in der Zwischenkriegszeit dominierenden Konfliktpotentials. Es erreichte mit der Entfesselung des Zweiten Weltkriegs und dem Versuch einer gezielten Verdrängung und Ausrottung weiter Teile der polnischen Bevölkerung seinen inhumanen und in den Auswirkungen bis heute noch nicht völlig überwundenen Höhepunkt[1]. Wegen der besonderen Bedeutung der in den Pariser Vorortverträgen gefundenen, von allen politischen Gruppierungen in der Weimarer Republik leidenschaftlich bekämpften Friedensregelung für die Ausgestaltung der deutsch-polnischen Beziehungen und für die Machtübernahme Hitlers erschien es den Mitgliedern der Gemeinsamen Schulbuchkommission notwendig, in drei ausführlichen Empfehlungen, die bereits im April 1972 konzipiert wurden, die bilateralen Streitpunkte präzise herauszuarbeiten und die Ursachen für das spannungsreiche Nebeneinander aufzuzeigen. Diese ausgewogenen Darlegungen sind insgesamt auch von den Autoren der sogenannten „Alternativ-Empfehlungen" übernommen und nur in Details, die aber den Rahmen thesenartiger Verbesserungsvorschläge bei weitem sprengen, ergänzt worden[2]. Auf der XVII. Konferenz der Gemeinsamen Schulbuchkommission im Juni 1984 in Augsburg haben diese Empfehlungen eine zusätzliche, am neuesten Forschungsstand orientierte Überprüfung ihrer Inhalte erfahren[3].

Den deutsch-polnischen Beziehungen 1933—1939 ist nur die relativ knappe Empfehlung Nr. 19, der nationalsozialistischen Besatzungspolitik und dem Widerstand im Zweiten Weltkrieg die konzise Empfehlung Nr. 20 gewidmet; der Zeitraum beider Empfehlungen war jedoch Inhalt gründlicher Expertengespräche auf der X. Konferenz der Historiker im Juni 1977 in Łańcut[4] und der XVIII. Konferenz im Mai/Juni 1985 in Nowogard/Naugard[5]. Die Kritiker der Arbeitsergebnisse der Gemeinsamen Schulbuchkommission bemängelten vor allem, daß der — den bilateralen Bezugsrahmen aufhebende — deutsch-sowjetische Vertrag vom 23. August 1939 („Hitler-Stalin-Pakt") und sein eine Aufteilung Polens beinhaltendes Geheimes Zusatzprotokoll keine Aufnahme gefunden haben und in angeblich nicht ausreichender Form zwischen den „demokratisch-nationalen" und den „kommunistischen" Widerstandsgruppen im polnischen Untergrund differenziert wurde[6]. Diese vom Bund der Vertriebenen geförderte „kritische Stellungnahme" selbsternannter Besserwisser ist jedoch insgesamt geprägt von einem pathetischen, schon fast impertinent zu nennenden nationalistischen und stets national-konservativen Rechtfertigungsgeist. Ihre „Zusatzinformationen" erwekken zwar den Anschein der Objektivität, verfolgen aber eindeutig das Ziel, eine germanisch/deutsche Präsenz mit den sich daraus zwangsläufig ergebenden Besitztiteln chronologisch möglichst weit zurückzudatieren, um den polnischen Anspruch auf Gleichgewichtigkeit der Darstellung in den Geschichtsschulbüchern zu unterlaufen. In diesem Bemühen haben sie auch die publizistische Unterstützung einiger führender Presseorgane (FAZ, Die Welt) gefunden; ihre Argumentationskette fügt sich nahtlos in die neorevisionistische Interpretation der jüngsten deutschen Vergangenheit ein.

Weimarer Republik

Die Geschichtsschreibung der ernstzunehmenden Fachwissenschaft hat in den letzten Jahren nur wenige Studien hervorgebracht, die sich explicite mit den Inhalten der deutsch-polnischen Beziehungen zwischen 1919 und 1932 auseinandersetzen[7], oder die einen konstruktiven Beitrag zum Verständnis des politischen Klimas und zum Scheitern der Republik von Weimar leisten[8]. Neben Hagen Schulzes eindrucksvoller, den zwischenstaatlichen Kontakten aber zu wenig Aufmerksamkeit schenkenden Synthese[9] hat Andreas Hillgruber in zwei Aufsätzen den Versuch unternommen, die Antriebskräfte deutschen außenpolitischen Handelns vor 1933 aufzuarbeiten, die er aus „der Spannung zwischen dem Trauma der Niederlage von 1918 und dem fortwirkenden politischen Geltungsanspruch" ableitete[10]. Eine von intimer Quellenkenntnis zeugende, faktenreiche Neubewertung der „Außenpolitik von Weimar"[11] hat vor kurzem auch Peter Krüger vorgelegt, die sowohl den inzwischen veralteten Interpretationsansatz von L. Zimmermann[12] erweitert als auch spätere, den angespannten deutsch-polnischen Kontakten nur marginalen Rang zugestehende Untersuchungen[13] glücklich ergänzt. Trotz der Fülle der Einzelinformationen lassen sich darin aber die Grundzüge der deutschen Revisionspolitik Polen gegenüber nur schwer erschließen, zumal — und dies ist bei einer so vielschichtigen Gesamtdarstellung wohl auch nicht zu erwarten — dem Verfasser die Ziele polnischen außenpolitischen Handelns nicht immer präsent sind. Wie gut sich Krüger indes vertiefend in die bilaterale Problematik einzuarbeiten vermag, demonstrierte er in seinem umfangreichen, gründlichen Aufsatz über das Zustandekommen des deutsch-polnischen Schiedsvertrags von 1925[14]. Einige neue Erkenntnisse über die Einstellung von Außenminister Gustav Stresemann Polen gegenüber, der die guten Beziehungen der Weimarer Republik zur Sowjetunion als Gegengewicht zur Westorientierung funktional einzusetzen bemüht war, um die deutschen Gravamina auszuräumen und die Regierung in Warschau für die Revisionsforderungen Berlins aufgeschlossener zu machen, steuert B. Schot[15] bei. Das Auf und Ab der zwischenstaatlichen Wahrnehmung, ihre Zuspitzung durch den „Zollkrieg" (1925—1934), die zunehmend unduldsamer werdende Politik der Warschauer Regierung der deutschen Minderheit gegenüber und durch die Überlegungen Marschall Piłsudskis, die offene Verletzung der in Versailles verfügten deutschen Rüstungsbeschränkungen und die sich nach 1929 als wachsende Gefahr abzeichnende Möglichkeit einer Machtergreifung der Nationalsozialisten notfalls mit Waffengewalt zu verhindern, wird in der von K. Dross verfaßten Biographie des langjährigen deutschen Gesandten in Polen, Ulrich Rauscher, lebendig[16]

Es fällt auf, daß trotz einer quantitativen Zunahme von Zeitschriften- und Festschriftbeiträgen zu polnischen oder bilateral-beziehungsgeschichtlichen Fragestellungen, deren Verfasser je nach behandeltem Thema oft Politologen oder Juristen, Geographen oder Nationalökonomen sind, in jüngster Zeit keine Gesamtdarstellungen deutscher Historiker über die Minderheitenproblematik[17], die Krise des Parlamentarismus oder die Auswirkungen der Weltwirtschaftskrise in Polen erschienen sind, sieht man einmal ab von dem klugen Aufsatz D. Beyraus über Antisemitismus und Judentum in Polen 1918—1939[18]. Kirchengeschichtliche Arbeiten[19] beziehen meist das Verhältnis der deutschen Volksgruppe in Polen zum polnischen Staat bzw. zum Deutschen Reich mit ein. Auch wenn sich Gotthold Rhode jüngst intensiv mit Persönlichkeit und politischem Profil Jósef Piłsudskis auseinandersetzte[20], so ist doch dem ernüchternden Urteil Albrecht Martinys zuzustimmen: „Zur polnischen Zeitgeschichte ist (in der Bundesrepublik Deutschland) nur wenig gearbeitet worden".[21] Unmittelbare Auswirkungen der Tätigkeit und der Empfehlungen der Gemeinsamen Schulbuchkommission sind demnach nicht oder bestenfalls in Ansätzen feststellbar, jedoch mit der Einschränkung, daß in mehreren — noch nicht fertiggestellten — Dissertationen Themen aus der deutsch-polnischen Beziehungsgeschichte oder auf komparatistischer Grundlage unter Berücksichtigung polnischer Fragestellungen aufgegriffen werden[22].

Drittes Reich

Der 50. Jahrestag der nationalsozialistischen Machtergreifung hat nicht nur eine Reihe populärwissenschaftlicher Darstellungen über das Scheitern der Republik von Weimar und die Ursachen des Erfolgs von Hitler und seiner Gleichschaltungspolitik hervorgebracht[23], sondern auch unter den Historikern den seit langem schwelenden Streit zwischen „Intentionalisten" und „Funktionalisten" angefacht, wobei die sich auf Karl Dietrich Bracher berufenden Interpreten die zentrale Rolle Hitlers bei den außenpolitischen Aktivitäten und der Judenvernichtung betonen, während die „Funktionalisten" die Radikalisierung des Dritten Reiches aus strukturellen Gegebenheiten heraus zu erklären versuchen. Während Bracher auf dem Fundamentalgegensatz von Diktatur und Demokratie beharrte und unter Ablehnung des Faschismus-Begriffs weiterhin eine elastisch gehandhabte Totalitarismustheorie zur Erklärung des Wesens nationalsozialistischer Herrschaft heranzog, veranlaßte eine wachsende Skepsis gegenüber der Aussagekraft dieser als Produkt des Kalten Krieges gebrandmarkten Totalitarismustheorie Martin Broszat, Hans Mommsen, Wolfgang Schieder und andere diesem Ansatz folgende Historiker, den monolithischen Charakter des nationalsozialistischen Herrschaftssystems in Frage zu stellen; sie gehen von einer Vielzahl miteinander rivalisierender Machtzentren, einer Polykratie als Charakteristikum der nationalsozialistischen „Doppelherrschaft" aus. Aus einem pragmatischeren Geschichtsverständnis wurden die auch von anderen Akteuren mitbestimmten restriktiven Bedingungen für die Politik Hitlers unterstrichen, während die „Programmologen" (W. Schieder) den Nationalsozialismus zum „Hitlerismus" verengten und die Verbindlichkeit bestimmter dogmatisch fixer Ideen als handlungsleitend akzentuierten.

Rund zwanzig Jahre nach der Vorlage seiner richtungweisenden Studie: Hitlers Weltanschauung. Entwurf einer Herrschaft[24] hat Eberhard Jäckel in souveräner Verarbeitung des aktuellen Forschungsstandes in seinem letzten Buch: Hitlers Herrschaft — Vollzug einer Weltanschauung[25] mit zwingender Deutlichkeit die beiden Ziele des „Führers", die Gewinnung von neuem Lebensraum für das deutsche Volk in Osteuropa und die Vernichtung der Juden, dargestellt; die Eroberung der Staatsmacht und die planvolle Entfesselung des Zweiten Weltkriegs waren Hitler demnach nur Mittel zum Zweck. Dem Wesen der nationalsozialistischen Diktatur in einer gelungenen Synthese von Strukturgeschichte, politischer Geschichtsschreibung und biographischer Interpretation wird Hans-Ulrich Thamer in seinem großen Wurf: Verführung und Gewalt. Deutschland 1933—1945 gerecht[26]. Der macht- und raumpolitische Endpunkt Hitlers, den „Sieg der arischen Rasse" sicherzustellen, wird nicht nur vor dem Hintergrund der Vernichtung des europäischen Judentums, sondern auch im Hinblick auf die Maßnahmen zur Zurückdrängung der „slawischen Untermenschen" ohne Scheuklappen dargeboten und der Rolle Polens in Hitlers außenpolitischem Kalkül ausreichend Aufmerksamkeit geschenkt. Die an und für sich bereits gut erforschten Grundströmungen nationalsozialistischer Außenpolitik (H.-J. Jacobsen, K. Hildebrand, A. Hillgruber, W. Michalka) erfahren durch Marion Thielenhaus: Zwischen Anpassung und Widerstand. Deutsche Diplomaten 1938—41[27] und in Hans-Jürgen Döschers Untersuchung: Das Auswärtige Amt im Dritten Reich. Diplomatie im Schatten der „Endlösung"[28] eine wesentliche Bereicherung, zumal hier das opportunistische Verhalten der wichtigsten

Funktionsträger offengelegt und ihre Sympathien für viele der vom Hasardeur Hitler gegen jede Vernunft verfügten Aktionen aufgezeigt werden.

Diese eindeutigen, sachlich fundierten, in einer unprätentiösen Sprache gehaltenen Aussagen unterscheiden sich wohltuend von der Selbstgerechtigkeit und dem hohlen Pathos der neokonservativen Umdeuter des Nationalsozialismus und seiner Verbrechen. Teilweise peinliche Versuche zur Rechtfertigung des „Tausendjährigen Reiches" hat es in der Bundesrepublik Deutschland zwar immer gegeben, aber sie stammten aus der isolierten rechtsextremen Ecke und beanspruchten für sich allein den Mut, „patriotische Positionen gegen nationalmasochistischen Meinungsdruck offensiv zu vertreten". Trotz des 1984 erlassenen Gesetzes gegen das Leugnen und Billigen des Völkermordes wurden unter dem Deckmantel angeblicher geschichtlicher Objektivität die Gaskammern von Auschwitz wieder zu Brausebädern[29] und die von den Westallierten 1945 verordnete Reeducation stellte angeblich eine gezielte Maßnahme dar, die den Deutschen eine „Bewältigungsindustrie oktroyierte, um sie für alle Zeit zu entmündigen" und ihre „Schuldbesessenheit" festzuschreiben. In dem Bestreben, vor dem, was im Namen des deutschen Volkes von Deutschen besonders den Völkern Osteuropas und den Juden in den Jahren der nationalsozialistischen Gewaltherrschaft angetan wurde, in eine geschichtsvergessende „Normalität" zu entfliehen, werden die Wiedergutmachungszahlungen an Israel und Millionen ehemaliger Verfolgter als Beispiele tätiger Reue angeführt und die rasche Eingliederung der Bundesrepublik in das westliche Bündnis und die Europäische Gemeinschaft als vollständiger und ausreichender Bruch mit der Vergangenheit gewertet. Die Sehnsucht nach „höherer Sinnstiftung" (Michael Stürmer), die „nach der Religion bisher allein Nation und Patriotismus zu leisten imstande waren", begünstigt einen weitverbreiteten Trend, das gebrochene Verhältnis zur eigenen Vergangenheit zu kaschieren und historisierend-relativierend ein allgemeinverbindliches Geschichtsbild zu entwerfen, um mit der Historie Sinn, womöglich nationale Identität zu stiften.

In der fragwürdigen Literaturgattung neokonservativer oder neonationaler Provenienz wird — von der Fachwissenschaft unwidersprochen hingenommen oder jedenfalls nicht weiter beachtet — eine Kette von Denkschritten entwickelt, die davon ausgeht, daß die Republik von Weimar primär am „Diktat von Versailles" gescheitert sei und Kommunisten und Nationalsozialisten gemeinsam das demokratische System untergraben und die Machtübernahme Hitlers ermöglicht hätten; die Verantwortung für den Ausbruch des Zweiten Weltkriegs und somit für Auschwitz wird der britischen Appeasement-Politik und deren Trägern aufgebürdet. Die Zweckmäßigkeit und Rechtfertigung des Widerstands gegen Hitler und des Attentats vom 20. Juli 1944 werden angesichts der drohenden bolschewistischen Gefahr in Frage gestellt und die Judenvernichtung schließlich mit der gebotenen Verteidigung des deutschen Volkes gegen einen bedrohlichen Gegner erläutert, nachdem der Präsident des Jüdischen Weltkonkresses, Chaim Weizmann, angeblich im September 1939 zusammen mit Großbritannien dem Deutschen Reich den Krieg erklärt habe. Häufig wird auch der Genozid mit der Vertreibung der Deutschen gleichgesetzt. Die Totalitarismustheorie, die strukturelle Gleichsetzung von Nationalsozialismus und Kommunismus, muß dazu herhalten, den deutschen Überfall auf Polen und die UdSSR zu entschuldigen.

Das von dem Bochumer Politologen Bernard Willms im Tübinger Grabert-Verlag herausgegebene Handbuch der deutschen Nation[30], in dem rechtskonservative bis rechtsextremistische Autoren das „grundlegende Rüstzeug für die politische Diskussion um den Fortbestand Deutschlands" bereitstellen, nimmt unverhohlen eine nachträgliche Korrektur des Geschichtsverlaufs der NS-Zeit vor, wobei es vor allem zu einer Nivellierung von Opfern und Tätern kommt. Die Dämonisierung Hitlers verlagert alle

Schuld auf den psychopathischen Diktator und entlastet die angeblich irregeleiteten Massen; die Frage nach den Machteliten, die ihm zugearbeitet und die Erfolge des Nationalsozialismus überhaupt erst ermöglicht haben, wird gar nicht mehr gestellt. Der Terror gegen politische Gegner, die Vorbereitung und Durchführung von Angriffs- und Raubkriegen, die Verfolgung, Versklavung und Ermordung der „slawischen Untermenschen“ und der als „präventive Überreaktion“ entschuldigte Genozid werden relativiert und ihrer Singularität entkleidet: Da bereitet es dann auch keine Schwierigkeiten, Katyn mit Auschwitz, Dresden mit Oradour zu vergleichen.

Dieser ausufernde Nationalismus, Elitedenken und ein auf die NS-Zeit konzentrierter Geschichtsrevisionismus machen sich nicht nur in den Zeitungen eines Gerhard Frey, in den Deutschen Monatsheften, in der Vierteljahresschrift: Deutschland in Geschichte und Gegenwart oder den zweifelhaften Erzeugnissen rechtsextremer Verlage[31] breit, sondern auch — wenngleich in wissenschaftlich verbrämter Form — in den Veröffentlichungen des Ingolstädter Schulhistorikers Alfred Schickel. Die in seiner zum Konkurrenzunternehmen des Münchner Instituts für Zeitgeschichte hochstilisierten Zeitgeschichtlichen Forschungsstelle erarbeiteten Schriften sollen zwar „vorurteilsloser Tatsachenvermittlung“ dienen, verfolgen aber ebenfalls die Tendenz, die Verbrechen der deutschen Kriegsgegner anzuprangern und die deutsche Verantwortung zu relativieren[32]. In den Publikationen, die übergreifend Fragen der deutsch-polnischen Beziehungsgeschichte zum Inhalt haben, werden vornehmlich Fehler, Vertrauensbrüche und der „ungezügelte Nationalismus“ der Polen gebrandmarkt, die Versäumnisse des eigenen Lagers dagegen den Zeitläuften zugute gehalten, auch wenn dabei dem „Bemühen um Verständigung und Verzicht auf Austragung von Meinungsverschiedenheiten durch Gewalt“ das Wort geredet wird[33]. Bei so spürbarer Bereitschaft zu verschweigen, zu entschuldigen oder aufzurechnen, blieb es dem Nicht-Historiker Erich Kuby in dem — trotz zahlreicher ärgerlicher Sachfehler und unnötiger polemischer Zuspitzungen — überzeugendsten seiner bisherigen Bücher: Als Polen deutsch war. 1939—1945[34] überlassen, den Tatbestand, um den es in Wirklichkeit geht, ganz lapidar zu beschreiben: „Die deutsche Besatzungspolitik in Polen war vom ersten Kriegstag an Ausrottungs- und Vernichtungspolitik. (Wehrmacht und SS) hatten sich die Aufgaben säuberlich geteilt.“

Im Gefolge des 40. Jahrestags der deutschen Kapitulation kam unter Historikern, Philosophen und Soziologen eine Diskussion in Gang, die nach der Publizierung von Ernst Noltes nicht gehaltenem Vortrag „Vergangenheit, die nicht vergehen will“ am 6. Juni 1986 in der FAZ in die „Revisionismus-Debatte“ oder den „Historikerstreit“ mündete, in dem sich fast jeder, der in der westdeutschen Zeitgeschichtsschreibung Rang und Namen besitzt, mit mehr oder weniger überzeugenden Beiträgen zu Wort meldete[35]. Nolte verfocht dabei seine bereits früher geäußerte Auffassung, die Liquidierung von Millionen europäischer Juden müsse in universalhistorischer Perspektive relativiert werden; dem Nationalsozialismus und seinen Verbrechen komme, abgesehen vom „technischen Vorgang der Vergasung“, keine Einzigartigkeit zu. Besonders seine „zulässige, ja unvermeidbare“ Frage: „Vollbrachten die Nationalsozialisten, vollbrachte Hitler eine ‚asiatische‘ Tat vielleicht nur deshalb, weil sie sich und ihresgleichen als potentielle und wirkliche Opfer einer asiatischen Tat betrachteten? War nicht der ‚Archipel GULAg‘ ursprünglicher als Auschwitz? War nicht der Klassenmord der Bolschewiki das logische und faktische Prius des ‚Rassenmordes‘ der Nationalsozialisten?“ löste sogleich Proteste in den Leserbriefspalten aus und veranlaßte Jürgen Habermas in der verständlichen Sorge, die politische Kultur und das Selbstverständnis der Bundesrepublik könnten sich verändern, gegen die Relativierungsbestrebungen der „Traditionalisten“ Front zu beziehen[36]. Das Erscheinen von zwei bereits zuvor publizierten Aufsätzen Hillgrubers in dem Bändchen Zweierlei Untergang[37] goß — nicht zuletzt wegen des problematischen Klappentextes mit einer mißverständlichen Passage zur historischen Perspektive — weiteres Öl ins Feuer, weil darin der Opfermut der Verteidiger und vieler Flüchtlingshelfer Ende 1944/Anfang 1945 vor dem Heranbranden der übermächtigen Roten Armee gepriesen wurde — auch um den makabren Preis einer Fortsetzung der Judenvernichtung in den Konzentrationslagern.

Diese immer weitere Kreise ziehende Auseinandersetzung in der Presse, in der „die neue Auschwitz-Lüge" (Rudolf Augstein) ebenso scharf zurückgewiesen wurde wie die Forderung nach Abbau der notorischen „deutschen Schuldbesessenheit" (Franz Oppenheimer), reduzierte sich schließlich auf eine Definition und Bewertung der Genozid-Politik den Juden gegenüber, während der auch sonst in Osteuropa begangene Massenmord aus rassischen Gründen sowie die zynische und systematische Vernichtung von mißliebigen Volksteilen oder Minderheiten wie etwa der Zigeuner fast völlig ausgeklammert blieb. Während die Noltes Standpunkt erläuternden und verteidigenden Kollegen, allen voran Klaus Hildebrand[38], Joachim C. Fest[39] und Thomas Nipperdey[40] die Auffassung verfochten, „die Freiheit und die Pflicht zum Revisionismus" sei ein Gebot der Wissenschaft, die Meinung vertraten, „die moralisierte Vergangenheit zerstöre zuletzt die wirkliche Geschichte. Wir müssen den Nationalsozialismus ‚historisieren'" (Nipperdey), gestanden sie immerhin zu: „Singularität und Vergleichbarkeit historischer Erscheinungen sind . . . für die Geschichtswissenschaft keine sich gegenseitig ausschließenden Alternativen, sondern Komplementärbegriffe"[41].

Die in der Debatte zutage tretende Verharmlosung des Nationalsozialismus und der „weitgehenden Verdrängung der fatalen Mitverantwortung der deutschen Gesellschaft"[42] sind entschieden u. a. Heinrich August Winkler[43], Eberhard Jäckel[44], Jürgen Kocka[45] und selbst der Vorsitzende des Historikerverbandes Christian Meier[46] entgegengetreten. Auch wenn keiner von ihnen die provokative Formel Jürgen Habermas' von der „kollektiven Mithaftung" aller Deutschen, die sich „auch noch auf die nächste und übernächste Generation" übertrage[47], übernahm, bestanden sie jedoch darauf, den Nationalsozialismus als singulären Einbruch in die Kontinuität der deutschen Geschichte zu werten und jede Verharmlosung durch Relativierung der von ihm begangenen Verbrechen zu unterbinden[48]; sie wiesen alle Versuche, eine „revisionistische Historie" in den Dienst „für die nationalgeschichtliche Aufmöbelung einer konventionellen Identität" (Habermas) nehmen zu wollen, unisono als unwissenschaftlich zurück und traten für die Intensivierung einer geschärften, von keinen Tabus beeinträchtigten Analyse der jüngeren deutschen Geschichte ein.[49]

Erschreckend an diesem immer noch köchelnden Historikerdisput, der von beiden Seiten in der politischen Auseinandersetzung um unser Verhältnis zur NS-Vergangenheit und bei der Suche nach „nationaler Identität" instrumentalisiert wurde, erscheint jedoch für mich der Tatbestand, daß mit der Einengung der Diskussion auf die Judenvernichtung und die Herleitung des deutschen Faschismus von einer verständlichen Abwehrreaktion auf die Oktoberrevolution und den drohenden Terror des Bolschewismus eine offensive Frontstellung nicht nur gegen den Kommunismus als Weltanschauung eingenommen wird, sondern die heute sozialistisch regierten Länder Osteuropas in dieses Feindbild mit einbezogen werden und als Hauptleidtragende des Zweiten Weltkriegs und als weitere potentielle Opfer von Hitlers Rassenwahn auch keine besondere Beachtung mehr finden. Nach den fundierten Beiträgen aus den sechziger und siebziger Jahren zur deutschen Besatzungspolitik in Polen von Martin Broszat, Christoph Kleßmann, Wolfgang Jacobmeyer und Gerhard Eisenblätter hat — abgesehen von knappen Zusammenfassungen[50] — sich jüngst allein Erich Kuby diesem Thema zugewandt, wobei aber auch er der Frage der Judenvernichtung in seiner Darstellung Vorrang einräumt.

Immerhin zeichnet Kuby in einer auch für Laien nachvollziehbaren Form eindrucksvoll nach, wie eine geschickte deutsche Propaganda die Aggression im eigenen Volk so zu rechtfertigen wußte, daß der Ruf nach einer „schonungslosen Bestrafung" der Polen breiten Widerhall in der Bevölkerung fand. Die Volksverhetzung nahm solche Ausmaße an, daß sich nur wenige Stimmen der Vernunft und des Mitleids regten, als große Teile der polnischen Bevölkerung aus den dem Deutschen Reich eingegliederten Gebieten deportiert oder als Zwangsarbeiter ins Reichsgebiet verschleppt wurden. Hitler ließ ja seinen ursprünglichen Plan, einen in etwa dem Königreich Polen im Ersten Weltkrieg entsprechenden entmilitarisierten und ganz von Deutschland abhängigen polnischen Reststaat zu schaffen, fallen, als sich die Westalliierten durch dieses „Zugeständnis" nicht zur Aufnahme von Friedensverhandlungen bereit zeigten und weil sich keine polnischen Patrioten für die Bildung einer „Quisling"-Regierung hergaben. Nicht zuletzt deshalb hatte die polnische Bevölkerung sowohl in den eingegliederten „Ostgebieten", die für die Germanisierung vorgesehen waren, als auch im Generalgouvernement die Auswüchse der nationalsozialistischen Herrenmenschen- und Lebensraumideologie zu erleiden. Die physische Liquidation großer Teile der Intelligenz, die konsequente Durchführung der Hitlerschen Volkstums- und Umsiedlungspolitik, die allein an den kriegswirtschaftlichen Erfordernissen ausgerichtete ungezügelte Entnahme von Rohstoffen und Nahrungsmitteln sowie der im Sommer 1942 planvoll einsetzende Massenmord an den polnischen Staatsbürgern mosaischen Glaubens und die wachsende Befürchtung unter der ethnisch-polnischen Bevölkerung, infolge des nationalsozialistischen Rassenwahns nach der Ausrottung der Juden selbst einer teilweisen Vernichtung zugeführt zu werden, hat sogar die bäuerlichen Massen der nationalen Untergrundbewegung in die Arme getrieben und der Erfolg des Abwehrkampfs der Résistance erheblich mitbedingt. Die brutalen Repressalien der SS und der Wehrmacht wegen der Zerstörung deutscher Nachschublinien und Verkehrsmittel ließ unter den Polen einen verständlichen Wunsch nach Rache und Vergeltung gegen Deutschland und alles Deutsche schlechthin aufkommen; aber auch unter der deutschen Bevölkerung entwickelte sich der Haß gegen dieses Aufbäumen des starken polnischen Überlebenswillens, konnte doch den Polen ein Gutteil „Schuld" für die militärischen Mißerfolge im Osten, für das Scheitern der Blitzkriegsstrategie und für die Unrealisierbarkeit des Phantoms vom „deutschen Lebensraum im Osten" angelastet werden.

Der Bedeutung dieses Komplexes entsprechend erscheinen immer noch Detailstudien und vom persönlichen Erleben geprägte Schilderungen[51]; auch die Übersetzung polnischer Monographien ins Deutsche[52], wobei vor allem die Untersuchungen von Władysław Bartoszewski ein breiteres Publikum erreichten, haben wesentlich dazu beigetragen, das aus dem Blickwinkel einer zivilisierten Welt unverständliche, grausame Geschehen bewußt zu machen. Der amerikanische Historiker Richard C. Lukas hat sich in seiner umfassenden Studie The Forgotten Holocaus: The Poles under German Occupation 1939—1944[53], die demnächst in deutscher Übersetzung herauskommen soll, dieses Themas ebenfalls angenommen. Dabei tritt auch die lange geleugnete Mitverantwortung von Teilen der Wehrmacht an den in Polen begangenen Kriegsverbrechen immer deutlicher hervor[54]. Eine in Kürze erscheinende Monographie von Detlev Brandes wird zudem der Politik der polnischen Exilregierung in London nachgehen[55]. Obgleich die deutsche Besatzungspolitik in Polen, nicht zuletzt durch das Zusammenwirken deutscher und polnischer Kollegen und der Veröffentlichung der relevanten Materialien eine — fast erschöpfend zu nennende — Darstellung erfahren hat, bleibt die abschließende Bewertung des Verhaltens der Volksdeutschen sowohl im Generalgouvernement als auch in den eingegliederten „Ostgebieten“ weiterhin ein Desiderat.

Wie weit nun eine intensive Popularisierung des Arbeitsertrags der bisherigen Schulbuchkonferenzen — im Schulunterricht, in der politischen Erwachsenenbildung, in den Darstellungen für ein breiteres Publikum und nicht zuletzt auch durch die Medien — erfolgte, entzieht sich meiner Kenntnis und wird von der Folgekonferenz aufzuarbeiten sein; die Erwartung ist wohl auch etwas zu vermessen, daß die erst seit einem Jahr publizierten Beiträge der XVIII. Konferenz bereits generell rezipiert wurden.

Widerstand

Dagegen hat die Geschichte des deutschen Widerstands, wie 1979 von Christoph Kleßmann[56] und jüngst von Hans Mommsen[57] aufgezeigt, weiterhin ein relativ starkes Interesse der Historiker gefunden, obgleich beklagt wird, sie sei in Gefahr, „in ein wohlmeinendes Randkapitel der Überblicksdarstellungen zum Dritten Reich abgedrängt“ zu werden (Mommsen, S. 3). Die Ergebnisse der internationalen Widerstandskonferenz vom Juli 1984 in Berlin, zu der auch polnische Kollegen wichtige Beiträge beisteuerten, liegen inzwischen gedruckt vor[58]. Vom 24.—26. April 1987 hat auch die Friedrich-Ebert-Stiftung in Bergneustadt eine Tagung „Deutscher und polnischer Widerstand gegen das NS-Regime“ mit Referaten polnischer (u. a. R. Nazarewicz, K. Kąkol) und deutsche Experten durchgeführt. Da heute aber in der Bundesrepublik Deutschland eine Berufung auf das „andere Deutschland“ zur sekundären Legitimierung der demokratischen Rekonstruktion als nicht mehr erforderlich angesehen wird, nimmt es nicht wunder, daß Bundeskanzler Kohl in seiner Berliner Rede zum 40. Jahrestag des 20. Juli Bedenken anmelden konnte, die Opposition gegen das Nazi-Regime als „wirksamen Bestandteil einer neuen Selbstfindung des deutschen Volkes“ zu beschreiben[59].

Eine Reihe von Gesamtdarstellungen und Aufsatzsammlungen haben zwar die Beweggründe der deutschen Opposition sowie die Methoden und Zielsetzungen einzelner Gruppierungen beleuchtet[60], aber weder deren ostpolitische Vorstellungen im einzelnen noch der Wechselwirkung zwischen deutschem und europäischem Widerstand besondere Beachtung geschenkt. Einen komparatistischen Ansatz hat, sieht man von der älteren, aber mehrfach neu aufgelegten und eher populärwissenschaftlich ausgerichteten Darstellung von Christian Zentner[61] einmal ab, allein F. Salentiny in seinem Buch: Die Geschichte des europäischen Widerstandes gegen Hitler. Der Krieg im Schatten[62] verfolgt. Während die Haltung der Opposition zur „Judenfrage“ einigermaßen geklärt erscheint und die Genozidpolitik auch im nationalkonservativen Widerstand eine eindeutige Ablehnung erfuhr, jedenfalls soweit es sich um die assimilierten, altansässigen deutschen Juden handelte[63], bleiben bei der Beurteilung der außenpolitischen Vorstellungen Osteuropas und besonders Polen gegenüber weiterhin Fragen offen[64]. Die Erwartung, mindestens das Deutsche Reich in seine Grenzen von 1938 behaupten zu können, schloß noch lange die Hoffnung mit ein, auch die im Spätherbst 1939 inkorporierten polnischen Distrikte oder sogar die Grenzlinie von 1914 im Osten zugestanden zu erhalten. Erst der militärische Umschwung 1942/43 bot Anlaß zum Umdenken und steigerte die Bereitschaft, sich mit dem Reichsgebiet von 1937 zufriedenzugeben, freilich in der Überzeugung, daß sich Österreich freiwillig dem Deutschen Reich anschließen werde. Die von den Nationalkonservativen für Deutschland beanspruchte hegemoniale Rolle auf dem Kontinent hätte bei der wirtschaftlichen Leistungsfähigkeit des Deutschen Reiches immerhin eine enge ökonomische Kooperation mit Polen und demgemäß auch die Möglichkeit politischer Einflußnahme beinhaltet[65].

Obgleich wenigstens die Rechtsstellung der „Fremdvölkischen“ im Dritten Reich durch Diemut Majer eine penible Untersuchung[66] erfuhr, ist die Lage der Fremdarbeiter und ihre Beteiligung am regionalen Widerstand lange keiner über Einzelschicksale hinausgehenden Darstellung[67] unterzogen worden; allein für Berlin hat es in einem kleinen Beitrag Jürgen Vietig zu leisten versucht[68]. Erst jüngst haben sich Ulrich Herbert[69] und Klaus-Jörg Siegfried[70] dieser bisher vernachlässigten Fragestellung angenommen und mit ihren Dokumentationen eine lebhafte Diskussion um Rolle und Mitverantwortung der deutschen Großindustrie bei der Ausbeutung der Zwangsarbeiter ausgelöst, so daß eine Weiterverfolgung dieser Aspekte erwartet werden darf. Berücksichtigt man die Fülle der Publikationen polnischer Autoren zur deutschen Besatzungspolitik und zur Widerstandsproblematik, die trotz der eigenen leidvollen Erfahrungen aber doch eine Einbindung ihres nationalen Abwehrkampfes in die gesamteuropäische Oppositionsfront gegen die nationalsozialistische Aggressions- und Unterdrückungspolitik vorgenommen haben, dann bleibt der deutschen Historiographie nur das Aufgeben zu enger nationalzentrischer Interpretationsansätze und das verstärkte Aufgreifen komparatistischer Fragestellungen zu wünschen.

Insgesamt scheint aber auch bei diesem Teilbereich Skepsis angebracht, ob die Empfehlungen der Gemeinsamen Schulbuchkommission und die bereits 1978 erfolgte Veröffentlichung der fachwissenschaftlichen Konferenzergebnisse bisher allzu viel bewegt haben. Die Gemeinsame Schulbuchkommission kann es sich aber als Verdienst anrechnen, daß durch die von ihr konkret geleistete beziehungsgeschichtliche Arbeit zuvor vernachlässigte oder in ihrer Bedeutung verkannte Problemfelder in das Bewußtsein der Historikerzunft gerückt wurden und gerade das binationale Angehen der gleichen Themenkreise zu besonders fruchtbaren Ergebnissen führte. So hat z. B. die Historikerdebatte in der eher spekulativen Allgemeinheit ihres Ansatzes Fragestellungen thematisiert, die von der Gemeinsamen Kommission längst behandelt und, wie mir scheint, auch überzeugend beantwortet wurden.

Darüber hinaus hat die intensive Auseinandersetzung um die Inhalte der Empfehlungen zur Kriegs- und Nachkriegsgeschichte das Bewußtsein der deutschen Öffentlichkeit und der Medien für die Probleme der deutsch-polnischen Nachbarschaft in hohem Maße sensibilisiert; die gewünschten Erfolge im beiderseitigen Normalisierungsprozeß werden von weiteren Fortschritten gerade auf wissenschaftlichem und schulischem Gebiet in Verbindung gesetzt. Die eindrucksvolle Ansprache, die der Herr Bundespräsident am 8. Mai 1985 aus Anlaß des 40. Jahrestags der Beendigung des Krieges in Europa und der nationalsozialistischen Gewaltherrschaft[71] gehalten hat und die weltweit ein positives Echo auslöste, ist ein weiterer Indikator für den hohen Stellenwert, welcher der Aussöhnung zwischen dem polnischen und dem deutschen Volk beigemessen wird. Richard von Weizsäcker hat in unzweideutigen Worten die „deutsche Schuld am Ausbruch des Zweiten Weltkrieges“ angeprangert und die Verantwortung Hitlers für den Angriff auf Polen offengelegt (S. 8 f.), aber auch Verständnis für alle Betroffenen gefordert, die, wie Millionen Deutsche und Polen, „wehrlose Objekte der politischen Ereignisse wurden und denen keine Aufrechnung von Unrecht und keine Konfrontation von Ansprüchen wiedergutmachen kann, was ihnen angetan worden ist“ (S. 10). Der Herr Bundespräsident hat für seine Forderung, „den widerstrebenden Rechtsansprüchen das Verständigungsgebot überzuordnen“, im eigenen Land allerdings nicht nur Zustimmung geerntet. Ein ähnlich wirksames Signal setzte der Börsenverein des Deutschen Buchhandels mit der Verleihung des Friedenspreises 1986 an Władysław Bartoszewski in Würdigung seiner Verdienste als „Chronist des Leidens und der Selbstbehauptung“. „Als Zeithistoriker stellt er geschichtliche Fakten dar und läßt die Kenntnisse der Vergangenheit für eine bessere Zukunft wirksam werden. Als Humanist hilft er, Vorurteile abzubauen und die Last der Geschichte zu überwinden“[72]. Diese beiden Signalcharakter besitzenden Schritte, die eine von der Fachwissenschaft nicht erreichbare Außenwirksamkeit erzielten, aber mittelbar doch auf ihrer Arbeit basieren, sollten Ermutigung für die weitere Tätigkeit der Gemeinsamen Schulbuchkommission sein, gerade auch in dem Wissen, "welche Überwindung die Bereitschaft zur Aussöhnung den ehemaligen Feinden abverlangt"[73].

Anmerkungen

[1] J. K. Hoensch, Zu den historischen Grundlagen der deutsch-polnischen Beziehungen 1918 bis 1945, in: H.-A. Jacobsen u. a. (Hrsg.), Bundesrepublik Deutschland - Volksrepublik Polen. Bilanz der Beziehungen. Probleme und Perspektiven ihrer Normalisierung. Frankfurt 1979, S. 1 bis 28 (mit weiterführenden Literaturangaben).

[2] Text nach W. Jacobmeyer (Hrsg.), Die deutsch-polnischen Schulbuchempfehlungen in der öffentlichen Diskussion der Bundesrepublik Deutschland. Eine Dokumentation (Studien zur Internationalen Schulbuchforschung, Bd. 26). Braunschweig 1979, S. 361—366. Vgl. auch H. Hupka, Eine kritische Stellungnahme, in: Aus Politik und Zeitgeschichte. Beilage zur Wochenzeitung Das Parlament B 47/77 vom 26. XI. 1977, S. 43—56, hier S. 51 ff.

[3] W. Jacobmeyer (Hrsg.), Die deutsch-polnischen Beziehungen 1919—1932. XVII. deutsch-polnische Schulbuchkonferenz der Historiker, 11.—17. Juni 1984 in Augsburg (Schriftenreihe des Georg-Eckert-Instituts für Internationale Schulbuchforschung, Bd. 22/VIII). Braunschweig 1986.

[4] W. Jacobmeyer (Hrsg.), Widerstandsbewegungen in Deutschland und Polen während des Zweiten Weltkrieges (Schriftenreihe des Georg-Eckert-Instituts für Internationale Schulbuchforschung, Bd. 22/I). Braunschweig [2]1983.

[5] W. Jacobmeyer (Hrsg.), Deutschland und Polen von der nationalsozialistischen Machtergreifung bis zum Ende des zweiten Weltkrieges (Schriftenreihe des Georg-Eckert-Instituts für Internationale Schulbuchforschung, Bd. 22/IX). Braunschweig 1986.

[6] "Alternativ-Empfehlungen" (wie Anm. 2), S. 366—368.

[7] G. Schulz, Deutschland und Polen vom ersten zum zweiten Weltkrieg, in: Geschichte in Wissenschaft und Unterricht (GWU) 33 (1982), S. 154—172.

[8] K. E. Lönne, Urteilskriterien in der Geschichtswissenschaft. Zur zeitgenössischen und historiographischen Beurteilung der Weimarer Republik, in: Zeitgeschichte 12 (1985), S. 124—136.

[9] Weimar. Deutschland 1917—1933. Berlin 1982.

[10] Die Außenpolitik der Weimarer Republik . . ., in: ders., 1933 — Wie die Republik der Diktatur unterlag. Stuttgart 1983; ders., „Revisionismus" — Kontinuität und Wandel in der Weimarer Außenpolitik", in: Historische Zeitschrift (HZ) 237 (1983), S. 597 (auch abgedruckt in: Theodor Schieder zum 75. Geburtstag: Akademische Festveranstaltung in der Universität zu Köln am 16. April 1983. Ansprachen. Köln 1983).

[11] Darmstadt 1985.

[12] Deutsche Außenpolitik in der Ära der Weimarer Republik. Göttingen 1958.

[13] J. Hiden, Germany and Europe 1919—1939. New York, London 1977; M. Lee, W. Michalka, Deutsche Außenpolitik 1917—1933. Kontinuität oder Bruch? Stuttgart 1980.

[14] Der deutsch-polnische Schiedsvertrag im Rahmen der deutschen Sicherheitsinitiative von 1925, in: HZ 230 (1980), S. 577—612.

[15] Stresemann, der deutsche Osten und der Völkerbund. Stuttgart 1984. Auch K. H. Pohl, Weimars Wirtschaft und die Außenpolitik der Republik 1924—1926. Düsseldorf 1979.

[16] Zwischen Weimar und Warschau: Ulrich Rauscher, deutscher Gesandter in Polen, 1922 bis 1930. Eine politische Biographie. Düsseldorf 1984.

[17] F. Keitsch, Das Schicksal der deutschen Volksgruppe in Ostoberschlesien in den Jahren 1922—1939. Dülmen 1982.

[18] In: Geschichte und Gesellschaft 8 (1982), S. 205—232.

[19] z. B. A. Kleindienst, O. Wagner, Der Protestantismus in der Republik Polen 1918—1939 im Spannungsfeld von Nationalitätenpolitik und Staatskirchenrecht, kirchlicher und nationaler Gegensätze (Marburger Ostforschungen, Bd. 42), Marburg 1985; B. Stasiewski (Hrsg.), Katholische Kirche in Ostmitteleuropa unter dem Druck des Nationalsozialismus. Köln 1987.

[20] Probleme einer Biographie von Józef Piłsudski, in: H. Duchhardt und M. Schlenke (Hrsg.), Festschrift für Eberhard Kessel zum 75. Geburtstag. München 1982, S. 269—282; ders., Józef Piłsudski (1867—1935). Sozialist — Revolutionär — Staatsmann, in: Universität im Rathaus, Bd. 2, Mainz 1983, S. 117—145.

[21] Osteuropäische Geschichte und Zeitgeschichte, in: Osteuropa 30 (1980), S. 705—724, hier S. 719. Siehe dazu jetzt auch H. Lemberg, Lage und Perspektiven der Zeitgeschichtsforschung über Ostmitteleuropa in der Bundesrepublik Deutschland, in: Zeitschrift für Ostforschung 35 (1986), S. 191—218.

[22] Einzelheiten können dem von O. Böss im Auftrag des Osteuropa-Instituts München hrsg. Verzeichnis In Vorbereitung befindliche Universitätsschriften aus der Geschichte Osteuropas und Südosteuropas entnommen werden.

[23] U. a. M. Broszat, N. Frei (Hrsg.), Das 3. Reich — Ursprünge — Ereignisse — Wirkungen. Freiburg 1983; siehe auch die Beiträge von H. A. Winkler, A. Klönne, H. Grebing und H.-U. Wehler in: Aus Politik und Zeitgeschichte B 4—5/83 vom 29. Januar 1983.

[24] Tübingen 1969.

[25] Stuttgart 1986. Vgl. dazu auch J. Thies, Architekt der Weltherrschaft. Die „Endziele" Hitlers. Königstein, Düsseldorf 1980.

[26] Berlin 1986.

[27] Paderborn ^{2}1985.

[28] Berlin 1987. Vgl. die Rezension von Th. Eschenburg in: Die Zeit, 5. Juni 1987.

[29] So in dem im Tübinger Grabert-Verlag erschienenen, seit 1982 indizierten Buch: Auschwitz-Mythos von Wilhelm Stäglich.

[30] Bd. 1: Die Deutsche Nation. 1982; Bd. 2: Nationale Verantwortung und liberale Gesellschaft. 1987.

[31] Orion-Heimreiter-Verlag Kiel Hohenrain-Verlag Tübingen; Munin-Verlag Osnabrück; Druffel-, Türmer- und Vowinkel-Verlag Leonie am Starnberger See; Schütz-Verlag Göttingen u. a.

[32] Vgl. u. a. A. Schickel, Die Deutschen und ihre slawischen Nachbarn. Materialien zur Ostkunde. München, Berlin 1985; ders., Vergessene Zeitgeschichte. Ergänzungen und Korrekturen zur deutschen, polnischen und amerikanischen Zeitgeschichte. Darmstadt, Berlin 1985; H. Nawratil, Vertreibungsverbrechen an Deutschen. Tatbestand, Motive, Bewältigung. München ^{4}1986; ders., Die deutschen Nachkriegsverluste unter Vertriebenen, Gefangenen und Verschleppten. München, Berlin 1986.

[33] A. Schickel, Deutsche und Polen: ein Jahrtausend gemeinsamer Geschichte. Bergisch Gladbach 1984; G. Ullrich, Geschichte ohne Schlußstrich. Betrachtungen zur Entwicklung des deutsch-polnischen Verhältnisses. Mainz 1986; B. Rill, Deutsche und Polen. Die schwierige Nachbarschaft. Gilching 1981. Siehe dazu auch die Darstellung des sich auf das „Erbe der Linken von '68" berufenden G. Koenen, Der unerklärte Frieden. Deutschland, Polen und Rußland. Eine Geschichte. Frankfurt 1986; W. Plat, Deutsche und Polen. Aus der Geschichte der deutsch-polnischen Beziehungen. Köln 1980.

[34] München 1986.

[35] Die wichtigsten Beiträge der Auseinandersetzung sind in der Dokumentation berücksich-

tigt: Historikerstreit '86. Eine Materialsammlung zur Diskussion des Jahres 1986 um die Interpretation und Rezeption der Deutschen Geschichte und der NS-Vergangenheit. Hrsg. v. Präsidenten des Landtages Nordrhein-Westfalen. Düsseldorf 1987 (Xerox); Chr. Meier (Hrsg.), Die Gegenwart der Vergangenheit. Dokumente einer deutschen Kontroverse. Berlin 1987. Siehe dazu auch H.-Chr. Kraus, Wissenschaft gegen Vergangenheitsbewältigung, in: Criticón 99 (Jan./Feb. 1987), S. 15—18. Bis zur Drucklegung im September 1988 ist die Flut der Literatur fast unübersichtlich geworden. Wichtige Publikationen u. a.: Historikerstreit. Die Dokumentation der Kontroverse um die Einzigartigkeit der nationalsozialistischen Judenvernichtung. München 1987; E. Nolte, Das Vergehen der Vergangenheit. Antwort an meine Kritiker im sogenannten Historikerstreit. Berlin 1987; J. Habermas, Eine Art Schadensabwicklung. Kleine Politische Schriften IV. Frankfurt/M. 1987; Chr. Meier, 40 Jahre nach Auschwitz. Deutsche Geschichtserinnerung heute. München 1987; R. Kühnl (Hrsg.), Vergangenheit, die nicht vergeht. Die „Historiker-Debatte". Darstellung, Dokumentation, Kritik. Köln 1987; G. Erler u. a., Geschichtswende? Entsorgungsversuche zur deutschen Geschichte. Freiburg/Brsg. 1987.

[36] Eine Art Schadensabwicklung, in: Die Zeit, 11. Juli 1986.

[37] Die Zerschlagung des Deutschen Reiches und das Ende des europäischen Judentums. Berlin 1986.

[38] Das Zeitalter der Tyrannen, in: FAZ, 31. Juli 1986; Wer dem Abgrund entrinnen will, muß ihn aufs genaueste ausloten, in: Die Welt, 22. November 1986.

[39] Die geschuldete Erinnerung, in: FAZ, 29. August 1986.

[40] Unter der Herrschaft des Verdachts, in: Die Zeit, 17. Oktober 1986.

[41] H. Schulze, Fragen, die wir stellen müssen, in: Die Zeit, 26. September 1986.

[42] H. Mommsen, Neues Geschichtsbewußtsein und Relativierung des Nationalsozialismus, in: Blätter für deutsche und internationale Politik 10/1986, S. 1200—1213; vgl. auch ders., Suche nach der „verlorenen Geschichte?", in: Merkur Nr. 451/452 (Sept./Okt. 1986), S. 873 ff.

[43] Leserbrief: Nationalapologetisches Bedürfnis, in: FAZ, 26. Juni 1986; ders., Auf ewig in Hitlers Schatten, in: Frankfurter Rundschau, 14. November 1986.

[44] Die elende Praxis der Untersteller, in: Die Zeit, 12. September 1986; „Verantwortung übernehmen heißt nicht unterwürfig sein", in: Frankfurter Rundschau, 6. Juni 1987.

[45] Hitler soll nicht durch Stalin und Pol Pot verdrängt werden, in Frankfurter Rundschau, 23. September 1986.

[46] Kein Schlußwort, in: FAZ, 20. November 1986, vgl. auch FAZ, 24. Januar 1987.

[47] Vom öffentlichen Gebrauch der Historie, in: Die Zeit, 7. November 1986.

[48] H. Köhler, Leserbrief: Abenteuerlicher Dreischritt, in: FAZ, 26. Juni 1986.

[49] H. Hoffmann (Hrsg.), Gegen den Versuch, Vergangenheit zu verbiegen. Mit Beiträgen von R. Augstein, W: Boehlich, M. Brioszat . . . Frankfurt 1987.

[50] F. Golszewski, Deutsche Besatzungspolitik in Polen im Zweiten Weltkrieg, in: Der Nationalsozialismus in der historisch-politischen Bildung. Göttingen 1979, S. 164—184.

[51] z. B. G. Schwarberg, Der Juwelier von Majdanek. Geschichte eines Konzentrationslagers. München 1984; R. Hillberg, Sonderzüge nach Auschwitz. Mainz 1981; Die Vergangenheit mahnt. Zum 40. Jahrestag des Aufstands im Warschauer Ghetto: Eine Tagung der Friedrich-Ebert-Stiftung . . . Bergneustadt 1983.

[52] U. a. W. Bartoszewski, Das Warschauer Ghetto — wie es wirklich war. Frankfurt 1983; ders., Aus der Geschichte lernen? Aufsätze und Reden zur Kriegs- und Nachkriegsgeschichte Polens. München 1986; ders., Uns eint vergossenes Blut. Juden und Polen in der Zeit der „Endlösung". Frankfurt 1987; T. Szarota, Warschau unter dem Hakenkreuz. Leben und Alltag im besetzten Warschau 1. 10. 1939—31. 7. 1944. Paderborn 1985.

[53] Lexington 1986.

[54] Es ist vor allem das Verdienst A. Hillgrubers, die Beteiligung der Wehrmacht an Kriegsverbrechen, vor allem in der UdSSR, offengelegt zu haben. Siehe dazu auch Chr. Streit, Keine Kameraden. Die Wehrmacht und die sowjetischen Kriegsgefangenen 1941—1945. Stuttgart 1978; H. Krausnick, H.-H. Wilhelm, Die Truppe des Weltanschauungskrieges. Stuttgart 1981; sowie die entsprechenden Beiträge in dem Sammelband K.D. Bracher u. a. (Hrsg.), Nationalsozialistische Diktatur. Eine Bilanz. Düsseldorf 1983.

[55] D. Brandes, Großbritannien und seine kleinen osteuropäischen Allierten 1939—1943. Die Regierungen Polens, der Tschechoslowakei und Jugoslawiens im Londoner Exil vom Kriegsausbruch bis zur Konferenz in Teheran. München vors. 1987.

[56] Gegner des Nationalsozialismus. Zum Widerstand im Dritten Reich, in: Aus Politik und Zeitgeschichte B 46/79 vom 17. Nov. 1979, S. 25—37; vgl. auch ders. (Hrsg.), Gegner des Nationalsozialismus: Wissenschaftler und Widerstandskämpfer auf der Suche nach historischer Wirklichkeit. Frankfurt, New York 1980.

[57] Die Geschichte des deutschen Widerstands im Lichte der neueren Forschung, in: Aus Politik und Zeitgeschichte B 50/86 vom 13. Dezember 1986, S. 3—18.

[58] J. Schmädke, P. Steinbach (Hrsg.), Der Widerstand gegen den Nationalsozialismus. Die deutsche Gesellschaft und der Widerstand gegen Hitler. München 1986.

[59] Stiftung Hilfswerk 20. Juli 1944 (Hrsg.), Vermächtnis des Widerstandes. Der 40. Jahrestag des 20. Juli 1944 in Berlin. Berlin (1984), S. 39. Vgl. dazu auch U. Emrich, Der 20. Juli in offiziellen Gedenkreden der BRD und in der Darstellung der DDR, in: Aus Politik und Zeitgeschichte B 26/84, S. 3—12.

[60] U. a. H. Graml, Widerstand im Dritten Reich. Probleme, Ereignisse, Gestalten. Frankfurt 1984; K. J. Müller (Hrsg.), Der deutsche Widerstand 1933—1945. Paderborn 1986; R. Löwenthal, P.v.z. Mühlen (Hrsg.), Widerstand und Verweigerung in Deutschland 1933—1945. Berlin, Bon 1982; W. E. Winterhager, Der Kreisauer Kreis. Portrait einer Widerstandsgruppe. Begleitband zur Ausstellung der Stiftung Preußischer Kulturbesitz. Berlin 1985; R. Lill, H. Oberreuter (Hrsg.). 20. Juli. Porträt des Widerstandes. Düsseldorf, Wien 1984; Militärgeschichtliches Forschungsamt (Hrsg.), Aufstand des Gewissens. Der militärische Widerstand gegen Hitler und das NS-Regime, 1933—1945. Herford, Bonn 1984.

[61] Illustrierte Geschichte des Widerstands in Deutschland und Europa 1933—1945. München 1983.

[62] Gilching 1985.

[63] Chr. Dipper, Der deutsche Widerstand und die Juden, in: Geschichte und Gesellschaft 9 (1983), S. 349—380. Siehe zu diesem Themenkomplex auch zahlreiche Beiträge in: Tribüne. Zeitschrift zum Verständnis des Judentums. Frankfurt 1 (1962)

[64] Der auch in: GWU 29 (1978), S. 213—241, abgedruckte Beitrag von K. Hildebrand über Die ostpolitischen Vorstellungen im deutschen Widerstand aus der X. deutsch-polnischen Historikerkonferenz in Łańcut (wie Anm. 4), S. 32—54, hat keine intensivere Beschäftigung mit dieser Fragestellung ausgelöst.

[65] H. Graml, Die außenpolitischen Vorstellungen des deutschen Widerstandes, in: ders., Widerstand im Dritten Reich (wie Anm. 57); W. Heinemann, Außenpolitische Illusionen des nationalkonservativen Widerstands in den Monaten vor dem Attentat, in: Schmädke, Steinbach (Hrsg.), Der Widerstand gegen den Nationalsozialismus (wie Anm. 55). S. 1061—1070; B. Martin, Das außenpolitische Versagen des Widerstands 1943/44, in: ibid., S. 1037—1060. Vgl. auch K. J. Müller, Der Nationalkonservative Widerstand 1933—1940, in: ders., Der deutsche Widerstand 1933—1945. Paderborn 1986, S. 46 ff.; G. Schulz, Nationalpatriotismus im Widerstand, in: Vierteljahreshefte für Zeitgeschichte 33 (1984), S. 331—372.

[66] „Fremdvölkische" im Dritten Reich. Ein Beitrag zur nationalsozialistischen Rechtssetzung und Rechtspraxis in Verwaltung und Justiz unter besonderer Berücksichtigung der eingegliederten Ostgebiete und des Generalgouvernements. Boppard 1981.

[67] Chr. U. Schminck-Gustavus (Hrsg.), Hungern für Hitler. Erinnerungen polnischer Zwangsarbeiter im Deutschen Reich 1940—1945. Reinbek 1984; ders. (Hrsg.), Das Heimweih des Walerjan Wróbel. Ein Sondergerichtsverfahren 1941/42. Bonn 1987.

[68] Berlin als Ort der Verfolgung und des Widerstands von Polen, in: Mitte 77 (1981), S. 330 bis 340.

[69] U. Herbert, Fremdarbeiter. Politik und Praxis des „Ausländer-Einsatzes" in der Kriegswirtschaft des Dritten Reiches. Bonn 1985.

[70] K.-J. Siegfried, Rüstungsproduktion und Zwangsarbeit im Volkswagenwerk 1939—1945. Eine Dokumentation. Frankfurt/New York 1987.

[71] R. von Weizsäcker, Zum 40. Jahrestag der Beendigung des Krieges in Europa und der natio-

nalsozialistischen Gewaltherrschaft. Ansprache am 8. Mai 1985 in der Gedenkstunde im Plenarsaal des Deutschen Bundestages. Bonn 1985. Vgl. auch U. Gill und W. Steffani (Hrsg.). Eine Rede und ihre Wirkung. Die Rede des Bundespräsidenten Richard von Weizsäcker vom 8. Mai 1985 . . . Betroffene nehmen Stellung. Berlin 1986.

[72] Friedenspreis des Deutschen Buchhandels 1986. Władysław Bartoszewski. Ansprachen anläßlich der Verleihung. Frankfurt 1986.

[73] R. von Weizsäcker, Ansprache S. 9.

Marian Wojciechowski

Polnische Historiographie aus den Jahren 1975–1986 den Deutschen und Deutschland gegenüber und Empfehlungen unserer Kommission (1918–1939)

Man sollte am Anfang den Umfang der im Titel angegebenen Begriffe klären. „Den Deutschen und Deutschland gegenüber" bedeutet, daß unsere Übersicht politische und ökonomische polnisch-deutsche Beziehungen, also zwischenstaatliche Beziehungen umfaßt. In diesem Rahmen betrachten wir auch die Freie Stadt Danzig im Dreieck Warschau–Gdańsk (Danzig)–Berlin, aber auch in einem breiteren europäischen Kontext des Völkerbundes. Wir stellen auch das Schrifttum über die deutsche Minderheit in Polen und die polnische Minderheit in Deutschland vor, und in diesem Rahmen behandeln wir auch die Politik von deutschen und polnischen Behörden den Deutschen in Polen und den Polen in Deutschland gegenüber. Weiter berücksichtigen wir auch die Politik der polnischen Regierung gegenüber der polnischen Minderheit in Deutschland und der deutschen Regierung gegenüber den Deutschen in Polen. Ähnlich betrachten wir die Freie Stadt Danzig; wir wollen sie nicht nur als Gegenstand des politischen Spiels zwischen Warschau und Berlin oder im Kontext des Völkerbundes auffassen, sondern wir beschäftigen uns auch mit der Geschichte der Deutschen in Gdańsk(Danzig) und der Danziger Polen. Wir berücksichtigen natürlich auch die Politik der Berliner Behörden den Deutschen in Gdańsk(Danzig) gegenüber (diese Politik sickerte durch den Filter der Tätigkeit des Senats) und der Warschauer Behörden den Danziger Polen gegenüber. Schließlich wollen wir auch nicht den breiteren europäischen Zusammenhang weglassen, weil alle polnischen historischen Werke, die die Politik im europäischen Maßstab behandeln, nolens volens auch die polnisch-deutschen Beziehungen der Zwischenkriegszeit im breiten Sinne dieses Wortes umfassen mußten.

Die polnische Historiographie zu diesen Problemen ist jedoch keineswegs erst zu jener Zeit entstanden, als unsere Kommission zu arbeiten begann. Wir haben mit unserer Arbeit vor fünfzehn Jahren begonnen, und zu dieser Zeit gab es schon einen großen literarischen Ertrag auf beiden Seiten einer — damals noch — Barrikade. Bis zum Jahre 1972 wurde schon die zwischenstaatliche Geschichte der politischen polnisch-deutschen Beziehungen beschrieben, sowohl in monographischen Arbeiten, als auch in zahlreichen Abhandlungen, die Einzelprobleme schilderten. Es gab auch viele Monographien über die Geschichte der deutschen Minderheit in Polen.

Gerade dieses Feld war in der Zeit, als unsere Kommission mit ihrer Arbeit anfing, großenteils schon ausgefüllt, obwohl die deutsche Seite die entstandenen Bücher stellenweise nur schwer akzeptieren konnte. Dasselbe läßt sich auch vom Verhältnis der polnischen Historiker zu den Büchern sagen, die in der Bundesrepublik Deutschland herausgegeben worden sind und die die Geschichte von Deutschen in Polen in der Zwischenkriegszeit schilderten. Ganz klar hat das Gotthold Rhode 1984 in der Zusammenfassung unserer XVII. Konferenz von Augsburg formuliert: „In der Minderheitenfrage haben Professor Marian Wojciechowski und ich uns vor 12 Jahren in Braunschweig schließlich auf den knappen Satz geeinigt: ‚In der Atmosphäre gegenseitigen Mißtrauens gelang auch eine befriedigende Regelung der beiderseitigen Minderheitenprobleme nicht.' Dieser Satz, der dann vom Plenum akzeptiert wurde, ist zweifellos richtig, sagt aber auch sehr wenig Konkretes aus und bedarf eingehender Erläuterungen."[1] Meiner Meinung nach ist das nicht nur eine richtige, obwohl allgemeine Beurteilung beiderseitiger Minderheitenprobleme in der Zwischenkriegszeit in unseren Empfehlungen, sondern auch in gleichem Maße Ergebnis des Mangels an gemeinsamen Grundlagen des Standpunktes von Historikern in Polen und in der BRD in bezug auf die Minderheitenfragen.

In der Zeit vor der Gründung unserer Kommission hat man in Polen schon viel über die Freie Stadt Danzig geschrieben, aber dies war erst der Anfang. Zusammenfassend kann man feststellen, daß die polnische Historiographie vor dem Jahre 1972 sich besonders eifrig mit der Geschichte der deutschen Minderheit in Polen befaßte, indem sie die Geschichte der zwischenstaatlichen Beziehungen zu ihrem Gegenstand machte. Es ist damals auch die synthetische Arbeit über die Geschichte der polnischen Nationalbewegung in Deutschland in den Jahren 1922—1939 entstanden.[2] Ich meine hier das Buch von Wojciech Wrzesiński, das die Forschungen zur gesamten Problematik der Geschichte der polnischen Minderheit in Deutschland eingeleitet hat.

Der Schwerpunkt dieser Arbeiten lag in der Zeitperiode, die wir in diesem Vortrag analysieren. Wir können sagen, daß man sich in Polen vor dem Jahre 1972 vor allem für die deutsche Minderheit in unserem Land interessierte; und in den nächsten fünfzehn Jahren befaßte man sich vor allem mit der Geschichte der polnischen Minderheit in Deutschland.

Es lohnt sich, in diesem Zusammenhang eine statistische Übersicht der Bücher abzufassen, die in den Jahren 1973—1986 die am Anfang genannten polnisch-deutschen Probleme berücksichtigten. Ich gehe hier nur auf Bücher ein und eliminiere — für die Klarheit des Bildes — Artikel und Abhandlungen, weil man annehmen kann, daß sie später sowieso in Buchform auf den Büchermarkt kamen. In den Jahren 1973—1986 erschienen 64 Bücher, die polnisch-deutsche Probleme behandelten (so wie ich diese Probleme am Anfang meines Vortrags geschildert habe). Außerdem wurden 26 Werke veröffentlicht, die Probleme der europäischen Politik besprechen; naturgemäß behandelten sie gleichzeitig auch die Probleme Polens und Deutschlands.

Unter den 64 erwähnten Büchern behandelten
15 politische und wirtschaftliche polnisch-deutsche Beziehungen,
9 die deutsche Minderheit in Polen
26 die polnische Minderheit in Deutschland
16 die Freie Stadt Danzig.

Alle diese Bücher umfassen die Periode 1918—1939 und nehmen auf verschiedene Jahre aus diesem Zeitabschnitt Bezug.

Auf diese Weise zeigt sich das Übergewicht von Abhandlungen, die die polnische Minderheit in Deutschland betreffen; wenn wir dazu noch die Tatsache berücksichtigen, daß die Werke über die Geschichte der Freien Stadt Danzig großenteils auch die Geschichte des Danziger Polentums umfassen, dann stellt sich heraus, daß von 64 Büchern 42, also zwei Drittel, eigentlich die polnische Minderheit unter deutscher Herrschaft behandelten: im Reich und in der Freien Stadt Danzig, vorwiegend im Gebiet vom Osten bis zur heutigen Oder-Neiße-Grenze.

Zum Schluß möchten wir auf die Tatsache hinweisen, daß die Werke über polnisch-deutsche Beziehungen (im weitesten Sinne dieses Begriffs) den Werken über Probleme der europäischen Politik quantitativ überlegen sind (64 gegenüber 26).

Ich strebe hier nicht an, eine volle Bibliographie zusammenzustellen, aber ich muß einige Werke erwähnen, die die Geschichte der polnischen Minderheit in Deutschland erforschen. Ich meine hier vor allem das Buch von Karol Fiedor über den Bund Deutscher Osten.[3] Das ist eine Monographie der Organisation, die — unter dem politisch-propagandistischen Gesichtspunkt — die Handlungen des Reiches dem deutschen Polentum gegenüber, besonders nach 1933 koordinierte. Ich meine hier auch das Buch von Jan Chłosta[4], die Monographie der „Gazeta Olsztyńska“ in den Jahren 1919—1939. Bemerkenswert sind auch zwei Werke, die die Geschichte der Katholischen Kirche schildern: Das Buch von Antoni Sołoma[5] über das Verhältnis des deutschen katholischen Klerus zur polnischen Bevölkerung in Ermland, Masuren und im Weichselgebiet (Powiśle) in den Jahren 1919—1939 und das Buch von Maciej Plenkiewicz[6] über die katholische Kirche in der Freien Stadt Danzig in den Jahren 1933—1939. Beide Werke haben zum ersten Mal Probleme der Kirche berührt; das hat eine große Bedeutung für die Historiographie in Anbetracht dessen, daß deutsches und Danziger Polentum mit der katholischen Religion und Priesterschaft stark verbunden war. Man sollte in Zukunft mehr Aufmerksamkeit auf diese Probleme richten, weil diese beiden Werke nur eine Einführung in die Problematik sind. In unseren Empfehlungen war eigentlich keine Rede vom Verhältnis der katholischen Kirche zu Polen in Deutschland und der evangelischen Kirche zu Deutschen in Polen.

Unter den Werken, die die Geschichte der deutschen Minderheit in Polen behandeln, treten in den Vordergrund folgende Bücher: das Buch von Przemysław Hauser über die Deutschen in der Woiwodschaft Pomerellen in den Jahren 1920—1939, zwei Bücher eines Wissenschaftlers aus Szczecin (Stettin), Roman Dąbrowski: das eine Buch über die Situation der deutschen Minderheit in Polen in der Zwischenkriegszeit, und das zweite Buch über die sozial-kulturelle Tätigkeit dieser Minderheit.[8] Es gibt drei andere bemerkenswerte Werke, die ein solches Thema behandeln, das von der polnischen Historiographie bisher nicht berücksichtigt wurde. Ich meine hier das im Jahre 1973 (also im ersten Jahr meiner Bilanz) veröffentlichte Buch von Lucjan Meissner über deutsche antifaschistische Organisationen in Polen[9], das Buch von Marek Andrzejewski über die Sozialdemokratische Partei der Freien Stadt Danzig in den Jahren 1920—1936[10] und in gewissem Sinne auch das Buch von Edward Mendel über soziale und politische Verhältnisse in Opole (Oppeln) in den Jahren 1919—1933.[11] Diese drei Verfasser, vor allem Meissner und Andrzejewski, behandelten Probleme, die von der polnischen Historiographie bisher nicht berücksichtigt wurden: sie schilderten in ihren Werken die Deutschen in einem Kontext, der frei von antipolnischen Ressentiments und revisionistischen Belastungen war. Man darf schließlich auch nicht die Monographie von Mieczysław Iwanicki über die Bildungspolitik der polnischen Behörden gegenüber dem deutschen Schulwesen in den Jahren 1918—1939[12] vergessen. Der Ertrag ist also beträchtlich — sowohl zur Frage der Polen in Deutschland als auch der Deutschen in Polen.

Unter den Werken, die die bilateralen polnisch-deutschen Beziehungen behandeln, sollte man unbedingt auch das Buch von Karol Błahut über unsere wirtschaftlichen Beziehungen in den Jahren 1919—1939[13] erwähnen. Dieses Buch füllt eine spürbare Lücke aus, weil polnische Historiker sich vor allem auf politische Probleme konzentrierten.

Wir schließen diese kurze Übersicht mit der Erwähnung von zwei Werken über den am Anfang genannten europäischen Kontext der polnisch-deutschen Probleme. Es geht hier um das Buch von Andrzej Skrzypek über die sowjetische Politik der kollektiven Sicherheit in Europa in den Jahren 1932—1939[14] und um das Buch von Michał Zachariasz über den Standpunkt Polens zu den Änderungen im System der politischen Kräfte in Europa in den Jahren 1932—1936.[15]

Ich möchte die hier anwesenden polnischen Wissenschaftler um Verständnis bitten, daß meine Aufzählung keinen Anspruch auf Vollständigkeit erhebt; sie sollte nur eine Exemplifikation sein. Ich habe vor allem auf eine solche Thematik hingewiesen, die bisher nicht erörtert wurde. Ich habe die Verfasser nicht beurteilt, es war auch nicht meine Absicht, irgend einen von ihnen zu ignorieren.

Man sollte dagegen historische Kreise erwähnen, in denen in der uns interessierenden Zeitperiode 1973—1986 die hier erwähnten und nicht erwähnten Werke entstanden sind.

An der Spitze stehen hier zweifellos die historischen Kreise in Poznań (Posen) und

Wrocław (Breslau); im Bereich der großen europäischen Politik nimmt Warschau die erste Stelle ein. Die Historiker aus Szczecin (Stettin) lassen auch von sich hören. Erwähnenswert sind auch Opole (Oppeln), Katowice (Kattowitz), Olsztyn (Allenstein) und Słupsk (Stolp). Die Historiker aus Gdańsk (Danzig) nehmen den ersten Platz ein, soweit es um die Problematik der Freien Stadt Danzig geht. Hier ist das Buch von Stanisław Mikos entstanden: „Die Freie Stadt Danzig und der Völkerbund 1920—1939".[16]

Die Historiker, die die Forschungsarbeiten über die Minderheitenfrage führten, benutzten die in Archiven befindlichen Quellen „zweiseitig"; das war ein Prinzip, von dem es vereinzelt Ausnahmen gab. Der Blick auf die Minderheitenfrage unter dem polnischen und dem deutschen Gesichtspunkt, sowohl in bezug auf die deutsche Minderheit in Polen als auch auf die polnische Minderheit in Deutschland, garantierte eine genauere Betrachtung der Problematik. Die Historiker für „europäische Angelegenheiten" benutzten die vielseitige archivalische Quellenbasis.

Die Werke über die deutschen und polnischen Minderheiten sind durch das emotionale Verhältnis zur Problematik geprägt; stellenweise machte sich auch die nationaldemokratische Tradition bemerkbar. Das läßt sich damit erklären, daß die Gegenwart noch sehr stark mit der Vergangenheit verbunden ist. Die Grundlagen für diese Tradition kann man auch in den Ereignissen des letzten Krieges suchen; diese (letzte) Tradition hat auch die jüngere Generation von Historikern übernommen.

Die Historiographie der Bundesrepublik Deutschland ist von den Belastungen aus der Vergangenheit auch nicht frei. Davon sprach 1985 in Nowogard Dr. Rudolf Jaworski, gegenwärtig Professor an der Universität zu Kiel, mit Lob an uns, sicherlich mit etwas Übertreibung: „Sieht man von wenigen Ausnahmen ab, so ist dieser wichtige Angelpunkt in der Geschichte der deutsch-polnischen Beziehungen bei uns weiterhin vor allem ein Reservat landsmannschaftlich geprägter Heimatforschung geblieben. Und daraus ergibt sich wiederum, daß wir den in einzelnen durchaus diskussionswürdigen Erträgen der modernen polnischen Geschichtsforschung in der Frage der deutschen Minderheit kaum etwas Ebenbürtiges entgegenzusetzen haben."

Dürfen wir, für die Bedürfnisse unserer Historiographie, die Schlüsse de lege ferenda ziehen? Ohne Zweifel, ja. Exempli gratia können wir bestimmte Lücken in bezug auf das vollständige Wissen über die Politik der polnischen Regierung der polnischen Minderheit in Deutschland gegenüber feststellen; nützlich wäre hier eine Synthese dieser Problematik, aber einer solchen Synthese sollten regionale Forschungen vorausgehen. Man hat immer noch keine Monographie über „Nowiny Opolskie" geschrieben, vergleichbar der erwähnten Abhandlung über die „Gazeta Olsztyńska". Es gibt auch keine Synthese des Problems der Politik des Reiches gegenüber der deutschen Minderheit in Polen . Nötig ist auch eine vergleichende Verallgemeinerung dieser Politik und der Handlungen Warschaus gegenüber der polnischen Minderheit in Deutschland. Am besten sehen die Danziger Probleme aus. Das ist ein unbestreitbares Verdienst der Danziger Historiker und einer umfangreichen, „zweiseitigen" Archivalien-Basis. Man hat auch sehr gut den polnisch-deutschen Kontext der europäischen Angelegenheiten erforscht. Eine gewisse Lücke in diesem Bereich betrifft das Jahr 1939; es gibt also nicht viele „weiße Flecken".

Und jetzt die wichtigste Frage: der Ertrag unserer Historiographie und Empfehlungen, besonders Nr. 17, 18 und 19? Die Sache ist so, daß die Fachkonferenzen XVII und XVIII am Ende der hier behandelten Periode stattfanden: 1984 in Augsburg für die Jahre 1919—1932 und 1985 in Nowogard für die Jahre 1933—1939/45. Man kann also feststellen, daß der oben dargestellte Ertrag der polnischen Historiographie, angefangen vom Jahre 1973 in bedeutendem Maße in Augsburg und Nowogard „konsumiert" wurde. Ein gutes Beispiel liefern hierfür die Vorträge (in der Reihenfolge, wie sie gehalten wurden) von Przemysław Hauser, Wojciech Wrzesiński und vor allem Czesław Łuczak in Augsburg[18] und der Vortrag von Wojciech Wrzesiński in Nowogard.[19] Sie enthielten eine Synthese der behandelten Probleme. Die Grundlage für diese Verallgemeinerungen bildete die ausgezeichnete Kenntnis der polnischen und deutschen archivalischen Quellenbasis und eine kenntnisreiche Auswertung eigener Werke und der umfangreichen Fachliteratur.

Jede Bilanz, außer der, die vor dem Ende der Welt durchgeführt wird, ist nur eine „Zwischenbilanz". Dies trifft auch für die Arbeit unserer Kommission in den letzten 15 Jahren für die Jahre 1918—1939 zu. Es ist jetzt wichtig, daß man diesen Ertrag nicht vergeudet, sondern im Gegenteil — daß man ihn mit den Ergebnissen der Historiographien unserer Länder anreichert.

Anmerkungen

1 Die deutsch-polnischen Beziehungen 1919—1932. XVII. deutsch-polnische Schulbuchkonferenz der Historiker vom 11. bis 17. Juni in Augsburg. Braunschweig 1985, S. 195.

2 Wojciech Wrzesiński, Polski ruch narodowy w Niemczech 1922—1939. Poznań 1970.

3 Karol Fiedor, Bund Deutscher Osten w systemie antypolskiej propagandy. Warszawa 1977.

4 Jan Chłosta, Wydawnictwo „Gazety Olsztyńskiej" w latach 1918—1939. Olsztyn 1977.

5 Antoni Sołoma, Za każdą cenę. Niemiecki kler katolicki wobec ludności polskiej na Warmii, Mazurach i Powiślu w latach 1919—1939. Warszawa 1976.

6 Maciej Plenkiewicz, Kościół katolicki w Wolnym Mieście Gdańsku 1933—1939. Bydgoszcz 1980.

7 Przemysław Hauser, Mniejszość niemiecka w województwie pomorskim w latach 1920—1939. Wrocław 1981.

8 Roman Dąbrowski, Położenie mniejszości niemieckiej w Polsce w okresie międzywojennego dwudziestolecia (1918—1939). Szczecin 1977. Ders., Mniejszość niemiecka w Polsce i jej działalność społeczno-kulturalna w latach 1918—1939. Szczecin 1982.

9 Lucjan Meissner, Niemieckie organizacje antyfaszystowskie w Polsce 1933—1939. Warszawa 1973.

10 Marek Andrzejewski, Socjaldemokratyczna Partia Wolnego Miasta Gdańska 1920—1936. Gdańsk 1980.

11 Edward Mendel, Stosunki społeczne i polityczne w Opolu w latach 1918—1933. Warszawa — Wrocław 1975.

12 Mieczysław Iwanicki, Polityka oświatowa w szkolnictwie niemieckim w Polsce w latach 1918—1939. Warszawa 1978.

13 Karol Błahut, Polsko-niemieckie stosunki gospodarcze w latach 1919—1939. Wrocław 1975.

14 Andrzej Skrzypek, Strategia pokoju. Radziecka polityka zbiorowego bezpieczeństwa w Europie 1932—1939. Warszawa 1979.

15 Michał Zachariasz, Polska wobec zmian w układzie sił politycznych w Europie w latach 1932—1936. Wrocław 1981.

16 Stanisław Mikos, Wolne Miasto Gdańsk a Liga Narodów 1920—1939. Gdańsk 1979.

17 Deutschland und Polen von der nationalsozialistischen Machtergreifung bis zum Ende des Zweiten Weltkrieges. XVIII. deutsch-polnische Schulbuchkonferenz der Historiker vom 28. Mai bis 2. Juni 1985 in Nowogard. Braunschweig 1986, S. 82.

18 Vgl. Anm. 1.

19 Vgl. Anm. 17.

Włodzimierz Borodziej

Polnische zeitgeschichtliche Arbeiten über die Jahre 1939 bis 1945*

Der singuläre Charakter des Zeitraums 1939—1945 für die polnische Geschichte und für die deutsch-polnischen Beziehungen ist unlängst während der 18. Schulbuchkonferenz in Nowogard (Naugard) prägnant herausgestellt worden.[1] Für unser historiographisches Interesse an dieser Epoche wirft diese Singularität erhebliche Probleme auf: Ernstens stehen hier Forschungsinteressen im Vordergrund, die vergeblich nach Parallelen in anderen Perioden suchen; die gewohnten Fragestellungen finden wenig bzw. keine Anwendung. Zweitens haben wir es mit Prozessen zu tun, deren emotionaler Gehalt eine enorme Langzeitwirkung aufweist, die auch nach einem fast halben Jahrhundert anhält. Drittens charakterisiert diesen Zeitraum eine eigentümliche „Verdichtung" der deutsch-polnischen Beziehungen, denn nahezu jedes Element polnischer National- und Staatsgeschichte im Zweiten Weltkrieg ist zumindest mittelbar Produkt der Tatsache, daß die II. Republik im September 1939 vom III. Reich zerschlagen wurde und die Wiedererlangung der Unabhängigkeit nur durch die Zerschlagung des III. Reiches erreichbar war. Für die Kommission scheint mir indessen eine letzte Vorbemerkung besonders wichtig, da sie zugleich ermutigende Teilbilanz und Ausblick ist: daß sich nämlich in den letzten 15 Jahren, trotz Singularität und Verknüpfung der deutschen und der polnischen Frage, eine unübersehbare Entemotionalisierung der beiderseitigen Beziehungsgeschichte vollzogen hat. Natürlich sind die Emotionen aus der polnischen Zeitgeschichte nicht verschwunden — nur sind die Reizthemen heute auf anderen Gebieten zu finden.

Beginnen wir mit dem September 1939. Die Diskussion um die Ursachen der polnischen Niederlage stand von Beginn an im Zeichen ideologischer und politischer Vorwürfe und Rechtfertigungen. Gerade in den letzten Jahren aber rückten die militärischen Aspekte des „polnischen Verteidigungskrieges" — wie er heute überwiegend genannt wird[2] — in den Vordergrund. Zwar räumt die offiziöse militärgeschichtliche Darstellung aus dem Jahre 1979 dem außenpolitischen Rahmen einen bedeutenden Platz ein, wobei die These vom quasi selbstverschuldeten Untergang in etwas abgemilderter Form wiederholt wird[3], die detaillierte Schilderung des Verlaufs des Feldzugs führt jedoch zu einer unübersehbaren Schwerpunktverschiebung. Im Mittelpunkt der Diskussion stehen gegenwärtig zweifellos die Thesen von Marian Porwit, der in seinen voluminösen, strikt militärgeschichtlichen „Kommentaren" vor allem ein strategisches und operatives Versagen der polnischen Führung konstatierte. Der Verfasser kritisierte die Grundvoraussetzungen des Verteidigungsplans, seine unrealistische Zielsetzung, die unzweckmäßige Verteilung der Truppen und Ressourcen, die mangelhafte Elastizität der Planungen, vor allem jedoch die grundsätzliche Überschätzung der eigenen Manövrierfähigkeit. In diesem „schicksalhaften Irrtum" so der Militärhistoriker, liege der Schlüssel für den allgemein als unwürdig empfundenen, „allzu niederschmetternden und allzu raschen" Ablauf der Niederlage.[4]

Freilich verläuft die Forschung oft neben diesem von Militärhistorikern konstruierten Rahmen. Deutlich erkennbar ist eine „polonozentrische" Strömung, welche die Hervorhebung der Leistungen der eigenen Streitkräfte oft mit der These vom — zumindest mitentscheidenden — Einfluß des deutsch-sowjetischen Zusammenwirkens (Stichwort: 17. September) verknüpft.[5] Erinnert sei ferner an die zahlreichen Detailuntersuchungen[6], die jedoch selten auf grundsätzliche Fragen[7] Bezug nehmen. Im weiterhin wohl kontroversesten Bereich „Bromberg" sind die Feststellungen von Marian Pospieszalski vor kurzem ausgebaut und untermauert worden.[8]

Während die Diskussion um den September 1939 in letzter Zeit betont sachbezogen ausgetragen wird, bahnt sich eine nüchterne Betrachtung des Widerstandes gegen die deutsche Besatzungsmacht erst langsam den Weg. Noch 30 Jahre nach dem Krieg hatten wir es hier mit einer deutlichen Zweiteilung der Historiographie — bzw. mit der Existenz zweier Historiographien — zu tun. Die Zeitgeschichte im Lande — die ja erst nach 1956 einsetzte — versuchte, anfangs betont polemisch, später in nuancierten Formen, den sozial restaurativen, politisch kurzsichtigen und ideologisch antikommunistischen Charakter des Untergrundstaates zu beweisen bzw. zum wichtigsten Beurteilungsmerkmal aufzuwerten. Demgegenüber konzentrierte sich das Exil auf die Verteidigung der „weißen Legende" des Untergrundstaates, auf die kämpferischen und erzieherischen Leistungen dieser als einmalig herausgestellten Fortsetzung der II. Republik.

Als die Exilveröffentlichungen Ende der 70er Jahre u. a. über die Untergrundverlage nach und nach in das Bewußtsein der Öffentlichkeit eindrangen und dieses schrittweise veränderten[9], schienen die Gegensätze beider Forschungen nahezu unüberwindbar: Als 1978 Jerzy J. Terej in der vielleicht bedeutendsten unter den in Polen publizierten Studien über die Armia Krajowa (Heimatarmee) diese als eine Art politischer Partei analysierte, deren Handlungen primär aus dem übergeordneten Ziel der Machterhaltung im Nachkriegsstaat zu erklären seien,[10] stieß er auf unübersehbare Ablehnung: Die Öffentlichkeit war nicht mehr bereit, eine offenkundig einseitig angelegte Darstellung der Geschichte der größten polnischen Widerstandsbewegung zu akzeptieren.[11]

Diese veränderte Haltung wurde 1980/81 manifest. Unter dem Eindruck dieses Wandels mahnte Jan Szczepański die politischen Zeitgenossen, dem Phänomen państwo podziemne (des Untergrundstaates) und dessen sozial-psychologischen Langzeitfolgen nicht länger durch Verschweigen aus dem Wege zu gehen. Die Legitimation des Untergrundstaates sei doch vor allem sein Kampf gegen die Fremdherrschaft gewesen; diese mehr symbolische als tatsächlich sanktionsfähige Obrigkeit habe aus der Verfolgung durch den Okkupanten eine singuläre moralische Autorität ableiten können. Die „parallele Staatlichkeit" ermöglichte den Polen die Bewahrung ihrer Würde im Angesicht einer beispiellosen Demütigung, ebenso wie sie — erstmals in ihrer Geschichte — die Gleichsetzung von „Nation" und „Staat" erlaubte; auch die Tatsache, daß das państwo podziemne notgedrungen nur ein Versprechen für die Zukunft blieb — statt nach der Befreiung reale Probleme lösen zu müssen —, wurde nun nicht als ideologische Kritik formuliert, sondern als eindringliche Mahnung in das aktuelle politische Tagebuch hineingeschrieben.[12]

Als einen „in gewisser Weise revolutionären Text" wertete den Essay Szczepańskis Tomasz Strzembosz. Er erweiterte die Perspektive der Betrachtung des państwo podziemne, indem er auf die Parallelen zum Vorgänger von 1863 hinwies. Im Gegensatz zu Szczepański betonte er weniger die freiwillige Unterordnung der Staatsbürger unter eine verklärte symbolische Obrigkeit, sondern vielmehr die Kontinuität zwischen II. Republik und Untergrundstaat. Ebenso stellte er die „positive Selektion" als Grundmuster der personalpolitischen Entscheidungen im Widerstand heraus, d. h. die Unmöglichkeit, die Funktionsfähigkeit des Untergrundes auf Scheinautorität bzw. für den Bürger inakzeptable Leitwerte zu gründen. Auch Strzembosz zeichnete das Bild eines unvergeßlichen Massenerlebnisses, das die Haltung der Hunderttausenden von Kombattanten für die nächsten Jahrzehnte vorprägte und zwangsläufig an Erlebnisintensität zurückstehen ließ.[13]

Auf diesen Meinungsaustausch muß vorläufig ein Leser verwiesen werden, der nach einer neuen geschichtlichen Einordnung des polnischen Widerstands sucht. Die von beiden Verfassern anvisierte Forschungsrichtung könnte etwa zu sozialpsychologischen Untersuchungen führen, die in Anbetracht des Quellenreichtums durchaus denkbar sind, bislang aber ausstehen. Hingegen konzentriert sich die Historiographie des Widerstandes gegenwärtig auf die Untersuchung von Teilbereichen, und hier werden die Bausteine einer künftigen Synthese deutlich sichtbar.[14] Tomasz Szarota gelang es, in seiner Darstellung des Warschauer „Alltags unter dem Hakenkreuz“[15] von der mythologisierenden Sicht des bewaffneten Kampfes an jeder Straßenecke abzurücken und eine sehr detaillierte Darstellung der „gewöhnlichen“ Nöte der Stadtbevölkerung zu liefern. Wesentlich konservativer ging Kazimierz Przybysz in seiner Abhandlung über die Bauernschaft unter der Besatzungsherrschaft[16] vor, in der er sich im Grunde nur mit den politischen Aspekten dieser Haltungen befaßte. Der Einfluß der politischen Parteien, der organisierte Widerstand auf dem Lande und die Herausstellung des dominierenden Anteils der Bauernschaft an der Résistance[17] sind die Hauptthemen des Buches, das somit nur partiell an die seinerzeit von Kazimierz Wyka[18] aufgeworfenen Fragen anknüpfte. Das unübersehbare Verdienst, die Verhaltensweisen der polnischen Bevölkerung im Generalgouvernement unter Anwendung des soziologischen Instrumentariums zu analysieren, kommt hingegen Jan T. Gross[19] zu, der die ganze Bandbreite der Verhaltensweisen zwischen Widerstand, Korruption, Kooperation und Kollaboration in den Vordergrund schob. Kenner der Fachliteratur wird es kaum überraschen, daß auch die Forschung über die NS-Lager mittlerweile enorm von soziologischen Interpretationsmustern profitiert.[20]

Neue Entwicklungen sind auch in einigen Diskussionen um den Widerstand zu beobachten. Es gibt kaum ein zweites historisches Thema, das eine ähnliche Zahl von Polemiken hervorgerufen hat wie die Frage, wer den legendären ersten Befehlshaber der Armia Krajowa, Gen. Stefan Rowecki „Grot“[21], an die Deutschen ausgeliefert habe. Der Täter ist bislang nicht gefunden, ganz im Gegenteil: Die Gruppe der Verdächtigen wird von Jahr zu Jahr größer; mittlerweile sind es wohl über 20.[22] Zwei Elemente dieser Diskussion verdienen Hervorhebung: Erstens löste sie sich sehr schnell von dem vermeintlichen, in der Vergangenheit gerne exponierten politischen Hintergrund, um in eine sehr detaillierte, neue Zeugen und Überlieferungen hervorbringende, quellenkritische Auseinandersetzung überzugehen.[23] Die langsam in die Öffentlichkeit vordringende Tatsache, daß auch ein scheinbarer Quellenreichtum bei entsprechend kritischer Betrachtung die restlose Klärung eines noch so prominenten „Falles“ nicht automatisch ermöglicht, müßte allmählich insofern Früchte tragen, als die Zeithistoriker in der Zukunft nicht mehr grundsätzlich als Publizisten rezipiert werden, die durch unzulänglich untermauerte Thesen und Vorwürfe Mißtrauen erwecken.

Ähnliche Emotionen wie der Fall Rowecki ruft die politische Haltung der Führung des Untergrundstaates hervor. Seit langem spitzen sich die Kontroversen auf einen Punkt zu: die Schlüsselentscheidungen des Frühjahrs und Sommers 1944.[24] War der Beschluß, einen militärisch gegen das III. Reich, politisch aber gegen die Sowjetunion gerichteten Kampf aufzunehmen, angesichts des prekären Standes der Beziehungen zu Moskau falsch, verbrecherisch, aussichtslos — oder vielmehr unausweichlich, ehrenvoll und erst durch die sowjetische Politik zum Scheitern verurteilt worden? Wie eh und je sind die Antworten auf diese Frage grundverschieden;[25] das Legitimationsbedürfnis der Nachfolger der Entscheidungsträger von 1944 scheint ähnlich stark wie im Falle der unmittelbar Betroffenen. Dennoch scheint es lohnend, an die wichtigsten Erkenntnisse der letzten Zeit zu erinnern.

Beginnen wir mit den militärischen Aspekten des Höhepunktes des polnischen Widerstandskampfes. In zwei vor langem geschriebenen Büchern, die 1985 und 1986 trotz hoher Auflage innerhalb von Stunden vergriffen waren, schilderten zwei Kombattanten den bislang im Lande kaum publikationsfähigen Kampf ihrer Einheiten östlich des Bug.[26] Beide Darstellungen sind — ungeachtet ihres Sensationswertes — erschütternd, bestätigen sie doch mit jeglicher wünschenswerter Klarheit, daß auch die größten und am besten ausgerüsteten polnischen Partisaneneinheiten im Kampf gegen Fronttruppen der Wehrmacht chancenlos waren. Dies sollte die Diskussion eigentlich auf die vor kurzem vorgetragene These[27] lenken, derzufolge der weitverbreitete Mythos von der Möglichkeit der Befreiung aus eigener Kraft ein Trugschluß ist: komplexe demographische, geographische und politische Faktoren stehen ja gegen die landläufige Überzeugung, daß nur die Strategie Moskaus die Wiederholung des Erfolgserlebnisses vom Herbst 1918 vereitelte. Auch von britischer Seite ist jüngst demonstriert worden, welch geringer Stellenwert der Armia Krajowa im Londoner Kalkül zukam.[28]

Während die sachliche Diskussion um die militärischen Chancen des Widerstands im Grunde erst anfängt, gibt es auf der politischen Ebene kaum ein Dokument, das bisher nicht hin- und hergewendet worden wäre. In einer vielbeachteten Dokumentation zeichnete unlängst Eugeniusz Duraczyński[29] die tiefe Spaltung innerhalb der Entscheidungsträger in Warschau und London nach, ein Bild, das einerseits die Kritik von Jan Ciechanowski[30] untermauert, andererseits aber die deprimierende Ausweglosigkeit der Führung des państwo podziemne eindringlich in Erinnerung ruft. Auf der Gegenseite wich Władysław Bartoszewski[31] einer rationalen Diskussion aus, indem er auf die vermeintlich positiven Langzeitfolgen und auf die sozialpsychologisch bedingte Unausweichlichkeit des Warschauer Aufstandes hinwies. Einem aufmerksamen Beobachter der Diskussion auf dem XIII. Polnischen Historikertag (1984)[32] konnte kaum entgehen, daß die Vortragenden aneinander vorbeiredeten: Das erschreckende Fazit, daß auch nach über 40 Jahren durchaus plausible Argumente beider Seiten nicht auf eine gemeinsame, wissenschaftlich diskutierbare Ebene gehoben werden können, gehört sicherlich mit zur Betrachtung des gegenwärtigen Standes der polnischen Zeitgeschichte.

Ein anderes Reizthema meines Forschungsgebiets ist mit der Endlösung gegeben. Die Kontroversen um die „polnischen Szenen" im „Holocaust", insbesondere aber um die gleichen Passagen des „Shoah"-Films von Claude Lanzmann zeigten überdeutlich, wie groß der Leerraum zwischen gesellschaftlichem Eigenbild und professionellem Angebot sein kann. Obgleich Ruta Sakowska[33] schon 1975 eine ausgewogene sozialgeschichtliche Darstellung des Warschauer Ghettos vorlegte und das Thema der polnisch-jüdischen Nachbarschaft unter der NS-Herrschaft schon mehrmals von polnischer Seite bearbeitet worden ist,[34] war es auch hier in der ersten Hälfte der 80er Jahre, im Angesicht von publizistischen Anschuldigungen offensichtlich unmöglich, eine konsensfähige Antwort zu finden, woran auch der seit 1983 feststellbare Anstieg diesbezüglicher Publikationen[35] wenig änderte. Naturgemäß unterscheidet sich die wissenschaftliche Diskussion von der publizistischen — z. B. darin, daß niemand den Polen vorwirft, im Holocaust eine aktive Rolle gespielt zu haben. Als aber 1984 polnische und israelitische Historiker auf neutralem Boden in Oxford zusammentrafen,[36] riefen die Jahre 1939—1944 eine derart heftige Diskussion hervor, daß die Redaktion der Jewish-Polish Studies POLIN sich entschloß, diese gesondert zu veröffentlichen.[37] Konnten die Polen mehr Hilfe leisten, als es die „Zegota"-Aktion und der kommunistische Widerstand getan haben? In welchem Maße änderte sich die Haltung der Polen gegenüber den Juden unter dem Einfluß der national-sozialistischen Besatzungsmacht? Warum erreichten die Kontakte zwischen dem polnischen und dem jüdischen Widerstand nur ein bescheidenes Ausmaß? Diese Fragen werden im Augenblick am heftigsten diskutiert. Jan Tomasz Gross zeigte in einem scharfsinnig argumentierenden Essay, welch enge Grenzen das Fortbestehen eines — wenn auch nur passiven — Antisemitismus im Schatten des Holocaust der Hilfsbereitschaft der Polen für Juden gesetzt hatte. Timothy Garton Ash sprach von konkurrierenden „Nationalismen der Opfer", deren Gegensatz bis zum gegenwärtigen Zeitpunkt durch den Anspruch auf die Exzeptionalität ihres Märtyrertums konstituiert wird; Aleksander Smolar projizierte die Kontinuität des Antisemitismus auf den Hintergrund des ungebrochenen Selbstbewußtseins der polnischen Rechten und der Kirche: „Es gab in Polen keine Verbindung zwischen einem sogar radikalen Antisemitismus der nationalen Rechten und dem deutschen Antisemitismus. Im Gegenteil: die Kriegs- und Nachkriegserfahrungen festigten die patriotische Rechtmäßigkeit der antijüdischen Gefühle."

Naturgemäß konnten auch die hier erwähnten Beiträge[38] trotz ihrer Ausgewogenheit keinesfalls auf allgemeine Zustimmung hoffen, denn einer der wichtigsten Aspekte der Diskussion[39] geht weit über die quellenmäßig verifizierbare Wirklichkeit hinaus: gemeint ist das moralische Gewicht eines Urteils über das polnisch-jüdische Nebeneinanderleben im Zeichen des Holocaust. Als Jan Błoński[40] in dem vielleicht kontroversesten Aufsatz der letzten Jahre von einer polnischen „Mitschuld durch Unterlassung" sprach, antwortete ihm Władysław Siła-Nowicki[41] in einer wahrlich vehementen Replik, in welcher er aber der Frage nach dem maximal Möglichen durch die Berufung auf das trotz allem Geleistete aus dem Wege ging. Die ethischen Grundsatzfragen der polnisch-jüdischen Beziehungen werden uns wohl noch lange beschäftigen, stellen sie sich doch jedem Historiker, der sich mit dem Thema befaßt. Es bleibt zu hoffen, daß das moralische Gewicht dieser Auseinandersetzungen die Wissenschaft nicht erschlägt.

Ein gänzlich anderes Bild bieten die Forschungen über die Besatzungspolitik. Die neuen Arbeiten von Czesław Łuczak[42] ermöglichen eine präzise Einordnung der Rolle der polnischen Gebiete in Theorie und Praxis der nationalsozialistischen Wirtschaftspolitik; Ziele, Instrumente und Etappen der ökonomischen Ausbeutung des Landes sind klar erkennbar. Weiterverfolgt wurden einige der Überlegungen Łuczaks von Wacław Długoborski[43], dessen Darstellung der strukturellen sozialen Folgen der deutschen Besatzungspolitik in vielerlei Hinsicht die Scharfsinnigkeit der bereits erwähnten Skizzen Wykas bestätigte. Weit weniger überzeugend präsentiert sich hingegen die Weiterentwicklung der Thesen Łuczaks zum wirtschaftlichen Widerstand; die inflationäre Anwendung des „Widerstand"-Begriffs führte hier zu einer Verwischung der Unterschiede zwischen national-politisch motivierten und gänzlich „privaten" Verhaltensmustern.[44]

Seit wenigen Jahren darf auch das Postulat der vergleichenden Betrachtung der Lage Polens und anderer okkupierter Länder als erfüllt gelten. In seinen opus magnum beschrieb Czesław Madajczyk[45] ausführlich sowohl den Ablauf der Besetzungen zwischen Atlantik und Kaukasus, als auch deren politische, institutionelle, soziologische und ökonomische Determinanten, wobei er die unterschiedliche Ausgangslage in einzelnen Ländern ebenso berücksichtigte wie die gravierenden Unterschiede zwischen der nationalsozialistischen und den übrigen Besatzungspolitiken. Das Generalgouvernement als ein riesiger Exerzierplatz, wo institutionelle Vertretungen der okkupierten Gesellschaft auf die Kirche[46] und karitative Institutionen[47] reduziert wurden, tritt in diesem Rahmen deutlich hervor.

Massenmord und gigantische Zwangsumsiedlungen, Elitenwechsel und Zerschlagung des sozialen Gefüges, die Bestätigung des nationalsolidarischen Wertesystems durch eine gegen alle Polen gerichtete Bedrohung — in welchem Maß haben die Folgen dieser nationalsozialistischen Variante des „social engineering" die Gestalt der III. Republik mitgeprägt? Die Forschungen zur Übergangsperiode zwischen der Gründung des Polnischen Komitees der Nationalen Befreiung und der Potsdamer Konferenz zerfallen in zwei kaum miteinander korrespondierende Bereiche. Auf der einen Seite notieren wir mehrere Versuche, die Vorentscheidungen auf der diplomatischen Ebene nachzuzeichnen. Hinsichtlich der ersten Phase der Tätigkeit der polnischen Exilregierung gibt es kaum Neues zu berichten[48]. Besonderes Interesse zieht in letzter Zeit die

Person des Generals Władysław Sikorski auf sich: Während aber die zahlreichen Biographien[49] eher das spannungsreiche Verhältnis zwischen dem Ministerpräsidenten und seinen polnischen Widersachern behandeln, stilisierte Sarah M. Terry den umstrittenen und in seiner Wankelmütigkeit nicht immer einfach greifbaren General zum Vorreiter der Westverschiebung Polens an Oder und Lausitzer Neiße — eine Sicht, die wohl erst durch sorgfältige Prüfung der in London befindlichen und bisher unzureichend ausgewerteten Akten der Exilregierung definitiv bestätigt werden könnte.[51]

Die Einordnung der „polnischen Frage" in die Konzepte der Großmächte verdanken wir abermals vor allem angelsächsischen Historikern.[52] Die polnische Historiographie betont — neben den Fehlern Sikorskis — vor allem das dreimalige Scheitern Stanisław Mikołajczyks im Jahre 1944 (Abbruch der Lebiediew-Sondierungen Ende Juni, TASS-Communiqué vom 12. VIII., erfolglose Moskauer Gespräche im Oktober); im Verlauf dieses Jahres verschlechterte sich die Position der Exilregierung derart gewichtig, daß die Verhandlungen im Winter und Frühjahr 1945 nur noch eine spannungsreiche Vorgeschichte der Provisorischen Regierung der Nationalen Einheit darstellen.[53]

Die Intensität, mit der die diplomatische Ebene bearbeitet wird, kontrastiert auffallend mit unserem Unwissen über die Haltung der polnischen Bevölkerung in den Schlußmonaten des Krieges. Die in den 60er und 70er Jahren in der landespolnischen Historiographie dominierende These vom Zusammentreffen einer nationalen — gegen die Deutschen gerichteten — und einer sozialen — gegen das ancien régime geführten — Revolution[54] scheint korrekturbedürftig. Wie erklärt sich nämlich die Tatsache, daß eine von allen Seiten bestätigte „Linksverschiebung" und „Radikalisierung" weitester Bevölkerungsteile den Ausbruch eines „kleinen Bürgerkrieges" 1944—1947 nicht verhinderte?[55] Beobachten wir nicht vielmehr 1944/45 — wie unlängst Tadeusz Łepkowski[56] suggerierte — eine Kollision zweier Revolutionen, wobei die nationale, „westliche" und demokratische nur in den 63 Warschauer Aufstandstagen Gestalt annahm, während die kommunistische dank der Unterstützung der sowjetischen Hegemonialmacht und unter Betonung durchaus ähnlich formulierter nationaler und sozialer Lösungen sich langsam durchsetzte? Eines ist sicher: die Intensität der Zusammenstoßes von Hoffnung und Trauer, die partielle Abkehr vom Westen und die ebenso partielle Öffnung zum Osten, das Aufatmen nach dem Trauma nationalsozialistischer Bedrohung und die Frustration nach einem Krieg, den man teils als Mitglied der siegreichen Koalition und teils als bloßes Objekt der Großmachthändel beendete — dies alles verdichtete sich zu einem psychosozialen Faktor, der die nächsten Jahrzehnte entscheidend mitprägen sollte.[57] Man darf hoffen, daß auch in diesem Fall die Diskussion erst begonnen hat.

Anmerkungen

* Zuerst veröffentlicht in: Geschichte in Wissenschaft und Unterricht H. 2 (1988), S. 81—91.

[1] Deutschland und Polen von der nationalsozialistischen Machtergreifung bis zum Ende des Zweiten Weltkrieges. XVIII. deutsch-polnische Schulbuchkonferenz der Historiker . . . Braunschweig 1986, bes. die Beiträge von *Wolfgang Jacobmeyer* und *Czesław Madajczyk*.

[2] Dieser in den 60er Jahren als bewußter Gegensatz zur fremdsprachigen „Septemberfeldzug"-Sicht eingeführte Begriff dominiert heute in polnischen Darstellungen.

[3] Polski Czyn Zbrojny w II wojnie światowej. T.I: Wojna obronna Polski 1939, pod red. *E. Kozłowskiego*. Warszawa 1979, bes. Kap. I, VI.

[4] *M. Porwit:* Komentarze do historii polskich działań obronnych 1939 roku. Bd. I—III, Warszawa 1969—1978, bes. Kap. IV—VI im Band I und Kap. XIII im Band III.

[5] Besonders pronociert bei *L. Moczulski:* Wojna polska. Poznań 1972; dieser — oft auch in Exilveröffentlichungen vertretenen These — folgt z. B. *A. Albert:* Najnowsza historia Polski. Teil III: 1939—1945. Warszawa 1983.

[6] Nähere bibliographische Angaben siehe *K. Sobczak:* Dorobek i potrzeby polskiej historiografii w zakresie najnowszych dziejów Polski. In: Historia najnowsza jako przedmiot badań i nauczania, pod red. *J. Maternickiego*. Warszawa 1986, S. 236—277.

[7] Als einer der unangefochtenen Glaubenssätze sei hier die allgemein akzeptierte Feststellung des Generals Jodl im Nürnberger Prozeß herausgegriffen, derzufolge die Offensive der Westalliierten im September 1939 entscheidend den Kriegsverlauf geändert hätte. Eine höchst interessante Polemik gegen dieses Axiom bringt der Aufsatz von *K. Sójka-Wilamowski:* Czy ofensywa francuska mogła uratować Polskę? In: Zeszyty Historyczne 53/1980, S. 90—109.

[8] *K. M. Pospieszalski:* Sprawa „58 000 Volksdeutschów". Poznań 1958, 1981. Die polnische Sicht der Bromberger Ereignisse zusammengefaßt bei und dokumentiert von *E. Serwański:* Dywersja niemiecka i zbrodnie hitlerowskie w Bydgoszczy na tle wydarzeń w dniu 3 IX 1939. Poznań 1984.

[9] Eine besondere Wirkung zeigten die Memoiren von *Jan Nowak:* Kurier z Warszawy, Warszawa 1979 (Nachdruck aus der Londoner Ausgabe von 1978), die sowohl im Kreise der Spezialisten als auch in der breiteren Öffentlichkeit als einer der wichtigsten Augenzeugenberichte in der Geschichte der Résistance eingeordnet wurden. Unter ähnlichen Veröffentlichungen im Lande sei hier erinnert an *K. Moczarski:* Rozmowy z katem. Warszawa 1977 (deutsche Ausgabe: Gespräche mit dem Henker, Das Leben des SS-Gruppenführers und Generalleutnants der Polizei Jürgen Stroop, aufgezeichnet im Mokotów-Gefängnis zu Warschau. Düsseldorf 1978.

[10] *J. J. Terej:* Na rozstajach dróg. Ze studiów nad obliczem i modelem Armii Krajowej. Wrocław etc. 1978.

[11] Diese Feststellung geht auf Beobachtungen des Verfassers zurück, der zum Zeitpunkt der Veröffentlichung des Buches Student am Historischen Institut der Universität Warschau war; vgl. auch die charakteristische Besprechung von *R. Korab-Żebryk:* Komentarz byłego kombatanta do książki J. J. Tereja. In: Kwartalnik Historyczny 1981/88, S. 783—800.

[12] *J. Szczepański:* Niektóre aspekty funkcjonowania państwa podziemnego. In: Dzieje Najnowsze 1982/1—4, S. 125—137; der Essay trägt das Datum 5. VIII. 1981.

[13] *T. Strzembosz:* Uwagi do artykułu Jana Szczepańskiego o polskim państwie podziemnym. In: Dzieje Najnowsze 1984/2, S. 53—58; ausführlicher: *ders.:* Kilka refleksji o Armii Krajowej. Warszawa 1986.

[14] Unter den letzten Veröffentlichungen seien hier herausgegriffen: *C. Chlebowski:* „Wachlarz". Monografia wydzielonej organizacji dywersyjnej Armii Krajowej, wrzesień 1941 — marzec 1943. Warszawa 1983; *S. Lewandowska:* Polska konspiracyjna prasa informacyjno-polityczna. Warszawa 1982; *dies.:* Kryptonim „Legalizacja". Warszawa 1984; *J. Tucholski:* Cichociemni. Warszawa 1985. *W. Borodziej:* Terror i polityka. Polisja niemiecka a polski ruch oporu w Generalnym Gubernatorstwie 1939—1944. Warszawa 1985. Über die 70er Jahre informiert der Überblick von *P. Matusak:* Główne tendencje w badaniach nad antyhitlerowskim ruchem oporu. In: Dzieje Najnowsze 1982/4, S. 225—238.

[15] Poln. Ausgabe: Okupowanej Warszawy dzień powszedni. Warszawa 2. Aufl. 1978 (deutsche Übersetzung: Warschau unter dem Hakenkreuz, Leben und Alltag im besetzten Warschau, 1. 10. 1939 bis 31. 7. 1944. Paderborn 1985.)

[16] *K. Przybysz:* Chłopi polscy wobec okupacji hitlerowskiej 1939—1945. Warszawa 1983.

[17] Gerade in bezug auf die Bauernschaft werden wir uns wohl noch längere Zeit mit der Dominanz der politischen Darstellungsebene begnügen müssen; vgl. etwa die Arbeiten von *A. Wojtas:* Problematyka agrarna w polskiej myśli politycznej 1918—1948. Warszawa 1983; *ders.:* Działalność polityczna ludowców w okresie II wojny światowej, cz. I. Warszawa 1979; *ders.* mit *K. Przybysz:* Bataliony chłopskie. Warszawa 1985, t. I—II; *S. Dąbrowski:* Koncepcje przebudowy Polski w programach i publicystyce ruchu ludowego 1939—1945. Warszawa 1981.

[18] *K. Wyka:* Życie na niby. Pamiętnik po klesce. Kraków 1984; diese Essaysammlung ist teils während des Krieges, teils unmittelbar danach geschrieben worden.

[19] *J. T. Gross:* Polish Society unter German Occupation. The General-Gouvernement 1939—1944. Princeton 1979. Hervorhebenswert auch die Untersuchung über das Verhalten der Warschauer Bevölkerung während des Aufstandes von *J. K. Hanson:* The Civilian Population and the Warsaw Uprising of 1944. Cambridge 1982.

[20] Vgl. etwa *A. Pawełczyńska:* Wartości a przemoc. Warszawa 1973; *K. Dunin-Wąsowicz:* Ruch oporu w hitlerowskich obozach koncentracyjnych 1933—1945. Warszawa 1979. Nicht nur in diesem Zusammenhang sollten die Erinnerungen von *B. Zwarra:* Wspomnienia gdańskiego bówki, t. I—III, Gdańsk 1984—1986, genannt werden, der eine bemerkenswerte Schilderung der deutsch-polnischen Nachbarschaft in Danzig der Vor- und Kriegszeit vorlegte. Der 2. Band der Erinnerungen ist dem Aufenthalt des Verfassers in Konzentrationslagern gewidmet.

[21] Die Biographie von *T. Szarota:* Stefan Rowecki „Grot", Warszawa 1983, ist heute — trotz zweier Auflagen von insgesamt 150 000 Exemplaren — vergriffen.

[22] Die einzelnen Mutmaßungen sind vor allem im „Przegląd Tygodniowy" der letzten Jahre vorgetragen worden.

[23] Als Beispiel für diese Tendenz vgl. *A. Chmielarz, A. K. Kunert:* Spiska 14. Aresztowanie generała „Grota" Stefana Roweckiego. Warszawa 1983.

[24] Zur Forschungsgeschichte siehe *W. Borodziej:* Armia Krajowa, cz. II. in: Mówią Wieki 10/1985, S. 25f.

[25] Vgl. etwa *A. Przygoński:* Powstanie warszawskie, t. I—II, Warszawa 1980 und *J. K. Zawodny:* Nothing but Honour. The Story of the Warsaw Uprising. Stanford 1978. Umstritten ist die Zuverlässigkeit der Zeugenaussagen in *J. F. Steiner:* Varsovie 1944. Paris 1975 (poln. Übersetzung: Warszawa 44. Powstanie, Warszawa 1984).

[26] *R. Korab-Żebryk:* Operacja wileńska AK. Warszawa 1985; *M. Fijałka:* 27. wołyńska dywizja piechoty AK. Warszawa 1986.

[27] *T. Strzembosz:* O efektywności wysiłku partyzanckiego Armii Krajowej. In: Kwartalnik Historyczny 1983/90. S. 889—898.

[28] *D. Stafford:* Britain and European Resistance 1940—1945. Toronto 1980; (poln. Übersetzung: Wielka Brytania i ruch oporu w Europie (1940—1945). Warszawa 1984). Weit weniger hilfreich die französischsprachigen Abrisse: *H. Michel:* Et Varsovie fut détruite. Paris 1984 und *T. Wyrwa:* La résistance polonaise et la politique en Europe. Paris 1983.

[29] *E. Duraczyński:* Między Warszawą a Londynem. Lipiec 1983 — lipiec 1944. Warszawa 1986.

[30] *J. Ciechanowski:* Powstanie warszawskie. London 1971; englische Ausgabe: The Warsaw Rising. London 1974. In Polen wurde dieses aufsehenerregende Buch erst 1984 veröffentlicht.

[31] Der die historisch-moralischen Werte herausstellende Vortrag von *W. Bartoszewski:* Rozważania o powstaniu warszawskim, abgedruckt u. a. in: Zeszyty Historyczne 67/1984, S. 3—16; siehe auch *ders.:* Kronika Powstania Warszawskiego. Warszawa 1984.

[32] Besonders kraß trat diese Erscheinung bei den Vorträgen von *Zdzisław Derwiński* und *Antoni Przygoński* auf. Die Texte sind leider nicht abgedruckt in: Pamiętnik XIII Powszechnego Zjazdu Historyków Polskich, Poznań, 6—9 września 1984 roku, cz I. Wrocław etc. 1986.

[33] *R. Sakowska:* Ludzie z dzielnicy zamkniętej. Żydzi w Warszawie w okresie okupacji hitlerowskiej, październik 1939 — marzec 1943. Warszawa 1975.

[34] *M. Arczyński, W. Balcerak:* Kryptonim „Żegota". Warszawa 1983; *T. Prekerowa:* Konspiracyjna Rada Pomocy Żydom w Warszawie 1942—1945. Warszawa 1982. *W. Bartoszewski:* Los Żydów Warszawy 1939—1943. London 1983.

[35] Auf ein enormes öffentliches Interessee stießen vor allem die — in den USA schon 1945 veröffentlichten — Aufzeichnungen von *M. Berg:* Dziennik z getta warszawskiego, Warszawa 1983 sowie der Bericht von *B. Szatyn:* Na aryjskich papierach. Kraków 1983. Vgl. auch *M. Fuks* (Hrsg.): Adama Czerniakowa dziennik getta warszawskiego, 6 IX 1939 — 23 VII 1942, Warszawa 1983 (deutsche Ausgabe: Im Warschauer Getto, Das Tagebuch des Adam Czerniakow 1939—1942. München 1986) und *A. Eisenbach* (Hrsg.) *E. Ringelblum:* Kronika getta warszawskiego wrzesień 1939 — styczeń 1943. Warszawa 1983; in der letzten Veröffentlichung fehlen die bereits in den 60er Jahren in Israel publizierten Notizen Ringelblums über die polnisch-jüdischen Beziehungen. Zu den neuesten Veröffentlichungen siehe *W. Bartoszewski:* Five Wartime Testimonies. In: POLIN.A Journal of Polish-Jewish Studies, vol. 1. Oxford 1986, S. 316—326.

[36] *Ch. Abramsky, M. Jachimczyk, A. Polonsky* (Hrsg.): The Jews in Poland. Oxford 1986.

[37] Ibid. S. 243; vgl. dazu auch POLIN, vol. 1, S. 270—287 (Beiträge von *R. F. Scharf* und *W. Bartoszewski)*; die Oxforder Diskussion von 1984 soll im 2. Band von POLIN nachgetragen werden.

[38] Die Aufsätze von *Gross, Ash, Smolar* sowie von *J. Karpiński, I. Shahak, W. Goldkorn, J. Kuroń* abgedruckt in: ANEKS 41/42 — 1986, S. 3—133.

[39] Eine unübersehbare Rolle spielen die im Ausland veröffentlichten Beiträge. Neben den obengenannten siehe etwa *Y. Gutman:* The Jews of Warsaw. Ghetto, Underground, Revolt. Bloomington 1982; *Sh. Krakowski:* The War of the Doomed: Jewish Armed Resistance in Poland. New York 1984; *R. C. Lukas:* Forgotten Holocaust. The Poles under German Occupation 1939—1944. Kentucky Univ. Press 1986; sowie das Kapitel Żydzi: The Jewish Community in *N. Davies:* Gods Playground, vol. II. Oxford 1981.

[40] *J. Błoński:* Biedni Polacy patrzą na getto. In: Tygodnik Powszechny Nr 2/1959, 11 I 1987.

[41] *W. Siła-Nowicki:* Janowi Błońskiemu w odpowiedzi. In: ibid. Nr 8/1965, 22 II 1987. Eine Zusammenfassung der Diskussion im „Tygodnik" versuchte *J. Turowicz:* Racje polskie i racje żydowskie. In: ibid. Nr 14/1971, 14 III 1987.

[42] *Cz. Łuczak:* Polityka ludnościowa i ekonomiczna hitlerowskich Niemiec w okupowanej Polsce. Poznań 1979; *ders.:* Polityka ekonomiczna Trzeciej Rzeszy w latach II wojny światowej. Poznań 1982.

[43] *W. Długoborski:* Die deutsche Besatzungspolitik und die Veränderungen der sozialen Struktur Polens 1939—1945. In: *ders.* (Hrsg.): Zweiter Weltkrieg und sozialer Wandel, Göttingen 1981, S. 303—363.

[44] Dies die grundsätzliche Kritik an der sehr materialreichen Arbeit von *M. Walczak:* Walka ekonomiczna narodu polskiego 1939—1945. Warszawa 1983.

[45] *Cz Madajczyk:* Faszyzm i okupacje, 1938—1945, t. I—II. Poznań 1983—1984.

[46] Vgl. dazu *Z. Fijałkowski:* Kościół katolicki na ziemiach polskich w latach okupacji hitlerowskiej. Warszawa 1983; *Z. Zieliński* (Hrsg.): Życie religijne w Polsce pod okupacją hitlerowską 1939—1945. Warszawa 1982.

[47] *B. Kroll:* Rada Główna Opiekuńcza. Warszawa 1985; wertvoll auch das soeben veröffentlichte Zeugnis von *B. Wachowiak:* Wojna i okupacja. 1939—1945. In: Zeszyty Historyczne 77/1986, S. 32—118 und 78/1986, S. 90—210.

[48] Die Studien von *H. Batowski:* Z dziejów dyplomacji polskiej na obczyźnie, wrzesień 1939 — lipiec 1941, Kraków 1984 und Walka dyplomacji hitlerowskiej przeciw Polsce 1939—1945, Kraków 1984 ergänzen das Bild um einige Details, ohne neue Fragestellungen oder grundsätzliche Erkenntnisse zu vermitteln.

[49] Aufschlußreich für das Verständnis der Persönlichkeit Sikorskis sind vor allem die Werke von *R. Wapiński:* Władysław Sikorski, Warszawa 1978 und *W. Korpalska:* Władysław Eugeniusz Sikorski. Biografia polityczna, Wrocław etc. 1981, die besonders die früheren Jahre des Generals genau durchleuchtet.

[50] *S. M. Terry:* Poland's Place in Europa. General Sikorski and the Origin of the Oder-Neisse Line, 1939—1943. Princeton 1983.

[51] Vorläufig erfüllt nur die soeben abgeschlossene Dissertation Z. Derwińskis über die Außenpolitik des Kabinetts Mikołajczyks. Juli 1943 — November 1944, Wrocław 1987, das Postulat der Einbeziehung der Londoner Akten.

[52] Dazu vor allem: *T. H. Anderson:* The United States, Great Britain and the Cold War 1944–1947. Columbia (Mass.), London 1981; *V. Rothwell:* Britain and the Cold War 1941—1947. London 1982; *D. Yergin:* The Shattered Peace. The Origins of the Cold War and the National Security State. Boston 1977; *H. De Santis:* The Diplomacy of Silence: The American Foreign Service, the Soviet Union and the Cold War, 1933—1947. Chicago 1980; *E. Mark:* American Policy Towards Eastern Europe and the Origins of the Cold War, 1941—1946. In: Journal of American History 68/1981, S. 313—336. Grundlegend zum Verständnis der amerikanischen Politik bleibt der Beitrag von *G. Lundestad:* The American Non-Policy towards Eastern Europe 1943—1947. Tromsö etc. 1975. Sehr nützlich auch die von *A. Polonsky* herausgegebene Quellensammlung: The Great Powers and the Polish Question, 1941—1945. London 1976.

[53] Vgl. dazu *K. Kersten:* Narodziny systemu władzy. Polska 1943—1948. Warszawa 1985; *L. Zyblikiewicz:* Polityka Stanów Zjednoczonych i Wielkiej Brytanii wobec Polski. Warszawa 1984.

[54] Diese These etwa bei *H. Jabłoński:* Polska niepodległa to Polska socjalistyczna, In: *ders:* Niepodległość i tradycje narodowe, S. 188—219. Warszawa 1978.

[55] Bereits 1972 urteilte *Franciszek Ryszka,* daß in dem Klassenkampf, der auf polnischem Boden 1945—1947 ausgetragen wurde, ideologische und politische Motive die „tatsächlichen Klassenbezüge“ verdrängt hätten; an derselben Stelle bemerkte der Verfasser, daß „wir noch immer nicht genug Klarheit darüber haben“, warum Bauern unter der Führung der Intelligenz andere Bauern, Arbeiter und Intelligenz umgebracht haben, „warum sie so verbissen gegen eigene elementare Interessen handelten“; *F. Ryszka:* PPR a koncepcje państwa polskiego. In: Dzieje Najnowsze 1972/3, S. 39-68, hier: S. 63. Vgl. auch die Diskussionsbeiträge von *Wiesław Władyka* und *Eugeniusz Duraczyński,* in: Tu i Teraz vom 29. VIII. 1984, Nr. 35.

[56] *T. Łepkowski:* Myśli o historii Polski i Polaków. Warszawa 1983.

[57] Vgl. dazu den in Anm. 1 angeführten Aufsatz von *Czesław Madajczyk* sowie das Kapitel „Społeczeństwo“ der in Anm. 53 genannten Arbeit von *Krystyna Kersten.*

Christoph Kleßmann

Deutschland und Polen nach 1945

I. Allgemeine Bemerkungen

Ich möchte versuchen, einen Teil dessen zu bilanzieren, was die beiden Schulbuchkonferenzen in Nowogard und Saarbrücken 1985 und 1986 zur deutsch-polnischen Beziehungsgeschichte in der frühen Nachkriegszeit erbracht haben. Neben Fortschritten und Konsens soll auch auf Defizite und strittige Probleme eingegangen werden. Ansatzweise bereits in Nowogard, vor allem dann aber in Saarbrücken, ist der am stärksten von Hypotheken, bitteren Erfahrungen, Ressentiments und Klischees auf beiden Seiten belastete Themenkomplex behandelt worden: Flucht, Vertreibung, Zwangsumsiedlung. Insofern ist diese Thematik vielleicht der schwierigste Teil dieser Konferenz.

Die 1976 verabschiedeten Empfehlungen haben gerade in den zeithistorischen Passagen für die Jahre 1945 und danach die größte öffentliche Resonanz in der Bundesrepublik hervorgerufen. An ihnen hat sich die politische Opposition der Vertriebenenverbände, der konservativen Presse und großer Teile der Unionsparteien entzündet. Die fachwissenschaftliche Diskussion hat sich mit dem mühsamen politischen Normalisierungsprozeß aufs engste verquickt. Mit zwei Zitaten sei das hier noch einmal in Erinnerung gerufen:

„Aus Vertreibung soll ‚Transfer' werden", schrieb Alfred Schickel am 19. 11. 1976 in einem längeren Artikel in der ‚Frankfurter Allgemeinen Zeitung' und brachte damit die Ablehnung der 22. Empfehlung durch die breite Front der Kritiker auf den Punkt — verbunden mit der Methode, etwas zu unterstellen, was in der Empfehlung nicht steht und was auch nicht ihr Sinn ist. Daran schloß sich dann eine längere Debatte in Leserbriefen an.[1] Herbert Hupka als einer der hartnäckigsten Gegner äußerte sich in dieser Diskussion so: „Die deutsch-polnischen Schulbuchempfehlungen sind nur als das Produkt einer allzu durchsichtigen Tagespolitik zu sehen, weswegen diejenigen Bundesländer gut beraten sind, die sich weigern, aus diesen Empfehlungen Schulbuchtexte werden zu lassen. Grausam genug, daß es eine Vertreibung von Millionen Deutschen gegeben hat, aber nicht minder grausam ist es, die Wahrheit aus der Geschichte, aus welcher Gefälligkeit auch immer, zu vertreiben."[2]

„Die Wahrheit aus der Geschichte vertreiben" — das ist ein grobes Geschütz, gerichtet gegen Fachhistoriker beider Seiten. Man könnte solche Polemik als vorurteilsgeladene Ignoranz zu den Akten legen, wenn sie nicht symptomatisch wäre für die anfängliche Ablehnung zumindest einiger Empfehlungen, die unmittelbar bis in die Fachhistorie hineinreichte. Die beiden zitierten Beispiele genügen, da es hier nicht meine Aufgabe ist, den öffentlichen Streit um die Empfehlungen zu analysieren. Andererseits scheint es mir wichtig, diesen politisch-gesellschaftlichen Hintergrund ausdrücklich in Erinnerung zu rufen und miteinzubeziehen und nicht nur ein Fazit der fachinternen Konferenzen und ihrer Impulse zu geben. Denn gerade auf Öffentlichkeit zielte und zielt jede Schulbucharbeit, wenn sie einen — im ursprünglichen Wortsinne — „politischen" Sinn haben soll.

Die beispiellose Politisierung der Schulbuchempfehlungen hat m. E. einen sehr positiven Effekt gehabt, so lästig manche öffentliche Polemik gewesen sein mag, weil sie die Beteiligten immer wieder zu Erläuterungen, Richtigstellungen und Abwehr ressentimentgeladener Behauptungen veranlaßte und öffentliche Aufmerksamkeit wach hielt. Denn erst durch diesen politischen Streit haben die Empfehlungen ein Echo gefunden, das der Bedeutung der Tatsache gerecht wurde, daß hier zwei Historikerkommissionen erfolgreich versucht haben, sich über ihre bilaterale Geschichte zu verständigen, die Perspektive des Nachbarn dabei ernsthaft und nicht nur deklaratorisch in die eigene Geschichtsbetrachtung einzubeziehen, Felder der Übereinstimmung zu suchen, aber auch die Punkte deutlich zu machen, wo der Dissens nicht — oder noch nicht — überbrückt werden konnte.

Daß dieses möglich war, spiegelt die gründlich veränderten politischen Rahmenbedingungen zwischen Polen und der Bundesrepublik trotz unterschiedlicher politischer und gesellschaftlicher Systeme. Sehr zu Recht hat Gotthold Rhode 1976 in einem Artikel in der FAZ gegenüber den voreiligen Kritikern der Empfehlungen festgestellt: „Wer 1945 vorausgesagt hätte, daß polnische und deutsche Historiker und Geographen der Kriegsgeneration zwar hart, aber sachlich und höflich-kollegial in Warschau in deutscher Sprache über die Möglichkeit der Versachlichung der Schulbücher und des Geschichtsunterrichts verhandeln würden, wäre für geistesgestört erklärt worden."[3] Internationale Schulbucharbeit, wie sie u. a. im Rahmen der deutsch-polnischen Konferenzen praktiziert wird, hat sich längst weiterreichende Ziele gesetzt als Ausmerzung von sachlichen Fehlern und Verbesserung von Schulbuchtexten durch Umformulierung und Offenlegung von Defiziten oder groben Klischees. Internationale Schulbucharbeit, so hat Karl-Ernst Jeismann in einem grundlegenden Artikel betont, greift „in ein sehr empfindliches Geflecht von Selbst- und Fremdvorstellungen ein, das ... unterhalb der kognitiven Sphäre in traditionell überkommenen, aus Übung oder Not emotional besetzten Vorstellungsbereichen liegt. So hat die internationale Schulbuchforschung mit einem feuergefährlichen Stoff zu tun."[4] Wenige Beispiele belegen die Richtigkeit dieser Aussage so nachdrücklich wie die Diskussion um die 21. und 22. Empfehlung zum Kriegsende und zur Nachkriegszeit.

Vor dem Hintergrund dieser grundsätzlichen Bemerkungen möchte ich im folgenden hauptsächlich die beiden Themenkomplexe dieser Empfehlungen behandeln: Das Jahr 1945 in der deutsch-polnischen Beziehungsgeschichte und den Komplex Evakuierung, Flucht, Vertreibung, Zwangsumsiedlung, Familienzusammenführung als Hypothek für die deutsch-polnischen Beziehungen nach 1945. Aus Gründen der Arbeitsteilung beschränke ich mich hier auf die frühe Nachkriegszeit, während Herr Jacobsen eher den Zeitraum seit 1949, die Phase der Sprachlosigkeit, der allmählichen Auflockerung und der Normalisierung behandeln wird.

II. Das Jahr 1945

Wann die Nachkriegszeit für Polen und Deutschland begann, läßt sich nicht in einem Zeitpunkt synchronisieren. Für Polen bildete eher 1944 die entscheidende Zäsur, nicht das Jahr des Kriegsendes. Hierüber dürfte es mittlerweile einen relativ breiten Konsens geben, den Madajczyk in seinem Referat in Nowogard ansprach. Dabei macht auch ein Vergleich der Einschnitte von 1918 und 1945 die gravierenden Unterschiede zwischen dem Ende des Ersten und des Zweiten Weltkrieges für Polen deutlich. Der wichtigste war die Verbindung von territorialer Veränderung und politischer Revolution. Bei der territorialen Neugestaltung, deren Diskussion im Untergrund und auf den Kriegskonferenzen vorbereitet wurde, verschmolzen ganz unterschiedliche Argumentationsstränge: „Politische (europäische Sicherheit, Liquidierung Preußens), militärische (Teilnahme der polnischen Soldaten an den Kämpfen um die Gebiete östlich der Oder), historische (Rückkehr der ehemaligen Piastengebiete zum Mutterland), wirtschaftliche (Berücksichtigung der Rohstoffe, breiter Zugang zum Meer), moralische (Wiedergutmachung der durch den Angriff verursachten Schäden und Opfer, Ausgleich des Verlustes der ehemaligen Ostgebiete). Die einen zählten später bei den Plänen einer Nachkriegsorganisierung Europas, die anderen gestalteten das emotionale Nachkriegsbewußtsein der Polen durch die Formel von den ‚wiedergewonnenen Gebieten'."[5]

Hier wäre freilich auch darauf zu verweisen, daß sich einige Argumente gegenseitig widersprechen (wie schon 1918). Vor allem historische Argumente waren und sind hier bekanntlich äußerst problematisch. Politisch ist die Doppelpoligkeit der volksdemokratischen Transformation zu betonen: Es gab zwar eine breite, auf grundlegende Reformen drängende Bewegung in Polen. Sie repräsentierte sicherlich eine Mehrheit im politischen Spektrum. Demgegenüber stellten kommunistische und linkssozialistische Gruppen als Kern einer künftigen polnischen Regierung eine Minderheit dar. Sie konnten erst in Verbindung mit den sicherheitspolitischen und strategischen Interessen der Sowjetunion und mit massiver sowjetischer Rückendeckung und Intervention vor und nach 1945 die Macht in Polen übernehmen. Daß Polen diese Option für die Sowjetunion freiwillig getroffen hat, muß man entschieden bestreiten. Insofern kann ich dem Satz aus Tomalas Referat nur für die erste Hälfte zustimmen, wenn er schreibt: „Mit dieser Großmacht verband sich das politische Schicksal, mit ihr fühlte sich Polen ideologisch verbunden."[6] Die Beurteilung des politischen Transformationsprozesses dürfte nach wie vor kontrovers bleiben auf polnischer und deutscher Seite. Die englische Dokumentation von Drukier und Polonsky von 1980 zeigt allerdings auch, wie kontrovers innerhalb der polnischen Kommunisten dieser Transformationsprozeß diskutiert wurde und wie schablonenhaft die lange Zeit dominierende Vorstellung von einer präzise geplanten sowjetischen Strategie ist.[7]

Aus dem historischen Vielvölkerstaat Polen wurde nach 1945 in kurzer Zeit ein Nationalstaat. Dieser Umbau entsprang den Erfahrungen mit der inneren Labilität der ostmitteleuropäischen Staaten in der Zwischenkriegszeit und entsprach dem Willen der Alliierten und dem Willen der Mehrheit der politisch relevanten Gruppen in Polen. Die Begleitumstände und die Konsequenzen dieses Vorgangs deuten jedoch historische Dimensionen an, die unmittelbar auf die Bedeutung des Jahres 1945 für Deutschland, Polen und Europa verweisen. Madajczyk hat sie für Polen mit dem Satz umschrieben: „Das Jahr 1945 war ein unvergleichbarer historischer Moment, in dem das Polen der Hoffnung sich mit dem Polen der Verzweiflung traf, das kämpfende Polen und das der Improvisation mit dem durch Schmerz und Enttäuschung gelähmten, das wandernde Polen mit dem eingesessenen, traditionellen."[8] Die Potsdamer Vereinbarung, die lediglich politisch kodifizierte und erweiterte, was prinzipiell schon vorher beschlossen worden war, wurde so zum zentralen Ausgangspunkt der deutsch-polnischen Beziehungsgeschichte bis heute. Die revolutionären und die territorialen Veränderungen trafen 1945 aufeinander.

Für Deutschland wird in der neueren Forschung aber viel stärker als früher hervorgehoben, daß 1945 nicht in jeder Beziehung ein so tiefer Bruch und Neubeginn war, wie man es in den 50er und 60er Jahren betont hat, wobei besonders der „doppelte antitotalitäre Konsens" als wichtiges Kriterium diente, d. h. die Abgrenzung gegenüber dem faschistischen Dritten Reich und der kommunistischen DDR. Der Totalitarismusbegriff wurde seit den 60er Jahren nachdrücklich in Zweifel gezogen. Eine stärker von sozialgeschichtlichen Fragen geleitete Analyse hat überdies viele Kontinuitätslinien herausgearbeitet, die 1945 nicht abgebrochen sind und nur zeitweilig verdeckt waren. Ein solches sozialgeschichtliches Erkenntnisinteresse geht weit über die plakative und schon zeitgenössische Gegenüberstellung von „Neubeginn" und „Restauration" hinaus und fragt nach der langfristigen Wirkung ökonomischer und sozialer Zusammenhänge und Konstellationen. Der von Werner Conze und Rainer Lepsius herausgegebene Band „Sozialgeschichte der Bundesrepublik" macht solche Kontinuitäten auf vielen Ebenen deutlich.[9] Auch für die Geschichte der DDR dürften solche Fragen wichtig und produktiv sein, gerade weil sie noch wenig verfolgt wurden. Trotz der revolutionären Umwälzung, die dort stattfand, und trotz der demonstrativen Betonung der „Geburt eines neuen Deutschland“,[10] das seine Identität zu einem erheblichen Teil aus der permanenten Konfrontation mit der Bundesrepublik bezog, sind in Mentalität, Lebensweise, Verhaltensformen, aber auch in dörflichen und städtischen Strukturen viele Traditionen ausgeprägter als in der Bundesrepublik erhalten geblieben. Plakativ verkürzt geht es somit um Traditon *und* Bruch, um Restauration *und* Neubeginn in der deutschen Nachkriegsgeschichte.[11] Beides vermischt sich sowohl auf der politikgeschichtlichen wie auf der sozialgeschichtlichen Ebene. Wie weit das aus polnischer Sicht wahrgenommen und kritisch diskutiert wird bzw. wie weit sich in dieser Frage deutliche Veränderungen in der polnischen Historiographie der letzten Jahre ergeben haben, übersehe ich nicht hinreichend.

Für Polen erlaubt der Blick aus zeitlicher Distanz ebenfalls deutlicher als früher, Kontinuitätslinien über den revolutionären Bruch von 1944/45 hinaus zu erkennen. Der „eigene Weg zum Sozialismus“, der Polens Entwicklung von 1944—1948 programmatisch bestimmte und 1956 partiell wieder aufgenommen wurde, enthält in formelhafter Verkürzung einige solcher Kontinuitätselemente — man denke nur an die herausragende Rolle der Kirche, die besondere Bedeutung der Intelligenz, die Agrarverfassung, das Gewicht von National- und Geschichtsbewußtsein.

Solche differenzierenden Hinweise ändern jedoch nichts an der Erkenntnis, daß 1945 als tiefe Zäsur besonders für Ost- und Mitteleuropa und gerade auch für die deutsch-polnische Beziehungsgeschichte in seiner ganzen Tragweite erst aus der Distanz bewußt geworden ist. Die Gedenkveranstaltungen zum 40. Jahrestag des 8. Mai im Jahre 1985 haben das m. E. trotz aller irritierenden und peinlichen Randerscheinungen deutlich gemacht.[12] Dazu gehört die Erkenntnis, welch ungeheurer Verlust das gewaltsame, 1939 eingeleitete Ende der langen und spannungsreichen deutsch-osteuropäischen Symbiose bedeutet und wie mühsam ein neuer Anfang war. Jenseits der unterschiedlichen Akzente in Polen und der Bundesrepublik, mit denen die Jahre 1944 und 1945 versehen werden, gibt es viele Ansatzpunkte zu größeren Gemeinsamkeiten. Einerseits ist das auf verschiedenen Schulbuchkonferenzen reflektiert und diskutiert worden, andererseits belegt allein die Tatsache der Empfehlungen und der jährlich stattfindenden Konferenzen einen solchen rudimentären Basiskonsens.

III. Die 22. Empfehlung

Neben der nationalsozialistischen Besatzungszeit hat dieser das Grauen des Kriegsendes betreffende Themenkomplex für die Beziehungsgeschichte ohne Zweifel das größte Gewicht und bildet bis heute die schwerste Hypothek. Ich habe die 22. Empfehlung nie so verstanden, als dürfe der Begriff „Vertreibung“ und „Vertriebene“ nicht mehr verwandt werden. Er ist nicht nur ein emotionaler und auch ein pauschaler Kampfbegriff geworden — und als solcher sollte er tatsächlich verschwinden —, er ist vielmehr auch ein historisch-juristischer Terminus gewesen und geblieben, der in viele Gesetze und Regelungen Eingang gefunden hat. Insofern wäre es absurd, wenn Historiker historische Begriffe abschaffen wollten. Vielleicht ist das von der Kommission seinerzeit nicht deutlich genug betont worden und hat daher viele Mißverständnisse hervorgerufen.

Die Intention der Empfehlung war eine doppelte: Zum einen, den bis zur Unbrauchbarkeit ausgeweiteten und verwaschenen Sprachgebrauch historisch zu differenzieren und zu präzisieren, zum andern, den — auf polnischer Seite — verharmlosenden amtlichen Sprachgebrauch „Umsiedlung" durch einen Begriff zu ersetzen, der den tatsächlichen Verlauf des Geschehens präziser andeutete. In diesem Sinne gibt eine Folge von Begriffen wie Evakuierung, Flucht, Vertreibung, Zwangsaussiedlung, Umsiedlung, Familienzusammenführung sowohl unterschiedliche Phasen wie auch unterschiedliche Formen annähernd richtig wieder. Genau in diesem Sinne hat Walter Mertineit 1977 festgestellt: „Der pejorative Tenor, in dem sie [die Kritik; C. K.] vorgetragen wurde, ist auch heute noch kennzeichnend für den leicht mobilisierbaren emotionalen und moralisch verwertbaren Gehalt des Wortes ‚Vertreibung', der nach den Vorstellungen der Kritiker so unterschiedliche Vorgänge wie Flucht, Evakuierung, Ausweisung, Zwangsumsiedlung, Übersiedlung, Ausreise- und Familienzusammenführung in einem Begriff zusammenfassen will. Der Verzicht auf diesen Begriff als Generalnenner für alles, was an Furchtbarem geschah, ist der Kommission als ‚Verharmlosung' angelastet worden, während er in Wirklichkeit für eine differenzierte Darstellung unerläßlich war. Auch hier kam es wie in anderen Fällen darauf an, die in der Tagespolitik hüben und drüben oft zu polemischen Zwecken benutzten ‚Reizwörter' zu vermeiden."[13] Wojciechowski hat das in Saarbrücken ebenfalls nochmals unterstrichen und betont, wie stark in der Bundesrepublik die Politik „auch in der Sphäre der Semantik" eingriff.[14] Dabei möchte ich hier in Paranthese vermerken und den vehementen Kritikern der 22. Empfehlung entgegenhalten, daß meines Wissens nie ein Vertriebenenfunktionär an der bei deutschen und polnischen Historikern üblichen amtlichen Bezeichnung der nationalsozialistischen Aktionen als „Umsiedlungen" protestiert hat, obwohl diese nicht weniger schrecklich und gewaltsam abliefen als die ersten von 1945.

Dieser Themenkomplex wurde in Saarbrücken ausführlich von Wojciechowski und Rhode behandelt. Für beide Referate galt, daß sie dieses diffizile Thema in einer auffallend nüchternen, um differenzierte Einbeziehung der Argumente und Urteile der jeweils anderen Seite bemühten Weise behandelt haben. Eines der Hauptziele beider Referate war es, erst einmal eine tragfähige Diskussionsbasis hinsichtlich der Zahlen zu schaffen. Dies ist in beachtlichem Umfang gelungen. Dabei unterscheidet sich die wissenschaftliche Debatte, wie sie in Saarbrücken geführt wurde, in wohltuender Weise von vielen publizistischen Diskussionen nicht zuletzt dadurch, daß man sagt, was wir nicht wissen und auch nicht schätzen können, statt durch Schätzungen eine Genauigkeit zu suggerieren, die es nicht gibt. Dies betrifft vor allem differenzierte Zahlen für Evakuierung, Flucht und Rückkehr nach dem 9. Mai 1945. Man könnte somit ohne vorschnelle Harmonisierung als allgemeines Fazit festhalten, daß beide Referate eine breite Zone von Annäherung und Übereinstimmung gebracht haben und eine bemerkenswert sachliche und so 1972 bei Beginn der Schulbuchgespräche wohl kaum für möglich gehaltene Diskussion der Probleme erlaubten. Besonders wichtig und weiterführend erscheint mir die in Saarbrücken erstmals so deutlich erfolgte Gegenüberstellung deutscher und polnischer Quellenbestände. Diese entspricht einer diametral entgegengesetzten Perspektive bei der Behandlung des Themas. Während deutsche Arbeiten vorwiegend auf den umfangreichen, aber nur ausschnitthaft publizierten Erlebnisberichten der Betroffenen fußen — gesammelt in der großen Dokumentation von Theodor Schieder[15] — rekonstruieren die wenigen polnischen Arbeiten, die bei Wojciechowski genannt werden,[16] die Perspektive der mit der Zwangsaussiedlung befaßten Behörden. Das Bild einer enormen organisatorischen Anstrengung polnischer Instanzen unter den äußerst schwierigen Bedingungen der Nachkriegszeit bildet naturgemäß einen scharfen Kontrast zum Erlebnishorizont der betroffenen Deutschen. Diese Situation läßt sich auch als Appell verstehen, daß polnische und deutsche Forscher in Zukunft die schon durch die Quellengattung vorgegebene Perspektive der jeweils anderen Seite intensiv einbeziehen und sich so um ein umfassendes und komplexes Bild bemühen. Die Schulbuchkonferenzen haben dazu ohne Zweifel wichtige Anstöße geliefert. Wenn also deutschen Forschern polnische Archivbestände zu dieser brisanten Thematik zugänglich werden, würde das eine wesentliche Erweiterung des Forschungsfeldes bedeuten und in einem sehr konkreten Punkt eine Realisierung der Intention der Schulbuchempfehlungen darstellen.

Es bliebe ferner zu hoffen, daß sich polnische Wissenschaftler aus der Distanz von 40 Jahren verstärkt um dieses für die deutsch-polnische Beziehungsgeschichte so wichtige Thema bemühen und dabei auch mehr Verständnis aufbringen für die traumatische Belastung, die es für Millionen Deutscher hat. Dabei sollte man sich nicht von politischen Sonntagsreden von Vertriebenen-Funktionären irritieren lassen, auch wenn diese von Seebohm bis Czaja eine bemerkenswerte Kontinuität aufweisen.

Soweit ich das übersehe, hat die 22. Empfehlung und die öffentliche Diskussion darüber in fachhistorischen westdeutschen Publikationen zur Nachkriegsgeschichte nur gelegentlich einen Niederschlag gefunden, so in den beiden Bänden von Helga Grebing, Peter Pozorski und Rainer Schulze zur Vorgeschichte der Bundesrepublik (1945—1949).[17] Meine eigene Arbeit wäre hier auch zu erwähnen. Dagegen ist eine Erörterung der Empfehlungen nicht erkennbar im ersten Band der sehr „repräsentativ" gestalteten „Geschichte der Bundesrepublik Deutschland",[18] ebenso wenig in den Darstellungen von Overesch, Waldmann, Doering-Manteuffel, Thränhardt u. a., um einige zu nennen.[19] Auch Wolfgang Benz hat in einem Sammelband „die Vertreibung der Deutschen aus dem Osten" von 1985, dem Gotthold Rhode keine guten Zensuren gegeben hat und den ich viel positiver bewerten würde, erstaunlicherweise kein Wort über die Schulbuchempfehlung verloren, obwohl er das Buch — wie mir scheint zu Recht — als Beitrag zur historischen Aufklärung eines extrem emotional besetzten Sachverhalts versteht.[20] Dennoch setzt er sich mit der Terminologie auseinander und entspricht insofern partiell den Intentionen der Schulbuchkommission, als er auf die Differenz zwischen Umgangssprache und amtlich-administrativer Terminologie verweist, die sich freilich unentwirrbar miteinander vermischt haben. Er und die Autoren des Bandes unternehmen daher auch keinen Versuch, den umgangssprachlichen Begriff „Vertreibung" ausdrücklich zu ersetzen oder zu differenzieren.

Auf der anderen Seite zeigt sich in der Bundesrepublik seit einigen Jahren ein neues wissenschaftliches Interesse an dieser Thematik, jedoch aus einer anderen Perspektive. Dieses Interesse ist kein Reflex auf die seit 1982 verstärkte politische Aktivität von Vertriebenenfunktionären. Es ist eher ein von jüngeren Zeithistorikern und stark von den erfahrungsgeschichtlichen Dimensionen der „oral history" bestimmtes Interesse an der Bedeutung von Flucht, Vertreibung, Zwangsumsiedlung und Aussiedlung für die persönliche Sozialisation, für das politische Verhalten, für die innenpolitische Entwicklung und die politische Kultur der Bundesrepublik. In der Problemstellung steckt auch ein Stück Kritik an einer im Hinblick auf die Integration der Vertriebenen allzu selbstgefällige Interpretation der „Erfahrungsgeschichte" der Bundesrepublik. Die sozialen und psychischen Kosten wurden nämlich in dieser Erfolgsbilanz oft viel zu wenig berücksichtigt. Hier wären Studien zu nennen, die im Rahmen des LUSIR-Projekts von Niethammer zum Ruhrgebiet entstanden sind[21] und entstehen oder auch verschiedene andere Regionalprojekte, um deren vorläufige Bilanzierung sich 1986 eine von Helga Grebing initiierte Konferenz bemühte.[22] Dabei ging man generell von der Prämisse aus, daß dieses Thema zu wichtig und historisch bedeutsam sei, als daß man es primär der politischen Diskussion und Polemik oder heimatgeschichtlichen Studien der Landsmannschaften überlassen sollte. Insofern scheint mir in der Historiographie der Bundesrepublik ein Wandel in den letzten Jahren eingetreten zu sein. In der Zeit der sozialliberalen Ostpolitik ließen die Historiker, die auf Ausgleich und Versöhnung gestimmt waren, — pointiert gesagt — lieber die Finger von dieser Thematik. Sie galt sozusagen als „revanchismusverdächtig", zumal in der Vergangenheit ohne Zweifel viel politisches Schindluder damit getrieben worden war. Dies hat sich jedoch geändert, und das ist gut so. Die polnische Seite sollte das m. E. eher als positiv vermerken, weil nur auf diese Weise schwierige Probleme aufgearbeitet werden können, die sonst als Ressentiments weiter existieren. „Ressentiments verletzten den Respekt vor der Trauer um das Verlorene", sagte Willy Brandt in seiner Rede in Warschau anläßlich der Unterzeichnung des deutsch-polnischen Vertrages 1970. Diese Mahnung hat ihre Aktualität nicht verloren.

Zur Aufarbeitung der gerade unter diesem Aspekt besonders schwierigen Themen können auch die Ergebnisse der Saarbrücker Konferenz beitragen. Wie das im einzelnen über den Rahmen der Schulbuchkonferenzen hinaus in bezug auf die Massenmedien und auf eine breitere Öffentlichkeitsarbeit geschehen kann, bedarf noch einer genaueren Erörterung.

Einige knappe resümierende Bemerkungen:

1. Die öffentliche Erregung um die 22. Empfehlung ist vorbei. Es bleibt aber nach wie vor eine beträchtliche Kluft zwischen der erstaunlich sachlichen Fachdiskussion des Themas und den Emotionen und der Polarisierung, die es in öffentlichen Debatten hervorruft. Die nächste „Bilanz-Konferenz" wird hierauf besonders zu achten haben.

2. In die zeithistorische Fachliteratur hat die Empfehlung nur sehr partiell Eingang gefunden. Viele Autoren haben davon gar keine Kenntnis genommen, weil sie darin offenbar im wesentlichen eine Angelegenheit der Schulbücher sehen. Auch in der polnischen Fachliteratur scheint mir das Fazit nicht anders auszufallen, wenn ich die wenigen Titel, die Wojciechowski in seinem Referat ausdrücklich erwähnte, als Kriterium nehme.

3. In der westdeutschen Literatur haben sich das Interesse und die Fragestellung an dieser Thematik verschoben. Wenn die Erwartung dahin gehen sollte, daß der Begriff „Vertreibung" generell durch „Zwangsumsiedlung" ersetzt werden könne, halte ich das für illusorisch. Wohl aber wird man eine differenzierte Erörterung der Phasen und Teilprozesse erwarten können, wie sie den Intentionen der Schulbuchkommission genau entspricht.

4. Es bleibt somit auf beiden Seiten für die Nachkriegsthemen noch viel und sicher mehr als bei anderen Themenkomplexen zu tun.

Anmerkungen

[1] Das Echo in der Öffentlichkeit ist umfassend dokumentiert in: W. Jacobmeyer (Hrsg.), Die deutsch-polnischen Schulbuchempfehlungen in der öffentlichen Diskussion der Bundesrepublik Deutschland, Eine Dokumentation. Braunschweig 1979.

[2] Ebd., S. 213.

[3] K. E. Jeismann, Internationale Schulbuchforschung. Aufgaben und Probleme, in: Internationale Schulbuchforschung 1 (1979), S. 7—21, hier: S. 13.

[5] C. Madajczyk, Polen 1945: Ein Zeitraum in dessen Geschichte, in: Deutschland und Polen vor der nationalsozialistischen Machtergreifung bis zum Ende des Zweiten Weltkrieges, hrsg. v. W. Jacobmeyer. Braunschweig 1986, S. 151.

[6] M. Tomala, Die Beziehungen Polens mit der Bundesrepublik Deutschland 1944/1949—1975. In: Die Beziehungen zwischen der Bundesrepublik Deutschland und der Volksrepublik Polen bis zur Konferenz über Sicherheit und Zusammenarbeit in Europa (Helsinki 1975). XIX. deutsch-polnische Schulbuchkonferenz 1986. (= Schriftenreihe Bd. 22/X), S. 16.

[7] A. Polonsky, B. Drukier, The Beginnings of Communist Rule in Poland December 1943 — June 1945. London 1980.

[8] Madajczyk, S. 153.

[9] W. Conze, M. R. Lepsius (Hrsg.), Sozialgeschichte der Bundesrepublik Deutschland. Stuttgart 1983.

[10] So der Titel der Darstellung von S. Doernberg. Berlin (O) 1959, für die Jahre 1945—1949.

[11] Vgl. dazu C. Kleßmann, Die doppelte Staatsgründung. Deutsche Geschichte 1945—1955. Bonn/Göttingen [4]1986.

[12] Nur auf zwei Sammelpublikationen sei hier verwiesen: U. Gill, W. Steffani (Hrsg.), Eine Rede und ihre Wirkung. Die Rede des Bundespräsidenten Richard von Weizsäcker vom 8. Mai 1945. Berlin (W) 1986. U. Albrecht u. a. (Hrsg.), Zusammenbruch oder Befreiung? Zur Aktualität des 8. Mai 1945. Berlin (W) 1986.

[13] W. Mertineit, Die deutsch-polnischen Schulbuchkonferenzen, in: Aus Politik und Zeitgeschichte B 47 (1977), S. 39.

[14] M. Wojciechowski, Die Evakuierung, die Flucht und die Zwangsumsiedlung der deutschen Bevölkerung aus den Gebieten östlich oder Oder und Neiße (1944—1951). In: Die Beziehungen zwischen der Bundesrepublik Deutschland und der Volksrepublik Polen (wie Anm. 6), S. 75.

[15] Dokumentation der Vertreibung der Deutschen aus Ost-Mitteleuropa, bearb. v. Th. Schieder, 5 Bde. Bonn 1953ff..

[16] Vgl. die Angaben bei Wojciechowski (wie Anm. 14), dort Anm. 6 und 8.

[17] H. Grebing, P. Pozorski, R. Schulze, Die Nachkriegsentwicklung in Westdeutschland 1945—1949, 2 Bde.. Stuttgart 1980.

[18] Th. Eschenburg, Jahre der Besatzung 1945—1949. Geschichte der Bundesrepublik Deutschland, Bd. 1. Stuttgart 1983.

[19] M. Overesch, Deutschland 1945—1949. Vorgeschichte und Gründung der Bundesrepublik. Königstein/Ts. 1979. P. Waldmann, Die Eingliederung der ostdeutschen Vertriebenen in die westdeutsche Gesellschaft, in: J. Becker, T. Stammen, P. Waldmann (Hrsg.), Vorgeschichte der Bundesrepublik Deutschland. München 1979, S. 163—192. A. Doering-Manteuffel, Die Bundesrepublik Deutschland in der Ära Adenauer. Darmstadt 1983. D. Thränhardt, Geschichte der Bundesrepublik Deutschland. Frankfurt 1986.

[20] W. Benz (Hrsg.), Die Vertreibung der Deutschen aus dem Osten. Ursachen, Ereignisse, Folgen. Frankfurt 1985. Die Rezension dazu von G. Rhode in: FAZ v. 23. 7. 1985. Vgl. dagegen die Rezension v. W. Jacobmeyer in: Das Parlament v. 1. 2. 1986.

[21] L. Niethammer, A. von Plato (Hrsg.), „Wir kriegen jetzt andere Zeiten". Lebensgeschichte und Sozialkultur im Ruhrgebiet 1930 bis 1960, Bd. 3. Bonn 1985. Darin besonders der Beitrag von Platos: Fremde Heimat. Zur Integration von Flüchtlingen und Einheimischen in die Neue Zeit, S. 172—219.

[22] R. Schulze, D. von der Brelie-Lewien, H. Grebing (Hrsg.), Flüchtlinge und Vertriebene in der westdeutschen Nachkriegsgeschichte. Bilanzierung der Forschung und Perspektiven für die künftige Forschungsarbeit. Hildesheim 1987.

Mieczysław Tomala

Die Beziehungen zwischen Polen und der Bundesrepublik Deutschland in der polnischen Historiographie 1949—1975

Die Zäsur meines Referats birgt in sich bereits einige Schwierigkeiten. Denn es soll der Zeitabschnitt behandelt werden, der mit dem Jahre 1975 zu Ende geht. Das bedeutet, daß die Frage zu beantworten ist, ob man eigentlich bereits heute die Geschehnisse des Jahres 1975 im eigentlichen Sinne historisch zu beleuchten vermag. Der zeitliche Abstand ist doch wirklich nicht groß. Es fehlt die notwendige Distanz. Doch andererseits sind wir heute Zeugen nicht nur beschleunigter Prozesse in den internationalen Beziehungen, sondern auch Zeugen dafür, daß diese sich immer offener gestalten. Die Zeiten einer Politik hinter verschlossenen Türen sind vergangen; die meisten heutigen Ereignisse verlaufen, wie man heute zu sagen pflegt, hinter Türen, die offenstehen. Eigentlich gibt es gegenwärtig keine größeren Geheimnisse mehr, die längere Zeit gewahrt bleiben. Das ist nur eine Frage der Zeit. Und ist es nicht so, daß diese Geheimnisse nach nicht zu langer Zeit in die Medien gelangen, sei es der konkrete Inhalt oder auch die getroffenen Entscheidungen?

Und eine zweite Bemerkung. Das Thema betrifft die Beziehungen zwischen Polen und der Bundesrepublik Deutschland nach 1949. Doch müssen auch die zahlreichen Publikationen, die in Polen über Deutschland und die polnisch-deutschen Beziehungen zwischen 1945—1949 entstanden sind, bei der Behandlung dieses Themas berücksichtigt werden. In jenen Zeiten ging es um das zukünftige Schicksal des besiegten deutschen Aggressors; und in der polnischen Historiographie verfolgte man besonders aufmerksam die völkerrechtlichen Aspekte der sich in und um Deutschland vollziehenden Veränderungen. Obwohl viele Arbeiten aus diesen Jahren nur die Situation in den Westzonen Deutschlands betrafen, so gaben sie jedoch bereits einen Einblick in die Veränderungen, die ihren Niederschlag dann in der Gründung von zwei deutschen Staaten gefunden hatten. So glaube ich, sollten wir auch diese polnischen Arbeiten, die vor 1949 erschienen sind, berücksichtigen.

Die Analyse soll die Beziehungen zwischen Polen und der Bundesrepublik Deutschland in den Jahren 1949—1975 umfassen. Doch einschränkend müssen wir daran erinnern, daß die offiziellen Beziehungen erst nach Aufnahme diplomatischer Beziehungen im September 1972 hergestellt worden sind. Vorher bestanden Handelsbeziehungen. Zu diesen Beziehungen gehörte später auch die Errichtung der Handelsvertretungen im Jahre 1963. Ausdruck der politischen Beziehungen war die Aufnahme von Verhandlungen über den Abschluß eines politischen Vertrages im Jahre 1970, den bekannten Vertrag über die Grundlagen der Normalisierung der gegenseitigen Beziehungen vom Dezember 1970.

Und eine letzte Vorbemerkung. Wie kann allgemein die Historiographie dieser Jahre eingeschätzt werden? Schulbuchempfehlungen existierten damals noch nicht. Die Beziehungen zwischen beiden Staaten waren nicht normalisiert, voll von Vorurteilen und Verdächtigungen. All das fand seinen Niederschlag auch in diesen Publikationen.

Ich meine, es ist notwendig, noch eine andere Erläuterung hinzuzufügen. Die polnisch-deutschen Beziehungen nach 1918 waren nicht nur politisch, sondern auch ökonomisch entscheidend mitgeprägt worden. Entsprechend dem Hinweis in der Schulbuchempfehlung Nr. 18 war der Zollkrieg ein Beispiel dafür. Auch die Empfehlung Nr. 26 erinnert an den wirtschaftlichen Aspekt des Normalisierungsprozesses. Ausdruck dafür war die Errichtung von Handelsvertretungen viele Jahre vor Aufnahme diplomatischer Beziehungen. Die vorher sich vertiefenden Handelsbeziehungen haben in gewissem Maße den Weg zu politischen Lösungen gebahnt. Mit der Fahne wurde nun nicht der Weg für den Kaufmann geebnet, sondern der Kaufmann bereitete den Boden für die Fahnen vor.

Es liegt natürlich nicht in meiner Absicht, den Zollkrieg mit den Wirtschaftsbeziehungen nach 1949 zu vergleichen. Zwei andere Staaten waren entstanden. Besondere Veränderungen waren auf der polnischen Seite zu verzeichnen. Da die wirtschaftlichen Aspekte im Normalisierungsprozeß von Bedeutung waren, müssen wir bei der Analyse ebenfalls all jene ökonomischen Arbeiten berücksichtigen, die in dieser Zeit entstanden sind, wenn auch die polnische Literatur auf dem Gebiet der Geschichte, der Ökonomie, des internationalen Rechts gewisse Schwerpunkte aufwies. Das entsprang der Notwendigkeit, Antworten auf aktuelle politische Fragen zu geben.

In meiner Abhandlung berücksichtige ich nicht die nach 1945 erschienene reiche Literatur, in der die Zeit des Krieges, der Okkupation und die Vorkriegsgeschichte behandelt wird. In der polnischen Deutschlandforschung nach 1945 hatten sich bereits solche Themen herauskristallisiert, die auch nach 1970 in den bilateralen Beziehungen zwischen Polen und der Bundesrepublik aktuell geblieben waren. Hierbei denke ich besonders an die Bewertung des Potsdamer Abkommens.

Zu den führenden polnischen Autoren gerade zu den rechtlichen Aspekten des Potsdamer Abkommens gehören A. Klafkowski und K. Skubiszewski. Beide Autoren haben bereits nach 1945 eine besonders interessante Frage behandelt, nämlich das Problem des Fortbestehens der Staatlichkeit Deutschlands 1945–1949.[1] In den gut dokumentierten Arbeiten kamen beide zu der Schlußfolgerung, daß der deutsche Staat formell gesehen nicht aufgehört habe zu existieren. Klafkowski vertrat die Ansicht, daß die Übernahme der obersten Gewalt im besetzten Deutschland durch die vier Besatzungsmächte der Liquidierung der Hitler-Regierung gegolten hatte und nicht gleichzusetzen war mit der Liquidierung des deutschen Staates. Das bedeutete, daß das Aufhören der zentralen deutschen Staatsgewalt nicht gleichzusetzen sei mit dem Aufhören der Existenz des deutschen Staates. Eine ähnliche These wurde von K. Skubiszewski vertreten, der an Hand von Rechtsakten und aufgrund der Auswertung von faktografischem und rechtlichem Material die These von der ununterbrochenen Existenz des deutschen Staates vertrat.

Einen großen Raum nahmen in der polnischen Historiographie solche Themen ein wie das Potsdamer Abkommen und die in diesem Abkommen Polen betreffenden Fragen, d. h. die Festlegung der polnischen Westgrenze wie auch die Umsiedlung der deutschen Bevölkerungsteile. Über die Frage der polnischen Westgrenze erschienen in der Vergangenheit und erscheinen auch heute weiterhin zahlreiche Publikationen. Und nicht ohne Grund wurde in Polen die von den drei Großmächten festgelegte Westgrenze als der größte Erfolg nach dem siegreichen Krieg angesehen. Es würde an dieser Stelle zu weit führen, mehr Arbeiten zu dieser Frage anzuführen. Es waren sehr, sehr viele.[2]

Man sollte jedoch darauf hinweisen, daß bei diesen Arbeiten zwei unterschiedliche Phasen zu beobachten sind. In der ersten Phase sind es die Veröffentlichungen, die gleich nach Beendigung des Zweiten Weltkrieges erschienen und in denen nach dem Abschluß des Görlitzer Vertrages von 1950 die Bedeutung der festgelegten und existierenden polnisch-deutschen Staatsgrenze im Mittelpunkt der Betrachtungen standen. Die zweite Phase beinhaltet Veröffentlichungen, die nach der Unterzeichnung des Vertrages über die Grundlagen der Normalisierung der gegenseitigen Beziehungen zwischen Polen und der Bundesrepublik am 7. Dezember 1970 in Warschau abgefaßt wurden. In der polnischen Historiographie war und ist man sich einig darüber, daß die aus dem Potsdamer Abkommen herrührenden Beschlüsse sowohl für Polen wie auch für andere europäische Staaten von lebenswichtiger Bedeutung sind.

Lange Zeit hindurch war die Arbeit von A. Klafkowski „Das Potsdamer Abkommen und die polnische Frage 1945—1970“ die einzige erwähnenswerte Abhandlung über dieses Thema, in der der Autor die Folgen der bedingungslosen Kapitulation und die Rechtsposition Polens im Jaltaer und Potsdamer Abkommen und somit die Rechtsposition der West- und Nordgebiete Polens erörtert. Der Autor kommt zu der Schlußfolgerung, daß der Begriff „unter Verwaltung“ nicht bedeuten sollte, daß Polen diese Gebiete unter zeitweilige Verwaltung bekommen hatte; sondern er sah diese Festlegungen im Zusammenhang mit der Aufforderung zur Aussiedlung der deutschen Bevölkerung aus diesen Gebieten. In einer anderen Arbeit verweist der Autor auf den endgültigen Charakter, den die polnisch-deutsche Grenze nach Potsdam erhalten sollte. Als Beweis dafür werden Aussagen westlicher Staatsmänner, Teilnehmer dieser Potsdamer Konferenz, zitiert, die davon zeugen, daß die Entscheidung über den Verlauf der Grenze nach Konsultationen mit Polen erfolgt war. Kritisch bewertet der Autor die Aussagen Churchills nach der Potsdamer Konferenz, indem er ihnen offizielle britische Aussagen aus den Jahren 1947—1948 gegenüberstellt[2].

Die 1969 von K. Skubiszewski über die Westgrenzen Polens herausgegebene Arbeit — 1975 ergänzt und erweitert unter dem neuen Titel „die Westgrenze Polens in den Verträgen“ — stellt einen weiteren wichtigen Beitrag in der polnischen Historiographie bezüglich dieser für Polen so lebenswichtigen Frage dar. In diesen Arbeiten wurde nicht nur dargestellt, wie die polnische Westgrenze historisch entstanden ist. In seiner Zusammenfassung in der ersten Veröffentlichung schrieb der Autor 1969, daß „die neue Grenze Ausgangspunkt für die Regelung der polnisch-deutschen Nachkriegsbedingungen“ sei, und nicht, wie von einigen Seiten in der Bundesrepublik verkündet werde, daß die Revision dieser Grenze erst die eigentliche Grundlage für diese Beziehungen schaffe. Der Autor unterstreicht dabei, daß die Aussiedlung der deutschen Bevölkerungsteile aus Polen ebenfalls einen vollendeten Fakt darstelle. In seiner Arbeit von 1975 zeigt K. Skubiszewski, daß man auch dann, wenn man die Veränderung der polnisch-deutschen Grenze nicht nach bisher traditionellen Kategorien des internationalen Rechts einordnen könne, die rechtlichen Grundlagen dieser Grenze nicht im geringsten abschwächen könne.

In Polen gibt es keinen Autor, der die Entstehung der Oder-Neiße-Grenze nicht vom Potsdamer Abkommen ableitet; es gibt keinen polnischen Wissenschaftler, der das Abkommen anders interpretiert denn als eine endgültige Bestätigung der polnischen Westgrenze. Anscheinend sollten im Potsdamer Abkommen die Begriffe vom Weiterbestehen des Dritten Reiches sowie Deutschlands in den Grenzen von 1937 enthalten sein. Deshalb wird an das entsprechende Fragment in der Diskussion der drei Großmächte in Potsdam erinnert, während der dieses Datum nur als Ausgangspunkt zur Diskussion betrachtet wurde, die dann bekanntlich mit der Festlegung der Westgrenze Polens an der Oder und Lausitzer Neiße ihren Abschluß fand. Die in der polnischen Historiographie vorgebrachten Argumente stellten somit gleichzeitig eine Art Antwort auf die in der Bundesrepublik so zahlreich erschienenen Arbeiten dar, in denen im Mittelpunkt die These von dem provisorischen Charakter der Potsdamer Beschlüsse in der Frage der deutsch-polnischen Grenze steht. Zum zweiten tritt das Problem der polnisch-deutschen Grenze in der polnischen Historiographie nach dem Abschluß des Normalisierungsvertrages im Dezember 1970 auf.

In der polnischen Geschichtswissenschaft wurde nicht nur die Ansicht vertreten, daß dieser Vertrag endgültig die Meinungsverschiedenheiten über die Grenzfrage zwischen Polen und der Bundesrepublik beseitigt hätte. Der Vertrag wurde aber auch als internationale Anerkennung dieser Grenze verstanden. Dabei bezog man sich auf die Tatsache, daß diesen Vertrag die Westmächte, hier besonders Großbritannien und die USA, begrüßt hätten. Die polnische Geschichtswissenschaft sah sich aber auch gezwungen, sich allen Versuchen zu widersetzen, diesen Vertrag anders als nach Geist und Buchstaben möglich zu interpretieren[3]. Hier möchte ich auf eine Arbeit von L. Gelberg verweisen, die unter dem Titel „Der Vertrag Polen—Bundesrepublik Deutschland“ als eine Rechtsanalyse veröffentlicht wurde. Verweisen möchte ich ferner auf die Publikation des Polnischen Instituts für Internationale Angelegenheiten aus dem Jahre 1985. In diesen Arbeiten wurden die einseitige, den bilateralen Vertrag betreffende Bundestagsentschließung vom 17. Mai 1972 als ein beide Seiten verpflichtendes Dokument abgelehnt. So heißt es in der Empfehlung Nr. 26: „Darin stellten beide Vertragspartner fest, daß die bestehende Grenzlinie, deren Verlauf in den Potsdamer Beschlüssen festgelegt ist, die westliche Staatsgrenze der Volksrepublik Polens bildet. Beide Staaten sichern einander ‚die Unverletzlichkeit ihrer bestehenden Grenzen jetzt und in Zukunft‘ und die ‚uneingeschränkte Achtung ihrer territorialen Integrität‘ zu. Sie erklärten, daß sie ‚gegeneinander keine Gebietsansprüche haben und solche auch in Zukunft nicht erheben werden‘.“ Das ist eine eindeutige, klare Vereinbarung. Selten kann man in der Geschichte der Diplomatie einen so kurzgefaßten Vertrag antreffen, der gleichwohl so wichtige Fragen geregelt hat. L. Janickis Arbeit unter dem Titel „Die Bundesrepublik Deutschland und die territorial-politischen Folgen der Niederlage und des Untergangs des Deutschen Reiches“ gehört zu den wichtigsten Beiträgen über diese Thematik. In der zitierten Arbeit wird nicht nur die Haltung der Bundesrepublik gegenüber Polen nach dem Zweiten Weltkrieg kritisch beleuchtet, sondern es werden auch die Urteile des Bundesverfassungsgerichts einer sachlichen Analyse unterzogen. In der Arbeit J. Sułeks „Die Haltung der Bundesrepublik Deutschland gegenüber der Grenze an der Oder und Lausitzer Neiße in den Jahren 1949—1966“ (Poznań 1969) finden wir eine politologische Analyse dieser Problematik.

In diesem Zusammenhang muß man unbedingt auch auf die fundamentale Arbeit G. Labudas über die polnische Westgrenze in den letzten 1000 Jahren, die im Jahre 1971 veröffentlicht wurde, verweisen. Die Beschreibung der tausendjährigen Geschichte dieser Grenze hört beim Vertrag auf. Aber gleichzeitig haben die kommenden 1000 Jahre den Autor dazu veranlaßt, den letzten Satz wie folgt zu formulieren: „Die Zukunft wird zeigen, ob tatsächlich im Jahre 1970 ein neuer Abschnitt in der Geschichte der polnischen Westgrenze begonnen hat. Die Buchstaben des Vertrages schaffen Bedingungen für gutnachbarliche Beziehungen, doch die Beziehungen selbst werden durch menschliches Handeln geprägt.“ Diese vorsichtige Prognose stimmt dagegen nicht mit der allzu optimistisch klingenden Einschätzung der gewünschten künftigen polnisch-deutschen Beziehungen überein, wie wir sie in der 1972 in Poznań herausgegebenen Gemeinschaftsarbeit „Polen-BRD-Voraussetzungen des Prozesses der Normalisierung der Beziehungen“ finden.

In der polnischen Literatur, die dieser Frage gewidmet war, wurden nicht nur die bilateralen Beziehungen zwischen Polen und der Bundesrepublik, wenn auch solche bis zum Jahre 1972 nicht bestanden, analysiert, sondern die bilateralen Beziehungen wurden immer im internationalen Kontext gesehen. Und wenn wir die Arbeiten über die bilateralen Beziehungen zwischen Polen und der Bundesrepublik analysieren, so kann man diese natürlich nicht von der Thematik der Beziehungen zwischen Polen und der DDR isolieren. War es doch gerade dieser Staat, der die Grenze an der Oder und Lausitzer Neiße anerkannt und damit die Grundlagen für eine neue Art der polnisch-deutschen Beziehungen hergestellt hatte. Die dazu erschienenen Arbeiten können an dieser Stelle nicht weiter erörtert werden. Erwähnen zumindestens sollte man diese aber unbedingt.

In den polnischen Analysen über das Grenzproblem und über die Normalisierung der Beziehungen standen die Fragen der europäischen Sicherheit immer im Vordergrund. Bereits im Jahre 1945, nach der Potsdamer Konferenz, wurden von Polen die dort gefaßten Beschlüsse zu den Grenzfragen und zur Bevölkerungsumsiedlung als ein wichtiges Element zur Sicherung des Friedens in Europa angesehen. So wie der 1. September 1939 den Frieden in Europa zerstörte, sollte Potsdam den Frieden wieder herstellen.

Die Frage der Umsiedlung der deutschen Bevölkerungsteile aus Polen ist neben der Rechtsproblematik der deutsch-polnischen Grenze ein weiteres Problem, über das zahlreiche Publikationen erschienen sind. Bereits kurz nach dem Kriege schreiben darüber: W. L. Głowacki, Z. Izdebski, A. Klafkowski, St. Korowicz, M. Olechnowicz; über die völkerrechtlichen Aspekte schrieben u. a. B. Wiewióra, L. Gelberg, K. Skubiszewski, wobei der letztere sich besonders intensiv mit dieser Problematik beschäftigte, darüber mehrere Abhandlungen und eine größere Monografie publizierte, in der er das Problem umfassend analysierte. Hierin wurden folgende Fragen behandelt: internationaler Schutz für die Minderheiten nach dem Ersten Weltkrieg, das Verhalten der deutschen Minderheit in der Tschechoslowakei und in Polen, die Aussiedlungen auf dem Balkan und in Asien am Anfang des 20. Jahrhunderts, die durch die Deutschen initiierten Bevölkerungsbewegungen in Europa, Pläne und Verhandlungen der Alliierten während des Zweiten Weltkrieges zur Frage der Aussiedlung der Deutschen, die Potsdamer Beschlüsse und ihre Realisierung sowie die Frage der völkerrechtlichen Grundlagen. K. Skubiszewski untersucht die Frage der Aussiedlung der Deutschen an Hand der in der Endphase des Zweiten Weltkrieges geltenden Prinzipien des Völkerrechts. Die Aussiedlung ist nach Meinung des Autors rechtmäßig geschehen auf der Grundlage des Selbstbestimmungsrechts der Völker und der Achtung der Menschenrechte. Außerdem kam der Autor zu der Schlußfolgerung, daß die Aussiedlung der Deutschen nicht im Widerspruch zum Völkerrecht stand, da diese mit Einverständnis der Staaten erfolgte, aus denen die Deutschen ausgesiedelt werden sollten, sowie der Staaten, die die ausgesiedelte deutsche Bevölkerung aufnehmen sollten. Die Hoheitsgewalt über Deutschland lag damals in den Händen des Alliierten Kontrollrats und bei den Gouverneuren der jeweiligen Besatzungszonen. Ihre Entscheidung war gleichbedeutend mit der einer deutschen Regierung. Die vier Großmächte waren nicht einfache Besatzungsmächte, sondern sie übten die Hoheitsgewalt über Deutschland aus. Die Lage Deutschlands nach dem Zweiten Weltkrieg wird als einmalig angesehen, was eben zur Folge hatte, daß die Aussiedlungen sowohl faktisch als auch rechtlich möglich wurden. Sie wurde betrachtet als ein Element der internationalen Ordnung, in deren Rahmen sich das Zusammenleben zwischen Polen und Deutschen erleichtern ließ.

Die Frage der Aussiedlung der Deutschen aus Polen war auch Gegenstand zahlreicher Abhandlungen, die nicht juristisch, sondern politisch und historisch ansetzten. Hier sollte man Arbeiten von A. J. Kamiński, H. Chabros, S. Schimitzek, R. Buchała, S. Banasiak, T. Białevki, B. Pasierb, wie auch K. Kersten erwähnen, die dieses Problem umfassend am Beispiel zwischen-staatlicher Bevölkerungsumsiedlungen im 20. Jahrhundert darlegte.[4]

K. Skubiszewski, A. Klafkowski wie auch andere polnische Autoren stellen nicht in Frage, daß bei der Aussiedlung Zwangselemente vorhanden gewesen waren. Doch sie lenken die Aufmerksamkeit auf die Rechtmäßigkeit dieses Schrittes. Der polnische Autor A. Wł. Walczak übernimmt in seiner Arbeit „BHE — westdeutsche Partei der Umsiedler“ die Analyse des Prozesses der Eingliederung ausgesiedelter Personen in das wirtschaftliche und gesellschaftliche Leben der Bundesrepublik, die noch vor der heranrückenden Front im Jahre 1945 geflüchtet sind. Dieses Thema stand jedoch in der polnischen Deutschlandliteratur nicht im Vordergrund. Aufmerksamkeit wurde aber der politischen Haltung dieser Gruppierungen gewidmet. In diesen sah man nicht nur ein störendes Element für den Normalisierungsprozeß, sondern auch ein potentielles Hindernis für ein friedliches Nebeneinander der Völker in Europa.[5]

Da damals die gegenseitigen Beziehungen kaum entwickelt waren, stand im Mittelpunkt des gegenseitigen Interesses eben die Frage der Haltung der Bundesrepublik gegenüber der Grenze an Oder und Neiße.[6] Diese Frage wurde jedoch im Zusammenhang mit der politischen Entwicklung der Bundesrepublik wie auch den rechtlichen Aspekten des territorialen Revisionismus dieses Staates behandelt. In den grundlegenden Arbeiten von K. Skubiszewski und A. Klafkowski wurde die Ansicht vertreten, daß die negative Haltung der Bundesrepublik gegenüber der Anerkennung der deutsch-polnischen Grenze an Oder und Lausitzer Neiße einen großen negativen Einfluß auf die gesamten Beziehungen damals wie auch später ausgeübt habe. A. Klafkowski warf der Bundesrepublik vor, daß sie die allgemeinen Prinzipien für das Zusammenleben von Staaten mißachtet. Er unterstrich, daß dieser Staat gegenüber Polen eine feindliche Haltung eingenommen hatte, was gleichzeitig den Prozeß der Normalisierung der gegenseitigen Beziehungen verhinderte.[7]

In diesem Zusammenhang sollte man noch auf eine Gruppe polnischer Autoren verweisen, bei denen ein anderes, jedoch eng mit der Grenzproblematik verbundenes Thema im Mittelpunkt stand. Hier meine ich vor allem solche Arbeiten, die sich kritisch mit solchen Konzeptionen wie „Recht auf Heimat" auseinandersetzten. Bekanntlich basierte diese Konzeption auf der Auffassung, daß die Aussiedlung der Deutschen gegen die Normen des Völkerrechts erfolgt war. Demgegenüber stellte K. Skubiszewski fest, daß im heutigen Völkerrecht kein Recht auf Heimat existiere. Diese Frage beleuchtete eingehend der polnische Autor R. Buchała.[8]

Doch das, was in Polen am meisten und am aufmerksamsten verfolgt wurde, war die Ostpolitik der Bundesrepublik. Hierzu erschienen in der polnischen Historiographie wertvolle Arbeiten. Weiter oben erwähnte ich bereits die Arbeiten polnischer Autoren, in denen die Haltung der Bundesrepublik gegenüber der Oder-Neiße-Grenze untersucht wurden, und zwar auch aus der Sicht der gesamten Ostpolitik der Bundesrepublik. Aspekte der Ostpolitik der Bundesrepublik wurden von solchen polnischen Autoren berührt, die u. a. die Haltung der Bundesrepublik zu den Potsdamer Beschlüssen untersuchten. War doch die Ablehnung dieses Vertrages eben ein Teil der Ostpolitik, indem die Rechtmäßigkeit der festgelegten Grenze in diesem Vertrag nicht anerkannt wurde. An dieser Stelle werden wir diese Arbeiten nicht noch einmal anführen. Doch sicher ist es interessant zu erwähnen, daß die Arbeiten polnischer Autoren zu diesem Thema gerade nach 1956 erscheinen, als die demokratischen Veränderungen in Polen ein wachsendes Interesse in Polen an der Bundesrepublik hervorriefen. Das war auch die Zeit, als die Regierung der Bundesrepublik zu Problemen Polens Stellung nahm, die sich allerdings nur auf die Ablehnung der polnischen Westgrenze beschränkten.

In Polen beginnt man sich in der Literatur mit den Grundlagen der Bonner Ostpolitik auseinanderzusetzen. B. Wiewióra schrieb in seiner 1963 veröffentlichten Arbeit, daß die Bonner Ostpolitik in Abhängigkeit der Bundesrepublik von den Westmächten formuliert werde, in der Hoffnung, daß die Grenzfrage als ein Element benutzt werden könnte, die sozialistischen Länder gegeneinander auszuspielen. J. Sułek schrieb in seiner Arbeit „Die Haltung der Regierung der Bundesrepublik gegenüber der Oder-Neiße-Grenze", in der er das für Polen so lebenswichtige Problem komplex behandelte, daß die Regierung der Bundesrepublik sich bewußt sei, den gegenwärtigen Grenzverlauf an Oder und Neiße nicht unter Gewaltanwendung revidieren zu können. Das würde aber nicht bedeuten, daß sie in der Zukunft nicht die Möglichkeit ausschließe, die polnisch-deutsche Grenzfrage gewaltsam lösen zu wollen; dies finde u. a. in der verstärkten Aufrüstung der Bundeswehr seinen Ausdruck, obwohl gleichzeitig betont werde, man beabsichtige, das „strittige" Grenzproblem zu Polen friedlich regeln zu wollen. Der Stand der Beziehungen zwischen Polen und der Bundesrepublik fand also seinen Ausdruck in der eindeutigen Interpretierung der Ziele der Bundesrepublik gegenüber Polen. Sogar als nach der Kanzlerschaft Adenauers die nachfolgenden Regierungen der Bundesrepublik unter Erhard und Kiesinger eine flexiblere Politik gegenüber Polen begannen, verzichteten sie dennoch nicht auf die prinzipiellen Grundlagen der Politik der Bundesrepublik gegenüber Polen. Die polnischen Autoren zeigten damals wenig Verständnis für diese taktische Flexibilität.

Die Veränderungen, die der Oktober 1956 in der bundesdeutschen Bevölkerung gegenüber Polen mit sich brachte, blieben auch in der polnischen Historiographie nicht unbemerkt.[9] Natürlich konnte man nicht erwarten, daß in größeren Abhandlungen dieses eingehend Beachtung fand. Doch in zahlreichen kleineren Arbeiten konnte man die Stimmen und Aussagen solcher gesellschaftlichen Gruppen in der Bundesrepublik erwähnt finden, die eine Aussöhnung mit Polen forderten. G. Labuda stellt in der oben zitierten Arbeit über die polnische Westgrenze fest, daß solche Aussagen wie das Memorandum des Rates der evangelischen Kirche und das Memorandum der deutschen Katholiken über die polnisch-deutschen Probleme Einfluß ausübten auf die Herausbildung der deutschen öffentlichen Meinung. Aber der gleiche Autor stellt auch fest, daß sich revisionistische und extrem rechts orientierte Aktivitäten in diesen Jahren ebenfalls verstärkt haben. Über die Veränderungen der öffentlichen Meinung der Bundesrepublik gegenüber Polen schrieb auch M. Tomala. In seiner 1982 veröffentlichten Arbeit „Die öffentliche Meinung in der Bundesrepublik gegenüber dem Normalisierungsprozeß in den Beziehungen zu Polen in den Jahren 1965–1980" kam er auf dieses Thema zurück. In dieser Arbeit wird die langsame aber ständige Evolution der westdeutschen öffentlichen Meinung gegenüber Polen gezeigt. Polen wurde nicht mehr als Staat als solcher in Frage gestellt, sondern man sah in Polen ein beständiges Element auf unserem Kontinent. In allen polnischen Publikationen, sei es in den historischen, völkerrechtlichen, sei es in den populärwissenschaftlichen, wurde jedoch die Notwendigkeit einer Anerkennung der Oder-Neiße-Grenze durch die Regierung der Bundesrepublik unterstrichen als Bedingung für die Normalisierung der gegenseitigen zwischenstaatlichen Beziehungen.

Die Beziehungen Polens zur Bundesrepublik wurden auch unter ökonomischen Aspekten untersucht.[10] Anfangs schrieb ich bereits darüber, welch hervorstechendes Element in den Beziehungen gerade das Ökonomische ist. Wenn auch in der polnischen Literatur auf der einen Seite ein Nachdruck auf die Schwierigkeiten in den politischen Beziehungen gesetzt war, so konnten auf der anderen Seite die Autoren, die sich mit den ökonomischen Beziehungen befaßten, den politischen Aspekt nicht außer acht lassen, weil doch gerade dieser bei der Errichtung der Handelsvertretungen im Jahre 1963 von Bedeutung war. In der polnischen öffentlichen Meinung unterstütze man so eine Entwicklung, nach der der Handel jetzt der Fahne den Weg ebnen sollte. Hatten doch ebenfalls zahlreiche Publikationen in der Bundesrepublik von einer solchen Notwendigkeit gesprochen. Solche Einschätzungen wurden durch historische Arbeiten bekräftigt. Hier sei u. a. nur die Monographie von W. Grabska erwähnt über die Geschichte der deutschen Wirtschaftsexpansion nach Osten. Aktualisiert wird dieses Thema auch in den unlängst erschienenen Arbeiten von Z. Nowak und M. Tomala über „Export-Expansion der Bundesrepublik" oder auch in Arbeiten, die den Wirtschaftsbeziehungen Polens zur Bundesrepublik gewidmet sind. In diesen Arbeiten wurde untersucht, wie es gerade die Wirtschaftsbeziehungen waren, die die Bewältigung der Vergangenheit erleichtert und den Weg dazu gebahnt haben, daß die Bundesrepublik zum größten Handelspartner Polens unter den westeuropäischen Ländern geworden ist und auch den zweiten Platz nach der UdSSR im polnischen Außenhandel einnehmen konnte. In diesen Arbeiten wurde deutlich gezeigt, wie stark und eng in den gegenwärtigen Beziehungen zwischen beiden Staaten die wirtschaftlichen Interessen mit den politischen verbunden sind und wie dadurch Abhängigkeitsverhältnisse entstehen.

In der polnischen Literatur wurde auch der Frage der Verfolgung und Bestrafung von Kriegsverbrechen in der Bundesrepublik große Aufmerksamkeit geschenkt. Die polnischen Publikationen dazu sind eine lebendige Illustration zur Empfehlung Nr. 24, in der es u. a. heißt: „Die Art und Weise, wie die Auseinandersetzung mit der nationalsozialistischen Vergangenheit häufig geführt wurde, insbesondere Inkonsequenzen bei der Durchführung der Entnazifizierung und der gerichtlichen Verfolgung nationalsozialistischer Verbrechen, haben die Beziehungen der Bundesrepublik Deutschland zu Polen und zu anderen Ländern in vieler Hinsicht belastet."

Die polnischen Autoren waren sich darin einig, daß die Frage der Verfolgung von Kriegsverbrechern sowohl ein beispielhafter Aspekt des Völkerrechts und des Strafrechts, aber auch ein politisches Problem darstellte.[11]

Als die wohl beste Arbeit auf diesem Gebiet kann man die umfangreiche und ausführliche Monographie von A. Klafkowski bezeichnen, die unter dem Titel „Verfolgung der Kriegsverbrecher in der Bundesrepublik im Lichte des Völkerrechts" erschienen ist. Der Autor beschäftigte sich in seinen Forschungen auch mit der Frage der Kriegsentschädigung. In zahlreichen Arbeiten behandelt er nicht nur das Problem der Reparation – diese sieht er als ein abgeschlossenes Kapitel an –, sondern untersucht auch Fragen der Entschädigung für die zur Zwangsarbeit Deportierten. Im Vordergrund seiner Arbeiten steht also auch das Problem der Zwangsarbeit der Polen in Deutschland. Viele polnische Autoren sind heute auch noch der Ansicht, daß die Regierung der Bundesrepublik in der Rechtsnachfolge des Dritten Reiches volle Verantwortung in dieser Frage gegenüber jenen Staaten zu tragen habe, deren Bürger diskriminiert wurden.

Diese Problematik wurde in der polnischen Literatur nach dem Jahre 1976 wieder aufgenommen. L. Gelberg vertrat in seiner Arbeit „Die Normalisierung der Beziehungen zwischen Polen und der Bundesrepublik" die Ansicht, daß das Problem der Entschädigung für die polnischen Opfer des Hitlerterrors noch nicht gelöst sei.[12]

Obwohl ich mich in dieser Arbeit auf wissenschaftliche und populärwissenschaftliche Veröffentlichungen über die bilateralen Beziehungen zwischen Polen und der Bundesrepublik begrenze, kann ich dabei doch eine Reihe von grundsätzlichen Publikationen, die der Problematik der Bundesrepublik Deutschland gewidmet sind, nicht unberücksichtigt lassen. Niemand, der sich für die Entwicklung dieses Staates interessiert, auch im Rahmen der bilateralen Beziehungen zu Polen, kann eine Arbeit z. B. wie „Die Geschichte der Bundesrepublik", die 1979 in Warschau von J. Krasucki herausgegeben worden ist, außer acht lassen. Diese Monographie wurde inzwischen schon mehrfach neu aufgelegt. Und sicher werden wir es nicht mit der letzten Ausgabe zu tun haben.

Zu den Lehrbüchern. Zu solchen Arbeiten möchte ich die 1986 erschienene Arbeit von A. Czubiński und J. Strzelczyk „Abriß der Geschichte Deutschlands und der nach dem Zweiten Weltkrieg entstandenen deutschen Staaten" rechnen. Die Entstehung der Bundesrepublik wurde hier synthetisch und in Übereinstimmung mit den gemeinsamen Schulbuchempfehlungen dargestellt.

Die Gemeinschaftsarbeit „Die Bundesrepublik Deutschland in der Zeit der sozial-liberalen Regierungskoalition 1969–1982" (Poznań 1985) kann als eine Monographie gelten. Insgesamt ist es jedoch nicht einfach, diese Arbeit in dem hier behandelten Rahmen zu werten, da die Autoren zweimal, und zwar auf den Seiten 378 und 397 feststellen, daß sie in dieser Arbeit die Normalisierungsverträge nicht analysieren und deshalb den Leser auf einschlägige andere Arbeiten verweisen.

Die Arbeit „Die Volksrepublik Polen – Bundesrepublik Deutschland. Bilanz der gegenseitigen Beziehungen und der Perspektiven der Normalisierung", 1979 zusammen vom PISM und dem Alfred Metzner Verlag in polnischer als auch deutscher Sprache herausgegeben, stellt eine besondere Art von Literatur dar. In einem Buch schreiben polnische und bundesdeutsche Autoren. Das behandelte Spektrum ist hier äußerst breit und umfaßt sowohl politische als auch wirtschaftliche und kulturelle Aspekte. Jede Seite präsentiert ihren eigenen Standpunkt. Wir haben es also mit unterschiedlichen Interpretationen zu tun. Das war aber nicht die erste Gemeinschaftsarbeit zwischen den Wissenschaftlern beider Staaten. Hier sollte man an die 1974 von H. A. Jacobsen und M. Tomala in deutscher Sprache herausgegebene Publikation „Wie Polen und Deutsche einander sehen" erinnern. Diese Ausgabe sollte anfangs auch in polnischer Sprache herauskommen. Leider kam es nicht dazu, obwohl die polnischen sowie auch die bundesdeutschen Wissenschaftler diese Arbeit als eine wertvolle Publikation einschätzten, als überhaupt die erste nach langer Zeit vordergründiger Polemik und Kontroversen.

1976 beginnt ein Wendepunkt in den Publikationen zum Thema Polen–Bundesrepublik. Nach den Schulbuchempfehlungen von 1976 wurden diese immer mehr berücksichtigt. In Polen wurde nach 1976 jedoch weniger dazu veröffentlicht. Das, was erschien, befaßte sich eher mit recht kontroversen Fragen, die in den Empfehlungen bis dahin noch nicht aufgearbeitet worden waren.

Bei der Darstellung unseres Themas kommen gewisse Widersprüche auf. Auf der einen Seite sollte ich die gesamte Problematik der Beziehungen zwischen Polen und der Bundesrepublik Deutschland in den Jahren 1945–1975, wie sie in der Literatur dargestellt wurde, wiedergeben. Auf der anderen Seite sollte ich aber auch auf die Frage antworten, inwieweit sich die gemeinsamen Schulbuchempfehlungen in den angeführten Arbeiten niederschlagen.

Man könnte hierauf natürlich antworten, daß die Schulbuchempfehlungen erst im Jahre 1976 angenommen wurden. Doch es geht um den konkreten Inhalt der damaligen Veröffentlichungen, der nicht selten Merkmale des politischen Klimas trug.

In späteren Jahren finden die Schulbuchempfehlungen immer mehr Eingang in die analytische Darstellung. Doch in diesen Publikationen beschäftigt man sich schon mehr mit anderen, mit neuen Problemen. Themen, die nach 1945 im Vordergrund der Betrachtung standen, waren inzwischen nicht mehr aktuell. So konnten inzwischen solche Probleme wie z. B. die Anerkennung der Oder- und Neiße-Grenze gelöst werden. Nun standen andere Fragen zur Diskussion in den bilateralen Beziehungen zwischen beiden Staaten. Dazu gehörten u. a. die Frage der Familienzusammenführung oder auch die Frage der zivilrechtlichen Entschädigung. Diese hier angeführte Problematik wurde nach 1975 auch noch nicht in den Schulbuchempfehlungen berücksichtigt. So können diese Art von Arbeiten auch nicht eingeschätzt werden, ob sie im Einklang mit den Schulbuchempfehlungen standen.

Ein anderes Problem zwischen beiden Staaten, das Gegenstand der Diskussion wurde, waren die rechtlichen Aspekte der polnisch-bundesdeutschen Beziehungen aufgrund der unterschiedlichen Interpretationen des Vertrages vom 7. Dezember 1970 durch einige bundesdeutsche Autoren und Institutionen, auch der Regierung einerseits und der polnischen Seite andererseits.

Und noch auf eine Tatsache sollte man in diesem Zusammenhang verweisen, nämlich daß gerade in Polen eine äußerst umfangreiche Literatur über die polnisch-deutschen Beziehungen nach 1945 entstanden war. In der im Jahre 1971 vom Westinstitut in Poznań herausgegebenen Studie unter dem Titel „Das zeitgenössische Deutschland im polnischen Schrifttum 1945—1970" wurde aufgerechnet, daß 562 Autoren sich mit der Problematik der polnisch-deutschen Beziehungen sowie auch den Beziehungen zwischen beiden deutschen Staaten beschäftigt hatten. Zahlreich waren also die Autoren in Polen, die in ihren Schriften das Problem des Nachkriegsdeutschlands behandelten. Diese Zahl zeigt aber auch, welche emotionale Bindung die Polen diesem Problem gegenüber hatten. Einige der Autoren habe ich in dieser Arbeit bereits zitiert.

Was die inhaltliche Seite betrifft, so waren vor allem die Studien und Schriften von Bedeutung, in denen sich Juristen, Völkerrechtler engagiert mit der polnisch-deutschen Problematik auseinandersetzten. Diese Wertbeimessung sollte aber nicht die vielen anderen Arbeiten in ihrem Gewicht herabsetzen. Wertvolle Arbeiten erschienen auch aus der Feder von Ökonomen, Soziologen und Politologen. Unerwähnt dürfen auch nicht die vielen Veröffentlichungen bleiben, die die kulturellen Beziehungen zwischen beiden Staaten darstellten. Wie wir also sehen können, wurde die zeitgenössische Problematik der gegenseitigen bilateralen Beziehungen umfangreich und der Thematik nach recht vielschichtig mit deutlich gesetzten Schwerpunkten behandelt.

Vor der Aufnahme der diplomatischen Beziehungen zur Bundesrepublik wurde vor allem die innenpolitische Entwicklung der Bundesrepublik erforscht. Und was die außenpolitische Problematik betrifft, standen hier natürlich die nationalen Interessen Polens im Vordergrund. Heute hat sich dieses Bild nun doch schon wesentlich verändert, und andere Schwerpunkte wurden gesetzt.

Wenn wir also das politische Gedankengut in Polen über die polnisch-deutschen Beziehungen in dem uns interessierenden Zeitraum einschätzen wollen, so müssen wir das Gewicht der gesamten Problematik wie auch den historischen Zeitraum sehen, in dem diese Arbeiten entstanden waren. Wir müssen aber auch daran erinnern, daß gerade die ersten Arbeiten nach 1945 noch während der Okkupation geschrieben oder zumindestens konzipiert wurden. Die Sprache in diesen Büchern und Aufsätzen konnte gar nicht ruhig und ausgewogen sein. Doch wenn wir diese vom sachlichen Inhalt her einer Einschätzung unterziehen würden, so müßten wir feststellen, daß es hierin wenig gibt, was meritorisch unsachlich und falsch dargestellt worden wäre. Gerade die in der Bundesrepublik unternommenen Angriffe und die Negierung all dessen, was mit der westlichen Grenze Polens zusammenhing, waren Ursache dafür, daß in den polnischen Veröffentlichungen rechtliche, politische und historische Argumente verwendet wurden, um mit Nachdruck das Recht Polens auf diese Grenze und auf die West- und Nordgebiete Polens zu begründen.

Aus dieser Entstehungszeit wie auch aus den Jahren nach dem Ersten Weltkrieg — wozu eine Analogie gezogen wurde — rührt die Reaktivierung des Begriffs „westdeutscher Territorialrevisionismus" im polnischen Schrifttum her. Doch schauen wir uns in diesem Zusammenhang die gemeinsamen Schulbuchempfehlungen für den Zeitraum nach 1945 an, in denen es u. a. heißt: „Dagegen sah die Bundesrepublik den Schwerpunkt ihrer Außenpolitik in der Westintegration und in der Aufrechterhaltung der Wiedervereinigungsmöglichkeiten auf der Grundlage der Prinzipien der Deutschland- und Ostpolitik. Dies bedeutete die Nichtanerkennung der Oder-Neiße-Grenze." (Schulbuchempfehlung Nr. 25)

Zum Abschluß sollten wir also zusammenfassen, daß gerade die Spezifik der gegenseitigen Beziehungen, der Polens gegenüber der Bundesrepublik Deutschland wie auch der der Bundesrepublik Deutschland gegenüber Polen, ihre Widerspiegelung im reichen politischen, historischen, ökonomischen und kulturellen Schrifttum dieser Zeit findet.

Anmerkungen

[1] *Alfons Klafkowski:* Nowe państwo niemieckie w stadium organizacji, in: Przegląd Zachodni, 1946, Nr. 1; Zagadnienie centralnej władzy niemieckiej, in: Przegląd Zachodni, 1948, Nr. 9–10; Umowa Poczdamska z dnia 2.VIII. 1945, Warszawa 1960. – Krzysztof Skubiszewski: Zagadnienie państwa niemieckiego w prawie międzynarodowym, in: Przegląd Zachodni, 1950, Nr. 5–6; Położenie prawno-administracyjne Niemiec po ich bezwarunkowej kapitulacji, in: Przegląd Zachodni, 1949, Nr. 9–10.

[2] Am bekanntesten: *Alfons Klafkowski:* Podstawy prawne granicy Odra-Nysa na tle umów: jałtamskiej i poczdamskiej, Poznań 1947; Umowa Poczdamska a sprawy polskie 1945–1970, Poznań 1970. – Układ Polska – NRF z 7 grudnia 1970 / podstawy interpretacji w świetle prawa międzynarodowego / Warszawa, S. 109, auch auf Deutsch: Der Vertrag zwischen der Volksrepublik Polen und der Bundesrepublik Deutschland, Warszawa 1973. – Die deutsch-polnische Grenze nach dem II. Weltkrieg. Poznań 1970. – Krzysztof Skubiszewski: Zachodnia granica polski, Gdańsk 1969; Zachodnia granica Polski w świetle traktatów, Poznań, 1975; Umowa poczdamska jako jedyna podstawa prawna układu terytorialnego Niemiec, in: Przegląd Zachodni, 1952, Nr. 7–8. – Darüber schrieben auch: *Bolesław Wiewióra:* Poczdamskie decyzje o granicy Odra-Nysa Łużycka, in: Przegląd Zachodni, 1955, Nr. 5–6; *Andrzej Bramson:* Z zagadnień prawnych granicy nad Odrą i Nysą, Warszawa 1957; Granica na Odrze i Nysie, Podstawy prawne oraz krytyczna analiza doktryn rewizjonistycznych, in: Studia Prawnicze, 1964, Nr. 4; Bolesław Wiewióra: Granica na Odrze i Nysie Łużyckiej a Karta Narodów Zjednoczonych, in: Przegląd Zachodni, 1957, Nr. 2.

[3] Zu den erwähnenswerten Publikationen dieser Periode gehören: PISM-Interpress: Układ PRL-RFN z grudnia 1970 roku a proces normalizaccji, Warszawa 1985; *Ludwik Gelber:* Układ PRL-NRF, Wrocław 1974; Normalizacja stosunków PRL-RFN, Warszawa 1978; *Lech Janicki:* Republika Federalna Niemiec wobec terytorialno-politycznych następstw klęski i upadku Rzeszy, Poznań 1982; *Józef Kokot:* Od Poczdamu do Helsinek, Opole 1974; Logika Poczdamu, Katowice 1957; *Gerard Labuda:* Polska granica zachodnia, Poznań 1971.

[4] *A. Banasiak:* Przesiedlenie Niemców z Polski w latach 1945–1950, Łódź 1968; *T. Bialecki:* Przesiedlenie ludności niemieckiej z Pomorza Zachodnieg po II wojnie światowej, Poznań 1969; *Rudolf Buchaża:* Tabu. Przesiedlenie ludnoścci niemieckiej po II wojnie światowej, in: Więź, 1967, Nr. 5; *K. Izdebski:* Postawy prawne wysiedlenia Niemców, in: Strażnica Zachodni, 1947; *Krystyna Kersten:* Międzynarodowe przesiedlenia ludności XX wieku, in: Kwartalnik Historyczny, 1966, Nr. 1; *Alfons Klafkowski:* Podstawy prawne wysiedlenia ludności niemieckiej z Polski, in: Administracja Samorząd na Ziemiarz Odzyskanych, 1947, Seria A; *Marek St. Korowicz:* Przesiedlenie czy międzynarodowa ochrona mniejszości narodowych, in: Stranica Zachodnia, 1947; *Bolesław Pasierb:* Migracja ludności niemieckiej z Dolnego Śląska w latach 1944–1947, Wrocław 1969; *R. Schimitzek:* Przeciwko fałszerstwom, Warszawa 1966; *Krzysztof Skubiszewski:* Wysiedlenie Niemców po drugiej wojnie światowej, Warszawa 1968; *Bolesław Wiewióra:* Zagadnienie przesiedleńców niemieckich w świetle prawa miedzynarodowego, in: Przegląd Zachodni, 1962, Nr. 7–8.

[5] Eine der bekanntesten Arbeiten auf diesem Gebiet ist die Publikation von *Andrzej Józef Kamiński:* Śladami Hakaty, Warszawa 1966.

[6] *Antoni Władysław Walczak:* BHE zachodnioniemiecka partia przesiedleńsów, Poznań 1967.

[7] *A. Klafkowski* schrieb in seiner Arbeit Umowa Poczdamska a sprawy Polski 1945–1970 auf S. 170 folgendes: „Die Haltung der BRD gegenüber Polen verletzt die allgemein anerkannten Grundsätze des Zusammenlebens der Staaten und zeigt, daß außer des Kriegs- und Friedenszustandes die BRD noch eine dritte Art von internationalen Beziehungen geschaffen hat, einen Zustand der feindlichen Abgrenzung gegenüber Polen und anderen Staaten." Es ist aber doch allgemein bekannt, daß sich die Bundesrepublik selbst in Folge ihrer Ostpolitik, der Politik der Nichtanerkennung der DDR, in Europa isoliert hatte. Der Abschluß der Normalisierungsverträge mit den sozialistischen Ländern war ein beredtes Zeugnis dafür.

[8] Dazu zählen Arbeiten wie die von *Remigiusz Bierzanek:* Das Recht auf Heimat, in: Prawo międzynarodowe, Warszawa 1962; Volksgruppenrecht i Heimat, in: Sprawy Międzynarodowe, 1960, Nr. 2; und *Rudolf Buchała:* Uwagi o tzw. Recht auf die Heimat, in: Sprawy Międzynarodowe, 1965, Nr. 7–9; Tzw. Recht auf die Heimat w świetle współczesnego prawa międzynarodowego, in: Kommunikaty Instytutu Bałtyckiego, 1966, Nr. 5; und *R. Martuszewski:* Heimatrecht

(stosunek Niemców do problematyki Ziem Zachodnich), in: Warmia i Mazury, 1957, Nr. 7; und *Bolesław Wiewióra:* Tzw. Recht auf die Heimat (Przyczynek do studiów nad zachodnioniemiecką doktryną prawa międzynarodowego), in: Przegląd Zachodni, 1958, Nr. 5.

[9] Unter den zahlreichen Arbeiten polnischer Autoren sollte man u. a. erwähnen: *Józef Frieske:* Polityka wschodnia NRF, in: Sprawy Międzynarodowe, 1957, Nr. 12; *Andrzej J. Kamiński:* Rodowód polityki zagranicznej Bonn, in: Przegląd Zachodni, 1951, Nr. 5–6; *Franciszek Ryszka:* Stanowisko Polski w kwestii niemieckiej w 20 lat polityki zagranicznej Polski Ludowej, Warszawa 1964; *Andrzej Skowroński:* Polska a problem Niemiec 1945–1965, Warszawa 1967; *Jerzy Sobczak;* Polityka wschodnia NRF w okresie rządów Erharda, Warszawa 1971; *Jerzy Sułek:* Polityka wschodnia rządu „wielkiej koalicji" 1966–1969, Warszawa 1972; *Antoni Walczak:* Rodowód polityki wschodniej NRF, Warszawa 1969; Polityka Niemieckiej Republiki Federalnej wobec Polski (1949–1961), in: Studia o Niemczech Współczesnych, T. I. Warszawa 1965; *Bolesław Wiewióra:* Problem nawiązania stosunków dyplomatycznych między Polską a Niemiecką Republiką Federalną, in: Przegląd Zachodni, 1957, Nr. 3; Współczesna polityka wschodnia Niemieckiej Republiki Federalnej, Poznań 1963; *Mieczysław Tomala:* Koncepcje polityki wschodniej w NRF, in: Sprawy Międzynarodowe, 1959, Nr. 4–5; Polityka wschodnia NRF 1966–1968, Warszawa, 1969; Polityka wschodnia NRF, wybrane kierunki i problemy, Katowice 1973; Polityka wschodnia rządu Brandta 1969–1972, Warszawa 1972; Nowe elementy w polityce zagranicznej (ze szczególnym uwzględnieniem „polityki wschodniej"), in: Studia o Niemczech współczesnych, Bd. II, Warszawa 1967.

[10] Zu den polnischen Autoren, die die Wirtschaftsbeziehungen zwischen Polen und der Bundesrepublik untersuchten und diese im Zusammenhang mit der Ostpolitik analysierten, gehören: *Wirginia Grabska:* Ekonomiczne aspekty polityki wschodniej NRF, Warszawa 1969; *Mieczysław Tomala:* Ekspansja NRF na wynki świata. Rozdział o stosunkach handlowych z krajami socjalistycznymi po 1945 r. Warszawa 1970; Polska – NRF – gospodarka, stosunki ekonomiczne, Warszawa 1973.

[11] Materialreich dazu sind die Beiträge im Sammelband (Warschau 1965) des Komitees zur Koordinierung der Deutschlandforschung, u. a.: *Adam Rotfeld/Franciszek Ryszka:* Przedawnienie zbrodni hitlerowskich, Problem polityczny i prawny; *Kazimierz Kąkol:* Przedawnienie zbrodni hitlerowskich w opinii publicznej NRF; *Andrzej Skowroński,* Stanowisko rządu NRF i obowiązujące prawo międzynarodowe; *Jerzy Gumkowski:* Dokumenty polskie w ścigania zbrodni hitlerowskich; *Alfons Klafkowski:* Ściganie zbrodniarzy wojennych w NRF w świetle prawa międzynarodowego.

[12] Vgl. dazu auch: *Alfons Klafkowski,* Prawo międzynarodowe a odszkodowania za deportacje na roboty przymusowe, in: Życie i Myśl, 1961, Nr. 3–4; *Kazimierz Switała:* Sprawy polskich roszczeń do NRF o odszkodowania za pracę niewolniczą, Warszawa 1969; *Ludwik Gelberg:* Normalizacja stosunków PRL-NRF, Warszawa 1978.

Gotthold Rhode

Diskussionsbeitrag zur Konferenz

Bei einer Bilanz unserer Arbeit ist zu bedenken, daß diese in zwei deutliche Abschnitte geteilt war. Der erste umfaßte die Konferenzen I–IX und reichte zeitlich vom Februar 1972 (Warschau) bis zum April 1976 (Braunschweig). Auf den ersten beiden Konferenzen, die im Februar und April 1972 kurz nacheinander stattfanden, wurden die Empfehlungen 1–20 erarbeitet, in verhältnismäßig kurzer Zeit und zum Teil auch sehr knapp formuliert. Fünf weitere Konferenzen, III–VIII vom April 1973 bis September 1975, galten dann der Erarbeitung der sechs Empfehlungen 21–26, die sich erst auf nur 25 Jahre bezogen, nämlich die Zeit 1945–1970, während eine, Va im September 1974 in Thorn, insofern aus dem Rahmen fiel, als sie keine neue Empfehlung formulierte, sondern die Empfehlung 6 lediglich sehr eingehend diskutierte. Auf die Probleme des Drucks der diesem Thema geltenden Warschauer Referate von 1973 und der Thorner Referate von 1973 soll hier nicht näher eingegangen werden. Sie sind in der deutschen Fassung zwar auf drei Stellen verstreut zugänglich, aber nicht in einem eigenen Tagungsband versammelt.

Jeder Teilnehmer an der VIII. Konferenz in Warschau im September 1975 wird sich noch der Dramatik der damaligen Diskussion erinnern, als die geplante Exkursion nach Danzig abgesagt wurde, damit wir einen weiteren Tag für die Diskussion gewannen, und als es mehrfach den Anschein hatte, als müßten wir ohne Verabschiedung von Empfehlungen auseinandergehen. Die IX. Konferenz in Braunschweig im April 1976 galt dann nur noch der redaktionellen Überarbeitung der Empfehlungen, die dann die bekannte, überaus lebhafte Diskussion in der bundesdeutschen Öffentlichkeit auslöste.

Mit der X. Konferenz in Łańcut im Juni 1977 kamen wir aus den stürmischen Gewässern der ersten, an Formulierungsdebatten so reichen acht Konferenzen dann in die ruhigeren Fahrwasser der wissenschaftlichen Behandlung von Einzelthemen, und wir begründeten zugleich die Tradition, diese Konferenzen in die Woche nach Pfingsten zu legen. Von diesen zehn wissenschaftlichen Konferenzen hat nur eine einzige, nämlich die XII. von 1979 (Allenstein) dem Mittelalter gegolten, zwei, nämlich die XIII. von 1980 (Münster) und die XIV. von 1981 (Zamość), der frühen Neuzeit vom 16.–18. Jahrhundert, zwei, nämlich die XI. in Deidesheim 1978 und die XVI. in Warschau 1983, dem 19. Jahrhundert, und nicht weniger als vier dem 20. Jahrhundert (X., 1977, Łańcut; XVII., 1984, Augsburg; XVIII., 1985, Naugard; XIX., 1986, Saarbrücken). Eine Sonderstellung nahm die XV. Konferenz in Braunschweig ein, die im November 1982 außerhalb des ursprünglichen Programms und zu einer anderen als der gewohnten Zeit die beiderseitige Historiographie behandelte. Sowohl bei den Empfehlungen, von denen genau die Hälfte dem 20. Jahrhundert gewidmet ist, wie bei den wissenschaftlichen Konferenzen liegt also ein deutlicher Schwerpunkt im 20. Jahrhundert. Das ist zwar wegen der hier besonders häufigen Unterschiede in Auffassung und Darstellung verständlich, doch wird auf diese Weise die ganze Fülle der deutsch-polnischen Beziehungen durch ein ganzes Jahrtausend hindurch ebenso wie die wissenschaftliche Beschäftigung mit ihr nur sehr unvollständig wiedergegeben. Auch führt die starke Konzentration auf das an Kontroversen und Feindseligkeiten besonders reiche 20. Jahrhundert zu einem gewissen Pessimismus, während die eingehende Beschäftigung mit den früheren Epochen, etwa dem an gegenseitiger Beeinflussung besonders reichen 16. Jahrhundert oder auch dem Spätmittelalter, das Streben nach friedlicher Nachbarschaft begründeter und besser verständlich werden läßt.

Wir sollten deshalb bei der zukünftigen Arbeit, bei der wir gewiß nie zu einem endgültigen Abschluß gelangen können, dem Mittelalter und der frühen Neuzeit weit mehr Aufmerksamkeit widmen, als das bisher geschehen ist. Ich weiß, daß eine solche Rückbesinnung auf frühere Epochen der gemeinsamen Geschichte nur eine geringe Entfaltungsmöglichkeit in den Lehrplänen und in den Schulbüchern hat; aber unsere Aufgabe könnte, ja sollte es doch auch sein, durch eigene Initiativen auf die Lehrpläne einzuwirken und darüber hinaus dem Lehrer dort, wo er einigermaßen freie Hand in der Gestaltung des Unterrichts besitzt, weitere Materialien an die Hand zu geben. Sie könnten doch auch bei den freiwilligen Arbeitsgemeinschaften der Schüler und schließlich bei den im bundesdeutschen Schulsystem viel Gestaltungsfreiheit ermöglichenden Leistungskursen von Nutzen sein!

Wenn wir im Verlauf der Diskussionen festgestellt haben, daß der spürbare und nachweisbare Einfluß unserer Arbeit auf die beiderseitige wissenschaftliche Arbeit noch nicht sehr groß ist, so ist das nicht verwunderlich und braucht auch nicht zur Resignation zu führen. Die für die Schulbuchautoren und Lehrer formulierten Empfehlungen können ja die Wissenschaftler nicht beeinflussen. Die Konferenzbände, die deutscherseits mit einem Abstand von $1^1/_2$ bis 2 Jahren nach der Konferenz, polnischerseits mit noch größerem Abstand erscheinen, stehen also günstigstenfalls (der Konferenzband von 1977 erschien 1979) seit 8 Jahren, sonst seit 3 bis 4 Jahren zur Verfügung. Die „Umtriebszeit", in der sich wissenschaftliche Erkenntnisse nach ihrer Publikation in der Fachwissenschaft auswirken, muß man aber auf mindestens 5 Jahre ansetzen, bis zur Auswirkung im Bereich der Handbücher und Nachschlagewerke muß man mindestens weitere 5 Jahre ansetzen. Es wird also noch einige Jahre dauern, bis wir erwarten können, daß unsere in den Konferenzbänden veröffentlichten Arbeiten einen Niederschlag in größeren Übersichtsdarstellungen finden.

Das kann dort anders sein, wo beiderseits Personen aus unserem eigenen Kreis tätig sind, wo also das Medium der Veröffentlichung in den Konferenzbänden keine oder nur eine geringe Rolle spielt, der persönliche Kontakt und die gemeinsame Inangriffnahme von Aufgaben aber eine um so größere. Das ist besonders in dem Bereich festzustellen, der noch vor zwei Jahrzehnten als besonders kontrovers und schwierig galt, nämlich dem des Deutschen Ordens in Preußen. Wenn Herr Kollege Boockmann die deutsch-polnische Zusammenarbeit auf dem Gebiet der Ordensgeschichte als „gut" bezeichnen konnte, so zeigt sich daran, wieviel Einzelpersonen und die ihnen zugehörigen „Schulen" und Institutionen bei der Entideologisierung von Geschichtsbildern leisten können. Daß damit der Bereich der populärwissenschaftlichen Darstellung noch lange nicht erreicht ist, haben wir bei der Exkursion gesehen, als uns in den Schaubildern im Museum an der Insel im Lettberger See (Ostrów Lednicki) wieder einmal das stereotypische Schreckensbild des grausamen, skrupellosen Ordensritters, des „Krzyżak", vor Augen geführt wurde. Hier mag die oben erwähnte „Umtriebszeit" wohl noch wesentlich länger sein.

Abschließend erlaube ich mir einige Feststellungen, die ich der Einfachheit und Übersichtlichkeit halber in fünf Punkte gegliedert habe:

1. Es hat sich gezeigt, daß die Empfehlungen eine gute Basis für die Verständigung und die Zusammenarbeit im wissenschaftlichen Bereich geliefert haben. Es war auch richtig, sie erst einmal unverändert zu lassen. Jetzt aber könnte aufgrund der Annäherung der Standpunkte daran gegangen werden, die Empfehlungen, insbesondere für das Mittelalter, zu erweitern und zu ergänzen und ihnen dadurch mehr Substanz zu geben. Die Empfehlungen für das 17. und 18. Jahrhundert wären ausführlicher zu gestalten, und bei der Empfehlung Nr. 6 über den Deutschen Orden brauchte man weniger als bisher von Gegensätzen zu sprechen. Die neueste Zeit könnte durch eine Empfehlung 27 erfaßt werden, was natürlich besonders schwierig ist.

2. Einen außerordentlich positiven Einfluß hat das gegenseitige Kennenlernen, die persönliche Begegnung der Wissenschaftler beider Nationen ausgeübt. Zwar handelt es sich bei der eigentlichen Deutsch-Polnischen Kommission nur um 32 Wissenschaftler, die ständig mitarbeiten, aber der Kreis der Experten, die mindestens einmal, oft aber mehrfach bei den Konferenzen mitgewirkt haben, zählt auf polnischer Seite 144, auf deutscher 132 Personen! Dadurch sind wissenschaftliche Kontakte, Austausch von Ergebnissen, Einladungen und vielfache wissenschaftliche Zusammenarbeit in einem bisher unbekannten Umfang möglich geworden. Das war besonders einfach etwa im Bereich des „Völkerfrühlings", also des Jahres 1848, und der vorausgehenden deutschen Polenbegeisterung, es hat sich aber auch dort eine rege Zusammenarbeit mit gemeinsamen Publikationen entwickelt, wo die Schwierigkeiten besonders groß schienen, nämlich bei der Geschichte des Deutschen Ordens und der Landesgeschichte von Ostpreußen. Es zeigte sich, wieviel einzelne Personen guten Willens bewirken können.

3. Bei der Bearbeitung von Einzelthemen, vor allem landesgeschichtlicher Art, hat die polnische Seite einen bedeutenden Vorsprung, weil sie über mehr vorgebildete und interessierte Historiker mit den notwendigen Sprachkenntnissen verfügt. Das ist aber nicht nur für die deutsche Seite ein Manko, auch für die polnische, weil die Wissenschaft das Gespräch mit dem Wissenschaftler eines anderen Standpunktes und einer anderen Sichtweise braucht. Einseitigkeit, auch wenn sie gutwillig ist, fördert die Erkenntnis nicht. Es muß deshalb auf der deutschen Seite noch viel mehr für den wissenschaftlichen Nachwuchs getan werden, der über die notwendigen Sprachkenntnisse verfügt. Das heißt, er muß neben Latein, Englisch und möglichst Französisch das Polnische beherrschen, zumindest passiv. Bei den derzeit auf der Schule vermittelten wenigen Sprachkenntnissen sind das hohe Anforderungen, die aber unbedingt gestellt werden müssen. Einige Ansätze sind bei jungen deutschen Historikern vorhanden, und es kann mit Genugtuung konstatiert werden, daß diese Historiker bei polnischen Kollegen alle Unterstützung finden. Die Beherrschung des Deutschen durch die polnischen Historiker zeigte sich auch daran, daß alle Referate und die Diskussion in deutscher Sprache gehalten wurden.

4. Aus verschiedenen Gründen wurden die Beziehungen bisher rein bilateral behandelt. Deutsche und Polen standen sich aber niemals allein gegenüber, sondern befanden sich stets im Zusammenhang mit der Entwicklung in ganz Europa. In Zukunft müßte deshalb die europäische Gesamtentwicklung stärker im Blickfeld stehen, eventuell mit Heranziehung von Kollegen aus anderen Ländern, wenn das auch auf Schwierigkeiten stoßen mag.

5. Immer noch gibt es große Lücken in der Forschung, wenn auch nicht gerade völlig leere „weiße Flecken". So sind die kulturellen Beziehungen, die kirchlichen Verbindungen, die Zeit von Reformation und Gegenreformation, die Sachsenzeit, auch die Rolle der Juden in den letzten Jahren, von wenigen Ausnahmen abgesehen, nur sehr knapp und unbefriedigend behandelt worden. Hier bieten sich Themen für weitere fruchtbare Konferenzen an.

Wolfgang Jacobmeyer

Resümee der Diskussionen

zu Teil I

Herr *Rhode* wies darauf hin, wie deutlich ihm aus dem Referat von Herrn Labuda geworden sei, daß ein deutsch-polnisches Wörterbuch historischer Begriffe ein Desiderat von hohem Rang wäre. Er pflichtete dem im Referat entwickelten Befund bei, daß zwischennationale wissenschaftliche Kontakte dort besonders fruchtbar seien, wo realgeschichtlich eine erhebliche Problemdichte vorliegt, und er belegte seine Auffassung am Vergleich der deutsch-rumänischen Beziehungsgeschichte mit der deutsch-polnischen. Über die erstere wird kaum gearbeitet. Dabei beobachtete er vor allem, daß die historisch bedeutsame Existenz des eigenen Volkes jeweils um so später angesetzt wird, je stärker ein nationales Selbstbewußtsein ausgeprägt ist; in diesem Zusammenhang erblickte er ein Indiz für die Motive, aus denen häufig problematische ethnogenetische Setzungen vorgenommen werden. Weiter wies er darauf hin, wie stiefmütterlich das Spätmittelalter in den deutsch-polnischen Empfehlungen vertreten sei (Stände, Staat, Parlamentarismus in seinen Anfängen usw.). Im übrigen müßte allein schon der „unia litewska", entsprechend ihrer Bewertung durch Ranke, mehr Aufmerksamkeit geschenkt werden.

Herr *Trawkowski* bestätigte die Hinweise Rhodes im Blick auf die Dringlichkeit eines eigenen historischen Begriffswörterbuches, u. a. im Hinblick auf die häufig so irreführende Benutzung des Begriffs „Großgrundbesitz" anstelle von „Grundherrschaft". Er wies auch darauf hin, daß in Frankreich das Königtum, in Deutschland der Adel die Nation bewirkt habe, und er fragte, ob man dem in dieser generellen Form zustimmen könne. Forschungsstrategisch sei es jedenfalls wichtig, nicht die Strukturen, sondern die hinter den Strukturen liegenden politischen Faktoren einem Vergleich zugrunde zu legen.

Herr *Biskup* bemerkte, daß das Spätmittelalter bei Labuda leider im Schatten verblieben sei, obwohl gerade für diese Periode doch so reiche Quellenpublikationen zur Verfügung stehen; nicht nur müßten die drei großen synthetischen Darstellungen aus Warschau, Krakau und Posen mit einbezogen werden, sondern auch die inzwischen vorliegenden Ergebnisse von interdisziplinären Gesprächen. Zu den Ausführungen von Herrn Boockmann bemerkte er, daß sich in der Ordensdiskussion inzwischen tatsächlich eine positive Bilanz abzeichne; alte Barrieren seien dadurch überwunden worden. Im übrigen bestehe der Gewinn vor allem aber darin, daß inzwischen über diese Probleme gemeinsam gearbeitet werde; das erfülle Anspruch und Aufgabe der Normalisierung mit eigentlichem Leben. Zur Publikation des internationalen Schulbuchinstituts über die Ordens-Konferenz bemerkte er, daß sie bibliographisch in die Irre führe; außerdem fehle in dieser Publikation die wichtige Diskussion. Auf polnischer Seite seien die Referate und Diskussionen der Konferenzen von Warschau (1973) und Thorn (1974) inzwischen veröffentlicht, so daß jetzt eine Parallelausgabe von deutscher Seite wünschenswert wäre. Insgesamt werde die Geschichte des Ordens zwar noch immer mit unterschiedlichen Wertmustern betrachtet, aber der Fortschritt in der Diskussion liege darin, daß über diesen Dissens der Urteile und Forschungsstrategien inzwischen ein normaler Dialog geführt werden kann.

Herr *Zernack* bemerkte, daß in der Bundesrepublik eine Einrichtung wie die Thorner „Ordensakademie“ fehle, wie ja überhaupt die Nachwuchssorgen für die Erforschung osteuropäischer historischer Probleme in der Bundesrepublik evident seien. Nötig wären zudem Instrumente wie Forschungsberichte u. ä., damit ein theoretisches Selbstverständnis von Geschichtswissenschaft auch praktisch durch Forschung gefüllt werden kann.

Im Anschluß wies Herr *Trzeciakowski* darauf hin, daß in Wilhelminischer Zeit („Hakatisten“, Wilhelm I., II.) eine eigene „preußische“ Traditionspflege in der Rezeption und politischen Verwendung des Ordens vorherrschend gewesen ist, die eigentlich erst jetzt überwunden werde.

Herr *Strzelczyk* bemerkte, daß bei den vormals heftigen Auseinandersetzungen um die Ethnogenese der slawischen Völker inzwischen das national verstandene deutsche Interesse geringer geworden sei. Es zeigten sich vielfach Belege dafür, daß die Slawen nicht immer nur als unterste, sozial amorphe Schicht dargestellt würden, und daß, im Gegenzug, auch die Deutschen nicht immer als „Eroberer“ interpretiert würden. Nicht eine Idealisierung sondern die Differenzierung der tatsächlich feststellbaren historischen Verhältnisse sei für eine Versachlichung erforderlich. Erst dann könne man auch daran gehen, Gemeinsamkeiten zwischen Deutschen und Slawen zu erforschen.

Herr *Trawkowski* bemerkte im Anschluß an den Beitrag von Herrn Biskup zur nationalgeschichtlichen Bewertung des Ordens, Schlesinger verfahre zwar nicht nationalpolitisch, wohl aber doch national-geschichtlich. Unsere Urteile über den Orden litten daran, daß sie je einzelne Wertmuster isoliert haben, jedoch nicht alle Elemente gleichzeitig berücksichtigen.

Herr *Rhode* hielt es für erforderlich, bei der Betrachtung von Deutschen und Slawen die atavistischen Muster und die nationalpolitischen Urteile des 19. Jahrhunderts zurückzudämmen. Es seien die Staaten ja nicht als Nationalstaaten entstanden, auch der Ordensstaat nicht. In polnischen Schulbüchern zeige sich freilich nach wie vor eine Überbetonung der kriegerischen Auseinandersetzungen, etwa 1410. Die beiderseitige Forschung sei über diese Darstellungsform jedoch längst hinweggegangen, so daß es wissenschaftlich wie pädagogisch fragwürdig sei, solche überständigen Konzeptionen in Schulgeschichtsbüchern zu tradieren.

Nach Auffassung von Herrn *Jeismann* zeigen sich in der Verwendung von Völker- und Stammesnamen verschiedene Probleme. Zunächst einmal ist die Verwendung von Archetypen (Germanen, Slawen, Gallier) ein Rückgriff auf Typisierungen, die den vornehmlich im 19. Jahrhundert entwickelten politischen Vorstellungen oder Ansprüchen zugrunde liegen. Es handelt sich dabei jeweils um die Konstruktion von Identitätslinien, die der Legitimation großer politischer Entwürfe dienten; diese Legitimationen, die in Programme wie den Panslawismus oder Pangermanismus eingestellt wurden, waren weder historisch haltbar noch politisch förderlich. Ein fragwürdiger Begriffsgebrauch ist es auch, für die mittelalterliche Zeit „Deutsche“ und „Slawen“ einander gegenüberzustellen und die einzelnen slawischen Gruppen nicht zu differenzieren. Auf diese Weise entsteht der Eindruck, daß die Polen sich mit den Slawen gleichsetzten oder für sie sprächen. Die genauere Begriffsunterscheidung zwischen verschiedenen westslawischen Völkern und den Polen läßt die Tatsache deutlicher hervortreten, daß während der Ostsiedlung aus germanischen Stämmen (die man in Sachsen, Franken, auch Niederländern differenzieren könnte und sollte) und westslawischen Völkerstämmen die sog. „Neustämme“ entstanden, deutscher, germanischer und slawischer Herkunft. Deshalb ist auch die von Herrn Krasuski zur Diskussion gestellte Vorstellung einer festen, Mitteleuropa bestimmenden „Elbegrenze“ ein Stereotyp und nicht die Wirklichkeit. Solche Stereotypen dienten sowohl im Inneren der Nationen seit dem 19. Jahrhundert wie auch in ihrer wechselseitigen Wahrnehmung weniger der Verständigung als vielmehr der Ausformung von antagonistischen Anspruchshaltungen. Die Kommission sollte sie daher unter die zu vermeidenden und zu differenzierenden Begriffe aufnehmen. Im übrigen ist es nützlich, darauf hinzuweisen, daß der gleiche Sachverhalt auch im Westen und Süden Deutschlands besteht: Das deutsche Volk ist hier nicht nur auf germanische Stämme zurückzuführen, sondern es hat keltische und dinarische Bestandteile. Kulturelle und politische Zugehörigkeit wie auch das Bekenntnis zu einer Nation oder einem Staat sind deshalb vorrangig zu betrachten und jedenfalls von unklaren Rückführungen auf die Vorgeschichte von Stämmen sorgfältig zu unterscheiden.

Herr *Boockmann* erklärte, der Diskussionsbeitrag von Herrn Krasuski stelle einen großen, aber auch einen sehr problematischen Wurf dar. Eckdaten wie 1250, 1648, 1945 seien reine Interpretationsleistungen, zumal wenn sie stringent aneinander gebunden werden, seien mit dem ihnen zugemuteten Bedeutungsgehalt jedenfalls nicht realgeschichtlich vorhanden. Die „Deutsche Kaiserzeit" sei eine Erfindung des 19. Jahrhunderts aus nationaler Sehnsucht der Deutschen und kein konstituierendes Zeitalter des Mittelalters. Auch die „Elbelinie" sei nichts anderes als ein Interpretament, das vieles überdecke, das Geschichte vielleicht übersichtlicher mache, sie jedoch auch mit einer bedenklichen Teleologie ausstatte. Zu Herrn Biskup wies er darauf hin, daß Arbeitsgebiete und nationale Perspektiven sich nicht deckten, sondern daß sich vielmehr hierin auch nüchterne Arbeitsteilung der Forschung ausdrücke. Zu Herrn Trzeciakowski wies er darauf hin, daß Wilhelm I. im Zusammenhang der Adaptierung der Marienburg an aktuelle politische Ziele von Vorwürfen zu exkulpieren ist, nicht jedoch Wilhelm II., wie er mit der Studie zur Baugeschichte der Marienburg dargelegt habe.

zu Teil II

Herr *Salmonowicz* betonte, daß die deutsche Reformationsforschung, vor allem die des 19. Jahrhunderts, ebenfalls nicht frei von Stereotypen und nationalen Affekten sei. Auch könne die Geschichte des Protestantismus in Polen nicht allein aufgrund protestantischer Quellen geschrieben werden. Hieraus resultiere das auch vorhandene Stereotyp einer „polnischen Intoleranz". Wichtig sei es daher, solche nationalen Stereotypen und Vorurteile auf beiden Seiten zu erforschen, wie das in Thorn unternommen wurde; nur darin liege die große Chance der Verständigung.

Herr *Rhode* merkte an, daß die von Herrn Müller dargestellte Epoche in der Konferenzarbeit ausgespart worden sei; sie müßte mit erheblicher Dringlichkeit nachgeholt werden. Der Gesamtkomplex der osteuropäischen Reformationsgeschichte sei noch nicht ausreichend rezipiert worden; allerdings müsse man auch fragen, ob denn das Lutherjahr 1983 in Polen spurlos geblieben sei.

Herr *Zernack* appellierte nachdrücklich dafür, das beziehungsgeschichtliche Konzept in der gemeinsamen Arbeit durchzuhalten; daneben könne man sich fragen, ob man Konferenzen mit einem weiteren thematischen Horizont anstreben solle. Jenseits solcher Überlegungen für den Ansatz der gemeinsamen Arbeit müsse man aber sehen, daß für das Verständnis der europäischen Geschichte der Übergang vom 17. zum 18. Jahrhundert, u. a. durch die Entfaltung der Politik der europäischen Mächte, fundamental sei. Hier beginne eigentlich unsere moderne Geschichte.

Herr *Olszewski* bermerkte, der Begriff „Souveränitätskrise" sei ungleich treffender als der Terminus „Staatskrise". Fraglich sei noch immer, ob die Einzelfaktoren tatsächlich unabhängig voneinander gewirkt hätte. Die Oligarchie in Polen als eine beherrschende Ursache habe eigentlich ein „Gleichgewicht der Ohnmacht" erzeugt und habe sich dementsprechend auf Staatsideologien ausgewirkt. Allerdings reiche das angezogene Zitat von Pufendorf für eine angemessene Charakterisierung der deutschen Verhältnisse des 17. Jahrhunderts nicht aus.

Herr *Wachowiak* ergänzte die Ausführungen von Herrn Müller mit dem Hinweis, wie bedeutend für die Reformationsgeschichte die Einführung der Nationalsprache, nicht nur des Deutschen, sondern auch des Polnischen, im Gottesdienst gewesen sei. Sie diente u. a. als Kirchensprache in den Regionen mit kaschubischer und masurischer Bevölkerung und hat zur Stärkung und zum Erhalt dieser ethnischen Gruppen beigetragen. Hier müßte man die alten Setzungen von lutherisch = deutsch, katholisch = polnisch überprüfen und modifizieren. Im Anschluß an das Referat von Herrn Hahn wies er auf die Einstellung polnischer Magnaten gegenüber der preußischen Politik hin. Hier liege ein Untersuchungsansatz vor, den man eigentlich systematisch auf alle Schichten ausdehnen müsse. Im übrigen habe der geheime Regierungsrat Braun in seinem Bericht über den Zustand der Provinz Posen im Jahre 1835 deutlich gemacht, daß eine politische Zusammenarbeit der Polen mit den preußischen Behörden keine realen Perspektiven gehabt habe.

Herr *Hinrichs* fragte nach Ansätzen zu einer polnischen Landesgeschichte, die Möglichkeiten zu einer Zusammenarbeit mit deutschen Forschern auf diesem Gebiet eröffnen würde.

Herr *Meyer* legte dar, daß die Juden in polnischen Geschichtslehrbüchern einzig im Zusammenhang des Warschauer Gettoaufstandes von 1943 auftreten. Für eine angemessene Darstellung des polnischen Judentums wäre es nötig, etwa folgende Themen vorzusehen: Verdrängung der Juden aus deutschen Städten und ihre Aufnahme in Polen; Einwirkung der berliner jüdischen Aufklärung auf die jüdischen Gemeinden in Polen; Bedeutung der Juden und Armenier für den deutsch-polnischen Handel; Ausweisung der mittellosen Juden aus dem seit 1772 preußischen Netzedistrikt, von denen manche sich rheinischen Räuberbanden anschlossen.

Frau *Wawrykowa* pflichtete Herrn Meyer mit dem Hinweis bei, daß es tatsächlich keine Arbeit über den Einfluß der berliner jüdischen Aufklärung auf Polen gebe.

Herr *Zernack* verwies auf den Sammelband „Deutsche – Juden – Polen" der Evangelischen Akademie Berlin.

Herr *Samsonowicz* erläuterte zu dem von Herrn Meyer benannten Desiderat einer Geschichte der polnischen Juden, die Empfehlungen seien damals aus einer Analyse der Schulbücher erarbeitet worden und hätten deren Mängel begreiflicherweise auch stellenweise tradiert. Die polnischen Juden würden nur im polnischen Geographieunterricht thematisiert.

Herrn *Trzeciakowski* charakterisierte die Frankfurter Debatte um den polnischen Vorschlag auf den Gebietsstand von 1772 und die sich daran anschließende, ausschließlich auf die Westgrenze bezogene Empörung. Zu Herrn Meyer bemerkte er, es habe tatsächlich eine jüdische Frage in Posen gegeben: die Zahl der dort ansässigen Juden sei durch preußische Politik dadurch vermindert worden, daß die arme jüdische Bevölkerung zur Emigration veranlaßt worden sei.

Herr *Rhode* wies darauf hin, daß „Sachsen" als Begriff und Sache in den Empfehlungen leider nicht vorkomme. Es müßte eigentlich das Zusammenleben in dieser Epoche thematisiert werden, zumal eine moderne Biographie von August II. fehle. Auch sei die Herrschaft der großen polnischen Familien unterhalb der Kronengewalt in Deutschland weder zeitgenössisch rezipiert noch wissenschaftlich aufgearbeitet worden.

Herr *Wołoszyński* gab Literaturhinweise zum Problem der „sächsischen Zeit" und betonte im übrigen, hinsichtlich der Klischee- und Stereotypenforschung herrsche nach wie vor ein empfindlicher Mangel; wichtig sei es, das negative preußische Stereotyp von

Polen („Anarchie“) als eine politische Instrumentalisierung zu begreifen. Zum Beleg verwies er auf eine zeitgenössische preußische Schrift, in der der Pole als „Orang-Utan von Europa“ dargestellt worden sei.

Herr *Hoensch* zeigte, wie wichtig eine vergleichende Verfassungsgeschichte in internationaler Wechselwirkung wäre. Ihre Erforschung, die natürlich auch die polnische Forschung mit einschließen müßte, würde eine wirklich bedeutende Lücke füllen.

zu Teil III

Herr *Kolb* erhob Einwände gegen den Versuch, die Phase 1846/48 als einen ersten Akt der Revolution zu begreifen. Eine solche Auffassung sei nur aus der Rückschau vertretbar; tatsächlich aber handele es sich dabei eher um die Inkubationszeit von 1848. Im übrigen zeigten die Vorgänge vom März/April 1848 in Berlin doch auch sehr deutlich die funktionale Polenfreundschaft.

Herr *Rhode* fragte nach der Funktion der Freimaurerlogen. Zur Situation von 1830 verwies er auf den bekannten Aufsatz des späten Generals Willisen im Militärwochenblatt.

Herr *Orlowski* betonte, daß man vor allem auf fiktionales Schrifttum zurückgreifen müsse, wenn man nach Mentalitäten fahnde. Diesen Forschungsbereich müsse man zweifellos erweitern. Wie lohnend ein solches Vorgehen wäre, konnte er mit dem Hinweis auf die Arbeiten von Szarota als einem bedeutenden polnischen Mentalhistoriker der Gegenwart zeigen.

Frau *Wolff-Powęska* wies darauf hin, daß in der Bundesrepublik seit neuestem die Arbeit von Frau Wawrykowa veröffentlicht sei. In dieser interessanten komparativen Studie habe die Verfasserin auf den Zusammenhang zwischen den oppositionellen Bewegungen und den emanzipatorischen Prozessen in Deutschland und Polen hingewiesen. Sie habe auch die gemeinsamen geistigen und philosophischen Grundlagen betont, die ihre Wurzeln tief im 18. Jahrhundert gehabt hätten. Außerdem fragte Frau *Wolff-Powęska* zu den Problembereichen der politischen Solidarität und ideengeschichtlichen Verbundenheit zwischen beiden Nationen, in welchem Maße diese Ideen in der Sphäre bloßer Träumerei verblieben seien und wieweit sie real sich ausgewirkt haben.

Herr *Jeismann* betonte die vor-politischen Bildungsvorstellungen der Zeit vor 1807 und die mit ihnen einhergehenden personellen Verflechtungen. Mit Sicherheit könne man jedenfalls sagen, daß die Konservativen keine Nationalisten waren.

Herr *Müller* wies darauf hin, daß sich in der modernen Forschung insofern eine neue Stufe abzeichne, als inzwischen komparatistisch über moderne Nationsbildungsprozesse des 19. Jahrhunderts gearbeitet werde. In diesem Zusammenhang wäre es zweifellos lohnend, Wanderungsbewegungen in ihrer politisch-sozialen Motivik und Wirkung näher zu untersuchen.

Herr *Meyer* beklagte den Mangel an gediegender landesgeschichtlicher Forschung auf beiden Seiten: z. B. Bruno Schumachers Geschichte „Ost- und Westpreußen“ wie auch das „Handbuch der historischen Sätten“ (Bd. Ost- und Westpreußen) vernachlässigen Polen und Litauer. Entsprechendes gilt für polnische Arbeiten wie etwa „Warmia i Mazury, Zarys Dziejów“ (Olsztyn 1985). Ferner wies er auf deutsch-polnische Auseinandersetzungen auch in den USA hin, in denen gegenseitige Frontstellungen nach nationalen und bekenntnismäßigen Mustern zu beobachten sind.

Herr *Hinrichs* verwies auf die Einengung der Empfehlung 12 zur Industrialisierung unter beziehungsgeschichtlichem Aspekt und urteilte, Beziehungsgeschichte als ein Modell der Industrialisierung sei anachronistisch. Hier müßte vielmehr eine solide Regionalforschung betrieben werden.

Herr *Zernack* betonte, es reiche nicht aus, Beziehungsgeschichte durch Komparatistik zu ersetzen, vielmehr werde Beziehungsgeschichte nur als Strukturvergleich relevant. In diesem Sinne müßten Forschungsstrategien zum Problem der Entwicklung der Massenkulturen auf beiden Seiten überhaupt erst angesetzt werden.

Herr *Böhning* wies darauf hin, daß die Empfehlungen 11 bis 13 unter ihrem beziehungsgeschichtlichen Aspekt vor allem von Normen der traditionellen Schulbuchdarstellung geleitet sind. Inzwischen aber sei die Schulbuchdarstellung in neueren Lehrwerken durch einen komparatistischen Ansatz ersetzt worden. Seine eigenen Erfahrungen in der Konzipierung und Formulierung eines Schulbuches hätten ihm die Einsicht vermittelt, daß man inzwischen noch stärker auswählen müsse, daß man die Probleme auch breiter darlegen müsse, dafür aber anderes fallenlassen müsse. Aus diesem, vom Medium Schulbuch und seiner Verwendungspraxis vorgegebenen Zwang, dem moderne Schulbuchautoren nicht ausweichen könnten, müsse man die Anregung ableiten, Unterrichtsmodelle oder Themenhefte zu erarbeiten.

Herr *Boockmann* wies darauf hin, daß Synthesen auf engem Druckraum nur eine kurze Lebenszeit besitzen. Nach 1945 habe zunächst eine emigrantische Perspektive mit der Tendenz des Einfrierens von Sehweisen und Sachständen geherrscht. Die ihm bekannten gegenwärtigen Handbuch-Planungen, die z. T. unter Mitarbeit polnischer Kollegen durchgeführt werden, seien jedoch als ein Test dafür aufzufassen, ob neue Synthesen gelingen können.

Herr *Samsonowicz* regte an, die regionale Streuung der Industrialisierung (etwa Niederschlesien gegenüber Łódź) und deren je unterschiedliche Bedingungsfaktoren zu untersuchen. Dabei bezog er sich vor allem auf Arbeiten von Karwacki zu Łódź als einem interkulturellen Begegnungszentrum.

Herr *Biskup* wies gegenüber dem Beitrag von Herrn Meyer darauf hin, die genannte Geschichte Ermlands und Masurens (Olsztyn 1985) sei auch in Polen sehr kritisch aufgenommen. Inzwischen sei ein neuer, moderner angelegter Versuch in Vorbereitung, bei dem es darum gehe, die Gesellschaft unabhängig von Nationalgliederungen und den daraus folgenden Begrenzungen der Sehweise darzustellen.

Herr *Rhode* bemerkte zu Herrn Jaworski, die in seinem Referat angezogene Empfehlung sei die einzige, die sich ausdrücklich an die Schulbücher wendet. Daher bestehe die Frage, ob diese Empfehlung zu überarbeiten sei. Leider sei es so, daß landesgeschichtliche Arbeitsvorhaben für den akademischen Nachwuchs nicht karriereförderlich sind, so daß auf diesem Gebiet Stagnation in der Bundesrepublik zu beobachten sei.

zu Teil IV

Herr *Jacobsen* machte den Vorschlag, deutsche Polen-Bilder und polnische Deutschland-Bilder auf einer eigenen Tagung unter dem Aspekt der Differenzierung von Stereotypen zu thematisieren. Zu den Referaten der Herrn Wojciechowski und Borodziej wies er darauf hin, daß die bilaterale Enge dennoch im Kontext der europäischen Mächtepolitik zu sehen sei, daß also das sowjetisch-polnische Verhältnis und seine Auswirkungen auf das deutsch-polnische Verhältnis durchschlage. Andererseits müsse man die geheime deutsch-sowjetische Zusammenarbeit etwa in der schwarzen Reichswehr ebenfalls sehen und thematisieren.

Herr *Boockmann* wies gegenüber Herrn Hoensch auf das methodische Problem hin, wie publizistische Äußerungen zu bewerten seien. Mindestens Willms und Schickel seien im angesprochenen Zusammenhang keine seriösen Zeugen für wissenschaftliche Prozesse. Im übrigen würde Stürmer in diesem Zusammenhang — und auch im Referat von Hoensch — mit Aussagen zitiert, die er nicht getan habe.

Herr *Kleßmann* trat dem Eindruck entgegen, als ob sich inzwischen in der Bundesrepublik ein neuer „Revisionismus" breit mache und die westdeutsche Geschichtswissenschaft dominiere. Noltes z. T. abenteuerliche Thesen sind von der Fachhistorie entschieden und überzeugend zurückgewiesen worden. Metaphern und suggestiv formulierte Fragen ersetzten in Noltes zentraler These vom nationalsozialistischen „Rassenmord", vorgeblich eine Antwort auf den bolschewistischen „Klassenmord", eine empirisch abgesicherte Beweisführung. Aber auch gegen die Inanspruchnahme der Geschichte als einer politischen Legitimationsinstanz zur Herstellung „nationaler Identität" ist energischer Widerspruch von zahlreichen Vertretern der Fachwissenschaft angemeldet worden. Auffällig ist allerdings, daß in der Diskussion des „Historikerstreits" nur der Holocaust, nicht aber andere Vernichtungsmaßnahmen, also auch nicht die NS-Politik in Polen und in der Sowjetunion während des Zweiten Weltkriegs, behandelt werden. Es ist ferner fraglich, ob man tatsächlich sagen kann, die Widerstandsdiskussion finde in der Bundesrepublik nur am Rande statt. Hinzuweisen wäre hier auf die breite Wirkung des von Broszat geleiteten „Bayern-Projekts" mit dessen zentralen Begriff der „Resistenz". In diesem Projekt und in den zahllosen jüngeren regionalen und lokalen Untersuchungen zeigt sich eine Verschiebung, Verbreiterung und auch eine notwendige „Historisierung" des Interesses am Widerstand, nicht jedoch ein Desinteresse an dieser Thematik. Dagegen ist die Zwangsarbeiter-Thematik in der Tat erst sehr spät intensiv aufgegriffen worden. Aber hier ist neben der grundlegenden Arbeit von Herbert auch auf den breiten Schülerwettbewerb Deutsche Geschichte um den Preis des Bundespräsidenten hinzuweisen. Es wäre wichtig zu sehen, daß mit einer Vielzahl lokaler und regionaler Studien sowie mit einer mehrfach gezeigten Ausstellung gerade der Schülerwettbewerb einen bedeutsamen Beitrag zur öffentlichen Bewußtseinsbildung über dieses Thema leistet. So ist also trotz aller völlig berechtigten Kritik an bestimmten Tendenzen und Defiziten in der deutschen Zeitgeschichtsforschung insgesamt doch zu betonen, daß das Erscheinungsbild differenzierter und kritischer ist, als die spektakulären Elemente der Auseinandersetzung vermuten lassen.

Herr *Olszewski* dankte Herrn Hoensch dafür, daß er den Historikerstreit so angemessen dargestellt habe. Es stelle sich ihm indessen die Frage, inwieweit der Historikerstreit denn noch an die tatsächliche Forschung in der Bundesrepublik zurückgebunden sei, ob Broszats Forderungen nach einer „Historisierung" der NS-Zeit nicht längst Alltagspraxis der Forschung in der Bundesrepublik sei, und wieweit sich diese Kontroverse auf das Geschichtsbewußtsein in der Bundesrepublik ausgewirkt habe.

Herr *Tomala* wies darauf hin, daß solche Auseinandersetzungen deshalb auch unmittelbare politische Relevanz besäßen, weil Politiker die Geschichte immer wieder als Legitimation politischen Handelns anzögen. So sei Hitler ja auch in seiner Ansprache vor Wehrmachtsführern vom August 1939 verfahren, als er den „vergessenen" Armeniermord von 1915 als ein Legitimationsinstrument für seine Konzeption deutscher Politik aufgegriffen habe. Ihm sei nicht deutlich, was im Historikerstreit denn tatsächlich vorliege – eine tiefgreifende Uminterpretation des Nationalsozialismus oder Figuren einer politischen, mindestens öffentlichkeitswirksamen Rede.

Herr *Jeismann* betrachtete die Beobachtung von Herrn Tomala, daß im Historikerstreit politische Rhetorik im Spiele sei, als zutreffend. Insofern zeige der sogenannte Historikerstreit in der Bundesrepublik jedoch nur eine allgemeine, häufig anzutreffende Figur des Mißbrauchs von Geschichte. Daß aber in der Bundesrepublik Versuche, Legitimationsmuster aus der Geschichte zu entnehmen, nicht wie üblich binnen-nationale Zustimmung fänden, sondern schärfsten Widerspruch und Auseinandersetzung auch dort, wo sie offensichtlich durch mehrdeutige Formulierung als bewußte Entlastungsabsicht gekennzeichnet sind, verdiene doch Aufmerksamkeit und Anerkennung. Wichtiger noch sei die Frage, wie angesichts der in den Referaten deutlich gewordenen differenzierten Geschichtswahrnehmung noch die Vermittlung in das Bewußtsein der Öffentlichkeit und in die Schulbücher zu leisten sei. Es bestehe die Gefahr, daß auf einer esoterisch abgehobenen Ebene wissenschaftlicher Diskussion Verständigung wohl möglich sei, dagegen auf einer bestimmten pädagogischen Ebene alte Stereotypen, alte Muster des Geschichtsunterrichts, aber auch des Literaturunterrichts weiterlebten, weil sie das Bedürfnis nach klaren und einfachen Aussagen erfüllten. Hierin liege eine wesentliche künftige Aufgabe der Kommission, die vom befreienden Ausflug in die Forschung wieder in die „Höhle" der „falschen Bilder" zurückkehren sollte, um sich mit ihnen als dem für die Schulbuchforschung eigentlichen Gegenstand auseinanderzusetzen.

Herr *Jacobmeyer* wies unter Bezug auf den Vortrag von Herrn Borodziej auf die gemeinsame deutsch-polnische Konferenz von Łańcut (1977) hin, wo vor allem eine realgeschichtliche Erfassung des Widerstands versucht worden sei. Inzwischen sei offenkundig geworden, daß die Erträge dieser Konferenz zwar nicht hinfällig und wertlos sind, aber historiographisch doch nur einen ersten Schritt für die gemeinsame Arbeit darstellten. Herr Borodziej habe für das Beispiel der polnischen Gesellschaft neue weitreichende Interpretationen erarbeitet, vor allem in seiner Trennung von gesellschaftlichem Eigenbild und professionellem Angebot im jeweiligen Aufgreifen von Geschichte. Auch in der Bundesrepublik gäbe es neue Ansätze zur Interpretation des deutschen Widerstands. Daher sei eine erneute Befassung der gemeinsamen Konferenz in den Problemen des Widerstandes in beiden Ländern sinnvoll und vielleicht sogar dringlich. Ihr Schwerpunkt müßte allerdings auf der Behandlung neuer Konzepte der Erklärung von Realgeschichte liegen, nicht versuchen, realgeschichtlich wie auf der Konferenz von 1977 zu arbeiten. In diesen Zusammenhang gehöre auch, daß inzwischen ausländische Wissenschaftler wie Gross und Terry, um nur einige zu nennen, bedeutende Beiträge zu diesem Problem geliefert haben, so daß man vor der Frage stehe, ob ein nur bilateraler Teilnehmerkreis für ein solches Vorhaben noch sinnvoll wäre. Zu den von Herrn Hoensch angezogenen Problemen müsse man sich wohl sehr ernsthaft fragen, ob in diesem Bereich nur Blasen einer Ideologiegeschichte oder Eintagsfliegen vorlägen. Gewiß sei ein Unterschied zwischen der privaten Arbeit Herrn Schickels aus Ingolstadt und dem Historikerstreit zu machen, der die seit Jahren breiteste Fachdebatte angeregt und in die Öffentlichkeit getragen habe und immer noch außerordentliche Resonanz finde. Aber es gehe gar nicht darum, den Historikerstreit, die Arbeiten von Dr. Schickel oder die Alternativempfehlungen abzutun. Wenn dies geschähe, würde sich die Fachwissenschaft in falscher Sicherheit wiegen; mindestens wäre das eine Unterschätzung der Kraft, die von thematischer und motivischer Besessenheit ausgehe.

Herr *Müller* stellt die Frage nach den Wirkungen der Schulbuchkonferenzen auf Forschung und Geschichtsschreibung noch einmal direkt: nach seiner Auffassung gelange die Bilanz für die Forschung zum Zweiten Weltkrieg zu einem deutlich anderen Befund als die zu anderen Epochen. Während sich nämlich im allgemeinen beobachten lasse, daß mit der Versachlichung der Fragestellungen auch der wissenschaftliche Dialog zwischen beiden Seiten in Gang gekommen sei und die Interpretationen sich einander annäherten, habe die NS-Forschung in beiden Ländern offenbar bisher keine gemeinsame Basis gefunden. Nicht nur die Deutungen unterschieden sich hier radikal, sondern schon allein die Fragestellungen; und von einem Dialog im Sinne angemessener gegenseitiger Wahrnehmungsfähigkeit könne keine Rede sein. Vielmehr habe man den Eindruck, als diskutierten die Fachleute in beiden Ländern über grundverschiedene Gegenstände und als seien die jeweiligen nationalen Diskussionen noch immer im wesentlichen von den je spezifischen Problemen der politischen „Vergangenheitsbewältigung" geleitet. So müsse man sich grundsätzlicher als zuvor der Frage stellen, was geschehen könnte, um die Historiker beider Seiten miteinander ins Gespräch zu bringen. Dazu müßte über Fragestellungen nachgedacht werden, bei denen es zumindest parallele Forschungsansätze gibt, die dann – ähnlich wie bei anderen Epochen – auch im Bereich der Erforschung des Zweiten Weltkrieges für eine dialogische Auseinandersetzung mit den Beziehungsfragen genutzt werden könnten.

zu Teil V

Herr *Hinrichs* fragte die Herren Jacobsen und Tomala, was es denn heißen könne, die Empfehlungen „fortzuschreiben". Die Empfehlungen seien damals auf der Basis von Schulbuchanalysen entstanden. Folglich müsse man klären, ob gegenwärtig ein neues Ausgangsmaterial vorliege, das diesen vorgeschlagenen Zugang rechtfertige. Im übrigen wolle er auch vor blinder Dynamik und vor einem bloßen Automatismus der Konferenztätigkeit warnen.

Herr *Zernack* schlug vor, diesen Programmpunkt auf der nächsten Sitzung des Gemeinsamen Präsidiums zu verhandeln. Im übrigen bemerkte er, es herrsche eine Art von „verdünnter Zone zwischen der Zeitgeschichte und der Politik".

Herr *Madajczyk* wies darauf hin, daß in der Qualifizierung der Vorgänge von Zwangsumsiedlung und Vertreibung zwischen deutschen und polnischen Historikern beträchtliche Unterschiede in der Quellennutzung festzustellen seien. Dies sei eigentlich einzigartig, wenn man diesen methodischen Zugang mit Zugängen zu anderen Epochen der Beziehungsgeschichte vergleiche. Vielleicht empfehle es sich, hier einen Vergleich mit den Anfängen der sich erst entwickelnden Holocaust-Forschung vorzunehmen, wo ebenfalls zeitweise die Erlebnisberichte der Überlebenden vorherrschten. Die Historiker seien aufgerufen, unterschiedliche Quellentypen auch methodisch zu bewältigen.

Herr *Kulak* erhob Einwände gegen die Auffassung von Herrn Kleßmann, daß man auch am Begriff der „Vertreibung" festhalten müsse: dieser Begriff sei zu emotionsbelastet, als daß die Kommission der Verwendung dieses Begriffes zustimmen könnte. Im übrigen laufe dieser Begriff auch auf eine monoperspektivische Darstellung hinaus, die wegen ihrer Widersprüche zur Realgeschichte inakzeptabel bleibe.

Herr *Jeismann* wies auf die Gefahren hin, die immer dann entstünden, wenn man solche Begriffe positiv oder negativ auswähle, die nach eigenen Normvorstellungen gültig schienen. Das gelte auch für den Umgang mit dem Begriff „Vertreibung". Dieser Begriff lasse sich nicht durch den Hinweis auf den diplomatischen Sprachgebrauch während der Potsdamer Konferenz aus der Welt schaffen. So sehr zu begrüßen sei, daß er als Pauschalbegriff differenziert werde, so kontraproduktiv sei es gewesen, ihn in den Empfehlungen nicht als einen von deutscher Seite her verständlichen Sprachgebrauch zu erwähnen. Man könne die Beziehungsgeschichte zwischen Völkern nicht nur auf der Ebene der Diplomatie- oder Rechtsgeschichte betrachten; die Geschichte der Volksmassen, die Alltags- und Erfahrungsgeschichte in diesem Fall von über 10 Millionen Menschen hat ein eigenes und bedeutendes Gewicht. Das muß man zur Kenntnis nehmen, und man darf es nicht normativ oder semantisch wegzuschieben versuchen. Erst dann könne man mit dem Phänomen selbst umgehen. Nur wenn man diese Erfahrung ernst nähme, werde es gelingen, auch die Vertreibungs- und Unterdrückungserfahrung der polnischen Bevölkerung während der deutschen Besatzungszeit zu Gehör zu bringen und damit gefährliche Emotionen und einseitige Stereotypenbildung zu verhindert. Setzungen der Kommission, die an der Autonomie und an dem Empfinden der Schulbuchautoren und Lehrer auf beiden Seiten vorbeizugehen suchten, könnten keinen Erfolg haben; Empfehlungen, welche die gängigen Urteile und Vorurteile aufgreifen, differenzieren und mit anderen Erlebnisweisen und Deutungen konfrontieren, fänden dagegen Beachtung. Mit diesen Bemerkungen wolle er der Bilanzierungsaufgabe der Konferenz von 1988 zwar nicht vorgreifen, wohl aber schon auf eine wichtige Erfahrung bei der Wirkung der Empfehlungen hinweisen.

Klaus Zernack

Gedanken zur XX. deutsch-polnischen Schulbuchkonferenz der Historiker 1987*

Fünfzehn Jahre nach dem Beginn ihrer regelmäßigen Beratungen kam die Gemeinsame Deutsch-Polnische Schulbuchkonferenz im Juni 1987 in Posen zu der XX. Schulbuchkonferenz der Historiker zusammen. Dieses Doppeljubiläum, dem die polnischen Gastgeber einen unvergleichlich schönen und festlichen Rahmen zu geben wußten, war gewiß Anlaß genug für einen selbstkritischen Rückblick. Und zwar schien es zunächst sinnvoll, den fachwissenschaftlichen Ertrag der Konferenzarbeit seit ihren Anfängen auf den Prüfstand zu stellen und nach ihrer Resonanz in der Geschichtswissenschaft der siebziger und achtziger Jahre zu fragen. Wie es mit der Rezeption im schulischen Bereich bestellt ist, wird die nächste Zusammenkunft der Kommission im Jahre 1988 klären.

Wenn man, wie der Verfasser dieser Zeilen, an der Konferenzarbeit von Anfang an beteiligt gewesen ist, wird man das Bedürfnis und auch den Nutzen einer solchen Selbstprüfung, wie wir sie in Posen versucht haben, ziemlich hoch veranschlagen, besonders da, wo die Beratungen zu den methodologischen Grundfragen unserer Arbeit durchstießen. Das war gewiß nicht immer mit gleichmäßiger Intensität der Fall, d. h. für die Kompensation des Grundsätzlichen durch empirische Detailfülle war — wie in jeder Historikerdebatte — auch in Posen gesorgt.

Doch je länger man sich mit den Dingen befaßt, um so stärker wird der Eindruck, daß die im Wissenschaftsverständnis der Historie begründete Komplementarität von Methodologie und Empirie in unserem Fall von einer spezifischen Spannung begleitet wird: In der Konferenzarbeit standen sich nämlich von Anfang an zwei Grundpositionen gegenüber. Auf der einen Seite gibt es ein gleichsam optimistisches Konzept *Beziehungsgeschichte,* das die Antagonismen (als historisch gewordene) durch geschichtswissenschaftliche Reflexion (also kraft Änderung des historischen Bewußtseins) für überwindbar hält und dies als Aufgabe der Kommission ansieht. Im Kontrast dazu steht ein Denkansatz, der auch für das historische Urteil unaufhebbare Meinungsgegensätze zwischen Deutschen und Polen hinnehmen möchte, wenn die jeweilige Staatsräson dies gebietet. Man könnte hier von einem pessimistischen Verständnis des Nachbarschaftsverhältnisses sprechen.

Diese Dualität von Denkprinzipien ist, trotz des Bekenntnisses der Kommission zur beziehungsgeschichtlichen Arbeitsweise[1], in unseren Beratungen nie aufzuheben gewesen. Auch der Text der *Empfehlungen* läßt dies deutlich erkennen. Lange Zeit war es sogar in der Kommission umstritten, ob man nicht überhaupt dem Nebeneinander von sog. Selbstdarstellungen den Vorzug vor dem immerhin vorwiegend beziehungsgeschichtlichen Duktus unseres Textes hätte geben sollen.[2] Es verwundert nicht, daß diese Forderung um so lauter erhoben wurde, je mehr sich die Darstellung der deutsch-polnischen Beziehungen der Epoche nach 1945 näherte. Und auf den ersten Blick lesen sich die Empfehlungen zur Zeitgeschichte in der Tat wie bloße Kontrastdarstellungen deutscher und polnischer Standpunkte. Auch in den Posener Gesprächen zur Evaluierung unserer Arbeit kamen die Spannungen zwischen beiden Prinzipien wieder zum Tragen.

Dennoch wird man sagen dürfen, daß die Rezeption der beziehungsgeschichtlichen Methode unter den Fachleuten beträchtliche Fortschritte gemacht hat. In mehreren Referaten zu den einzelnen Epochen der deutsch-polnischen Beziehungen bis zum Ende des Zweiten Weltkriegs wurde die weitere Entwicklung entsprechender Denkansätze — besonders von seiten der deutschen Referenten, aber nicht nur von diesen — hervorgehoben. Im Mittelalter und in der Frühen Neuzeit hat es sogar den Anschein, daß sich die beziehungsgeschichtliche Methode mit strukturgeschichtlicher Komparatistik fruchtbar kombinieren läßt. Bei der Verwertung solcher Forschungsansätze werden die nationalen Standpunkte (Selbstdarstellungen) von selbst obsolet, was auch von polnischer Seite betont wurde.

Hingegen stand der letzte Teil der Posener Verhandlungen, der die deutsch-polnischen Beziehungen von 1945 bis heute zum Gegenstand hatte, noch einmal ganz im Zeichen der kontrastreichen Gegenüberstellung. Fast hatte man den Eindruck, daß die *Empfehlungen* hier schon weitergekommen waren als unsere Diskussion. Man fragt sich nach der Posener Debatte somit, ob die Zeitgeschichte ihren an der Staatsräson orientierten Sonderstatus bewahren soll, oder ob auch hier gedanklich erprobt werden darf, was sich an älteren Epochen bewährt hat.

Es kommt mir deshalb im folgenden auf den Versuch an, einige strukturgeschichtliche Überlegungen in die Diskussion über die Beziehungen zwischen Deutschen und Polen nach dem Zweiten Weltkrieg einzuführen. Eben das kann ja, wie in Posen an mittelalterlichen und frühneuzeitlichen Problemen gezeigt werden konnte, zu einer sinnvollen Erweiterung unserer beziehungsgeschichtlichen Methode beitragen.

Es ist natürlich unbestritten, daß die Bedingungsfaktoren für das deutsch-polnische Verhältnis vor allem in den staatlichen Beziehungen in Erscheinung treten. Die Politikwissenschaftler haben sich daher auch bei der Interpretation der deutsch-polnischen Beziehungen nach 1945 aus ihren geographischen Determinanten, historischen Hypotheken und internationalen politischen Rahmenbedingungen vor allen an den staatlichen Horizont gehalten.[3] Das ist zwar in sich schlüssig, doch dürfte es für die Historiker, zumal die beziehungsgeschichtlich arbeitenden, nicht ausreichen. Sie müßten nach dem komplexeren Bedingungsgefüge fragen, in dem sich die deutsch-polnischen Beziehungen als die zweier mitteleuropäischer Nachbarnationen entwickelt haben, und zwar von ihrem absolutem Tiefpunkt in den Katastrophen des Jahrzehnts von 1939—1949 zu ihrem heutigen positiven Stand. Haben wir es doch mit einer ungeahnten Entwicklung des deutsch-polnischen Verhältnisses zu tun.

Mein Blick richtet sich darum genauer auf die *innere* Beziehungsgeschichte, d. h. auf die in dem staatlichen Beziehungsablauf nicht aufgehende gesellschaftliche Seite der Prozesse und auf ihre Bewußtseinskomponenten. Man könnte auch von der Mentalitätsgeschichte der deutsch-polnischen Beziehungen in unserer Epoche sprechen. Vielleicht wäre damit sogar eine Kategorie von „Völkerdiplomatie" im Unterschied zur offiziellen Diplomatie zu entdecken. Meine in dieser Perspektive angestellten Überlegungen mögen durchaus als Versuch einer kritischen Variante in der bisherigen Diskussion zur Zeitgeschichte in den deutsch-polnischen Beziehungen aufgefaßt werden. Ich greife sechs Momente heraus, die ich für besonders bedenkenswert halte, und diskutiere

1. Die Nachgeschichte Preußens in den deutsch-polnischen Beziehungen
2. Die doppelte Wirkung von Krieg und Nachkrieg in den deutsch-polnischen Beziehungen
3. Die Bedeutung des Jahres 1945 in der deutschen und in der polnischen Geschichte
4. Die Teilung Europas und das deutsch-polnische Verhältnis
5. Der Wandel der gegenseitigen Wahrnehmung nach 1956
6. Normalisierung

1. Die Nachgeschichte Preußens in den deutsch-polnischen Beziehungen

Wenig kontrovers ist die Periodisierungsfrage an sich. Es gibt in dem Zeitraum nach 1945 ohne Zweifel zwei große Perioden, deren Zäsur um 1970 zu suchen ist. In der Begründung dieser Periodengrenze scheinen mir nun Ansatzmöglichkeiten für eine vertiefte Diskussion des zeitgeschichtlichen Beziehungsproblems zwischen Deutschen und Polen zu liegen. In meinem Verständnis ist die Periode vor 1970 an der Vergangenheit orientiert und stark historisch-ideologisch beladen. Demgegenüber ist die Epoche danach in die Zukunft gerichtet und eher politisch-ideologisch befrachtet; etwas vorsichtiger gesagt: die Epoche vor 1970 stellt sich als eine Mischung als Altem und Neuem dar, während nach 1970 das Neue dominiert, ohne daß das Alte schon ganz außer Kraft gesetzt würde. Das wichtigste innere Begründungsmoment für die Zäsur aber scheint mir zu sein: erstmals seit Beginn des 18. Jahrhunderts haben wir es nach 1970 mit einer positiven Epoche der deutsch-polnischen Beziehungen zu tun. Bis dahin herrschten die alten Negativitätsmuster vor, und die Mischung aus Altem und Neuem in der Zeit vor 1970 galt auf beiden Seiten. Darin kommt ein sehr charakteristisches Phänomen von Nachgeschichte der europäischen Politik im Zeichen der Großen Mächte zum Vorschein, von deren System die Nachbarschaftsbeziehungen zwischen Deutschen und Polen nachhaltig beeinflußt worden sind.

Verkörpert ist dieser strukturelle Befund — die Wirkung des Systems der Großen Mächte — in dem Teilungsstaat Preußen und seiner folgenreichsten historischen Hervorbringung: dem preußisch-deutschen Nationalreich. Denn der kleindeutsche Nationalstaat war — als die preußische Lösung der deutschen Frage — auf die funktionale Verknüpfung mit der Unterdrückung Polens im Scheitern von 1848 gegründet. Schon 1848 hatte Bismarck sein negatives polenpolitisches Credo als eine Reaktion auf die Märzereignisse gewissermaßen zu Protokoll gegeben, und er ist dabei zeitlebens geblieben.[4] Damit liegt Preußens langer Schatten auf den deutsch-polnischen Beziehungen, und so verwundert es nicht, daß die förmliche Auflösung des Staates Preußen 1947 nirgendwo so emphatisch und so einhellig begrüßt worden ist wie in Polen. Keine Nationsgesellschaft konnte in dem Kontrollratsgesetz vom Februar 1947 auch so sehr die Erfüllung eigener Bedürfnisse sehen, wie eben die der Polen. Gewiß hat Włodzimierz Borodziej in der Posener Diskussion zu Recht betont, daß die Zerschlagung der Zweiten Republik nur durch die Zerschlagung des Dritten Reiches geheilt werden konnte. Aber die Reaktion in der polnischen Öffentlichkeit auf 1947 zeigte deutlich, daß der September 1939 in einem größeren historisch-politischen Bewußtseinskontext stand, in dem auch die *finis Poloniae* von 1795 und ihre Bestätigung von 1871 nicht vergessen waren. Die Polen erlebten daher die Auflösung Preußens als gerechte Umkehrung des Verlaufs der Geschichte: ihre eigene Teilung wurde geheilt und gesichert durch die *finis Borussiae* und die Teilung Deutschlands.

So ist es zu erklären, daß sich in die Stimmung des Triumphs über das Hitlerreich nach 1945 auf vielfältige Weise Phänomene eines allgemeinen Preußenhasses mischten, ebenso aber aktuelle politische Überlegungen, aus dem historischen Betroffensein durch Preußen Schlußfolgerungen für Polens Zukunft zu ziehen. Das bedeutet: „Das deutsch-polnische Verhältnis der Nachkriegszeit ist aus der polnischen Perspektive nicht allein durch das Problem von Versöhnung oder Vergebung bestimmt, sondern zumindest ebenso durch das Bedürfnis, entweder eine nichtpreußische Lösung der Deutschlandfrage herbeizuführen, oder, wenn dies nicht ging, diese überhaupt ungelöst zu lassen. Es galt jedem Bestreben entgegenzuwirken, die Deutsche Frage in Anlehnung an das preußische Modell — ob territorial oder politisch gesehen — zu lösen."[5] Das war natürlich in erster Linie abhängig von den Entscheidungen über die Grenzfrage. Es ist durchaus charakteristisch und konsequent, daß noch so spät wie 1965 der Posener Historiker Jerzy Krasuski — ungeachtet der definitiven Auflösung des preußischen Staates — den programmatischen Revisionismus „der Bundesrepublik" als preußisch-deutsch begründet ansah.[6]

Das 1848 begründete Junktim der deutschen und polnischen Frage, eben der Schatten Preußens, lastete also unverrückbar auf den deutsch-polnischen Beziehungen der Nachkriegszeit, solange der westliche Teil Deutschlands die polnische Westgrenze nicht anerkannt hatte. Diese war durchaus ein nationales Anliegen *aller* Polen, ganz gleich wie sie politisch zu der Entwicklung der Volksrepublik standen. Als 1950 der oppositionelle katholische Tygodnik Powszechny in Krakau zur Deutschen Frage Stellung nahm, schrieb er: „Wir sehen leider keine wirklich mutigen Versuche, die traditionelle politische Haltung, die unter dem Einfluß preußischer Eroberungsideologie entstanden ist, zu überwinden". Mit einigem Widerstreben stellte die Wochenzeitung allerdings einen Wandel der Einstellungen im östlichen Teil Deutschlands fest. Indes, so heißt es, „es geht hier nicht allein um die Grenze, sondern um einen grundsätzlichen politischen Umbruch, um eine revolutionär veränderte Haltung fundamentalen Problemen der Geschichte gegenüber. Die Anerkennung der Oder-Neiße-Grenze ist ein Beweis dafür, daß eine traditionell preußische Doktrin, die seit dem 19. Jahrhundert auf Deutschland lastete, überwunden worden ist. Diese Wende begrüßen wir mit Anerkennung; sie wird in keiner Weise durch die Tatsache entwertet, daß die Initiative in diesem Fall von dem uns ideologisch fremden marxistischen Lager ausgegangen ist... Dies läßt uns hoffen, daß trotz der großen Widerstände und Schwierigkeiten die Deutsche Nation in der Lage ist, von der preußischen Tradition Abstand zu nehmen. Die Epoche der von Preußen aufgenötigten Eroberungspolitik wäre demnach nur eine Episode in der großen deutschen Geschichte."[7]

Doch erst um 1970 gab es Anzeichen für einen Wandel in der Traditionalität westdeutscher Politik: Mit den Verträgen von Moskau und Warschau folgte die Bundesrepublik ihren eigenen außenpolitischen Interessen und handelte nicht mehr im Namen eines vergangenen oder zukünftigen deutschen Nationalstaats. Im polnischen Bewußtsein schien sich die Auffassung von einer neuen Epoche der deutsch-polnischen Beziehungen Bahn zu brechen. Dann aber rollte die Preußenwelle über beide Teile Deutschlands hinweg, und erneut zeigten sich die Wirkungen von Preußens langem Schatten im Bewußtsein der beiden Nationen: In den deutschen Staaten produzierte man Preußenreminiszenzen sehr eigentümlicher Art, und die polnische Reaktion darauf war in beiden Richtungen in gleicher Weise kritisch und besorgt.[8]

2. Die doppelte Wirkung von Krieg und Nachkrieg in den deutsch-polnischen Beziehungen

Das lange Nachleben Preußens in den deutsch-polnischen Beziehungen war natürlich nicht exakt zu trennen von den verheerenden Folgen der nationalsozialistischen Vernichtungspolitik im Zweiten Weltkrieg auf das deutsch-polnische Verhältnis. In einer beziehungsgeschichtlichen Interpretation muß man aber auch die doppelte Wirkung des Zweiten Weltkrieges unterstreichen: Auf der einen Seite hatte dieser Krieg unermeßlich größere Zerstörungen und Leiden in Polen als in Deutschland angerichtet, auf der anderen Seite war er die Ursache für die Katastrophe Ostdeutschlands. Eine tiefere gegenseitige Entfremdung zweier Nationen ist kaum vorstellbar als die, die zwischen 1939 und 1949 die Deutschen und die Polen erfaßt hat. Man muß sich lange in der Beziehungsgeschichte europäischer Nationen in älteren Epochen umsehen, um historische Phänomene von gleicher Tiefenwirkung zu finden.

Den objektiven Verursachungszusammenhang von Krieg und Nachkrieg kann man also als beziehungsgeschichtliches Problem nicht ernst genug nehmen. Dabei ist nun wichtig, daß die Leiderfahrung des polnischen Volkes in ihrer unvorstellbaren Furchtbarkeit keineswegs geschmälert wird, wenn die subjektive Unrechtserfahrung der ostdeutschen Bevölkerung in dem schrecklichen Zusammenbruch des deutschen Ostens in seiner Geschichtsmächtigkeit für die Völkerbeziehungen in Rechnung gestellt wird. In dieser Hinsicht erreichten die Saarbrücker Gespräche von 1986[9] eine bedeutsame Station in der Problemerörterung, insofern es hier gelang, die objektiven Prozesse und die subjektiven Erlebnishorizonte, auch die kollektiven, sorgfältig methodisch zu unterscheiden. Hier ergeben sich endlich Zugänge zu den quellenkritischen Problemen, vor denen wir bei dieser Frage stehen. Dabei ist es auch wichtig, die Frage nach den atmosphärischen Wirkungen von ersten völkerdiplomatischen Verlautbarungen nach den Katastrophen der Völker in Augenschein zu nehmen. Wir wirkte ein – im Prinzip klärendes – Bekenntnis zum Verzicht auf Rache und Vergeltung, wie es nach dem Zweiten Weltkrieg aus deutschem Munde zu hören war, nach außen? Unterstellte ein solches Diktum nicht unbewußt, aber doch der Semantik nach, daß man auf das, worauf man feierlich verzichtet, eigentlich einen Anspruch habe? Ohne die Ehrlichkeit und hohe Moralität dieser Verlautbarung etwa in Zweifel ziehen zu wollen, muß festgestellt werden, daß die völkerpsychologischen Wirkungen in der Öffentlichkeit des Adressatenlandes durchaus von ganz anderer Art sein konnten. Das gilt nun auch etwa von der unumwundenen und noch immer wiederkehrenden Verwendung einer Propagandavokabel wie *Revanchismus,* wo allenfalls Revisionismus – in bezug auf die Grenzfrage – gemeint war. Behutsamkeit und sorgfältige Differenzierung beim Umgang mit dem Vokabular des Vertreibungskomplexes dürfte weiter angeraten sein. Es ist mit Bedauern zu registrieren, daß die öffentliche Diskussion in dieser Frage wieder an Augenmaß und Trennschärfe zu verlieren beginnt.

3. Die Bedeutung des Jahres 1945 in der deutschen und in der polnischen Geschichte

Solche Betrachtungen führen zu der Einsicht, daß über die Stellung des Jahres 1945 im geschichtlichen Bewußtsein beider Völker weiter intensiv und in gegenseitigem Rezeptionsbemühen nachzudenken ist. Der Kontrast der Ergebnisse der beiden Nationalgeschichten ist gewaltig: auf der einen Seite steht die Wiedervereinigung Polens und die Zurückgewinnung des Nationalstaates, auf der anderen Seite die Teilung Deutschlands und der Verlust des Nationalstaats – gleichsam die Umkehrung Bismarcks. Dieses Kriegsergebnis dürfte an Fundamentalität für das Bewußtsein der beiden Nationen nicht zu überbieten sein. Dabei darf auch die Neuartigkeit der Bedingungen, für den Erfahrungshorizont europäischer Nationen gesprochen, nicht übersehen werden: Der deutsch-polnische Vorgang ist eingebettet in die Teilung Europas durch die Abgrenzung von Interessenssphären der Weltmächte. Man könnte auch von der weltgeschichtlichen Erfüllung der Tocqueville'schen Prognose von 1835 sprechen. Die Teilung Europas nach 1945 bewirkte die definitive Außerkraftsetzung des Gedankens von Versailles, eines Staatensystems, dem ein Prinzip der Überwindung von Hegemonie und Teilung, ein Prinzip des Europa der Nationen, eingeschrieben war. Ohne Zweifel hatten die Verlierer des Ersten Weltkrieges die Kosten dafür zu tragen. Sie bestanden vor allem in der Aufteilung ihrer Imperien. Aber eben weil sich zwei der alten imperialen Mächte, Deutschland und Rußland, mit der neuen Gleichberechtigung der europäischen Nationen als Nationen nicht abzufinden vermochten, auch um den Preis der Zerstörung Europas als politische Lebensform, ist das Versailler Europa zugrunde gegangen. Was an seine Stelle trat, nämlich die Zerstörung Europas nach 1933 und seine Teilung nach 1945, ist je für sich ohne Vorbild. Denn die machtpolitische Interessenabgrenzung des bipolaren Weltmächtesystems ist begleitet von einer ideologischen Teilung, die keine gemeinsamen Werte mehr anerkennt, weil sie auf einer in Europa nie dagewesenen Teilung der ökonomischen und gesellschaftlichen Systeme beruht.

4. Die Teilung Europas und das deutsch-polnische Verhältnis

Die spezifische Wirkung dieser neuen Weltsituation ist bei der Analyse der deutsch-polnischen Beziehungen hoch zu veranschlagen. Doch sollte dies nicht in jenem starren intersystemaren Schematismus steckenbleiben, zu dem die offizielle Diplomatie immer wieder ihre Zuflucht nimmt. Zwar gerieten Deutschland und Polen an der Nahtstelle des zweigeteilten Europa unter einen besonderen Spannungsdruck, der in der Auslegung des Potsdamer Abkommen durch die Alliierten nach 1946 noch erheblich eskalierte. Polen wurde dabei geradezu zum Testfall der Ost-West-Beziehungen.[10] Aber für eine beziehungsgeschichtlich tiefgreifende Reflexion läßt sich gerade hier auch die Frage nach der meliorativen Wirkung stellen, die der Ost-West-Gegensatz im allgemeinen und die deutsche Teilung im besonderen auf das deutsch-polnische Verhältnis ausgeübt haben. Erstmals konnten die Völker die *aktuelle* Konfrontation, in die sie sich hineingestellt sahen, auch als aufgezwungen empfinden, und die Entstehung der deutschen Volksdemokratie in der DDR relativierte die Antagonismen auf spezifische Weise: Die Polen-Politik der DDR enthielt ja von Anfang an problematische und positive Elemente zugleich im Hinblick auf einen neuen Anfang in den deutsch-polnischen Beziehungen. Denn einerseits stieß die sozialistische DDR mit der für sie lebensnotwendigen Traditionslosigkeit ihrer leninistischen Geschichtsinterpretation den traditionsbewußten polnischen Nachbarn immer wieder vor den Kopf. Andererseits war der sozialistische deutsche Staat bereit, die Grenze Polens an Oder und Neiße als endgültige Westgrenze anzuerkennen. Später haben auch noch andere Verhaltensweisen der DDR, z. B. ihr militärisches Gepräge und ihre partielle Preußennostalgie, für Irritierung des polnischen Nachbarn gesorgt. Andreas Lawaty ist diesen Momenten in dem letzten Kapitel seiner genannten Studie mit Sorgfalt nachgegangen.[11]

5. Der Wandel der gegenseitigen Wahrnehmung nach 1956

Der Ertrag dieses Buches für ein vertieftes Verständnis der deutsch-polnischen Beziehungen nach dem Zweiten Weltkrieg ist beachtlich. Es zeigt sich darin, wie dauerhaft die Schemata gegenseitiger Wahrnehmung unter benachbarten Nationen sind, aber auch, in welchem Maße sie von den politischen Gegebenheiten des Tages beeinflußt werden. Die Traditionalität deutscher Nichtbeachtung der polnischen Nachbarnation, das generationenlange *Polonia-non-leguntur*-Verhalten in Deutschland, hat sich in Westdeutschland nach 1945 sogar zunächst noch beträchtlich verstärkt. Dem stand die Traditionalität eines intensiven Interesses der Polen an Deutschland gegenüber, das sich aus der negativen Kontinuität der Einwirkung Preußens auf die polnische Geschichte, zumindest nach 1848, speiste. Änderungen in diesen sehr festgefahrenen Mustern sind seit 1956 zu beobachten. Seit dieser Zeit gibt es offenbar neue Orientierungskriterien. Hatte es vorher primär antikommunistisches Interesse (aus dem Kontrast von demokratischer Gesellschaft und Sowjetsystem) gegeben, so zeigte sich nun in der liberalen Demokratie des westlichen Deutschland ein neues Bedürfnis, eine kommunistische Volksdemokratie mit älteren Demokratietraditionen und eigenen nationalen Ansprüchen genauer kennenzulernen. Man begann zu erkennen, daß diese Traditionen ihre Lebenskraft auch im Staat der Diktatur des Proletariats hatten bewahren können.

Man wird sagen dürfen, daß es damals zu wechselseitigen Lernprozessen kam. Denn umgekehrt entdeckte man auch in der polnischen Intelligenz, daß die autoritären Traditionen der politischen Kultur Deutschlands — gewissermaßen die Schatten Preußen-Deutschlands in der deutschen Geschichte — nunmehr der Konkurrenz demokratischer Politikfähigkeit ausgesetzt waren. Hier liegt die Bedeutung schon der frühen sechziger

Jahre für die neue Basis gegenseitiger Kenntnisnahme. Damals hat es einen förmlichen Boom der Übersetzung polnischer Literatur der Ära nach dem Oktober 1956 gegeben. Aber auch das unruhige Westdeutschland der sechziger Jahre stieß in Polen auf wachsendes Interesse. In den Siebzigern führte diese geistige Annäherung dann zu dem Durchbruch jener lebhaften Wissenschaftskooperation zwischen der Bundesrepublik und Polen. In der Stipendiatenliste der Humboldt-Stiftung nahmen die Polen nach den Amerikanern den zweiten Rang ein, und die Historiker beider Länder begannen mit einer vielfältigen Kontaktaufnahme, die sich seitdem zu außerordentlich engen Beziehungen entwickelt hat. Auch die Arbeit unserer deutsch-polnischen Schulbuchkommission ist in diesem Zusammenhang von einiger Bedeutung gewesen.

Die Auswirkung solcher Entwicklungen auf die Politik und die Öffentlichkeit in beiden Ländern ist nicht zu unterschätzen. Geistige und kulturelle Kontakte dieser Art sind wichtig für das Verhältnis zwischen Nationen, deren Geschichte von älteren Generationen immer wieder gegeneinander aufgeboten worden ist. Darum hat Jerzy Serczyk 1985 mit Recht betont, daß die heutige Zusammenarbeit der westdeutschen und der volkspolnischen Historiker die Geschichtswissenschaft an einen neuen Anfang geführt hat.[12]

6. Normalisierung

In allen diesen Beobachtungen sind die Ansätze einer substantiellen Normalisierung von historisch extrem belasteten und aktuell nur zu oft politisch instrumentalisierten Beziehungen zwischen zwei europäischen Nationen zu entdecken . Völkerdiplomatisch und beziehungsgeschichtlich bedeutsam ist es, daß in der Reaktion auf die gesellschaftspolitischen Prozesse in Polen in dem vergangenen Jahrzehnt zum ersten Mal in der deutschen Geschichte Polen als ein Land gesehen wird, das bei uns ein breites öffentliches Interesse findet. Die junge Generation zeigt sich aufgeschlossen gegenüber den Problemen des Nachbarlandes, man empfindet diese als Probleme unserer Welt. Das erweckt die Hoffnung, daß zumindest in Westdeutschland ein realistisches Polenbild dauerhaft an die Stelle der traditionellen Vorurteile von Anarchie und polnischer Wirtschaft tritt und daß das Polen von heute verstanden wird als eine „moderne, reife, strukturierte und selbstbewußte Gesellschaftsformation, die ein lebendiges Traditionsbewußtsein, ein hingebungsvoller Patriotismus und eine tiefe, emotionale Bindung an den Katholizismus mit der wechselvollen Geschichte der Nation verbindet. Das Wissen um die Meisterung der vielfältigen die Eigenstaatlichkeit und die ethnische Substanz Polen bedrohenden Gefahren in der Vergangenheit, die Überzeugung über die vornehmsten Tugenden der abendländisch-christlichen Kultur zu verfügen, die ungebrochene Lebenskraft und Regenerationsfähigkeit, der Bildungseifer und die nationale Solidarität untereinander sind Garanten für die konstruktive Bewältigung der weiterhin gravierenden Probleme der Gegenwart."[13]
Wenn Władysław Bartoszewski gerade dieses Urteil eines westdeutschen Historikers an den Schluß seiner Rede in der Paulskirche bei der Annahme des Friedenspreises des deutschen Buchhandels 1986 gestellt hat, so ist auch das ein gutes Zeichen für die Zunahme der gegenseitigen Wahrnehmung. Denn es ist wichtiger, daß die Nationen lernen, sich im Urteil der Nachbarn selbst zu erkennen, als auf der Unverrückbarkeit des eigenen Standpunkts zu beharren. In der Rückschau auf unsere Diskussion am letzten Vormittag der Posener Konferenz 1987 will es mir scheinen, daß auch die deutsch-polnische Schulbuchkommission noch immer viel über die Aufarbeitung der jüngsten Epoche unserer Beziehungen nachzudenken hat.

Anmerkungen

* Zuerst veröffentlicht in: Internationale Schulbuchforschung 9 (1987), H. 2, S. 201–210.

1 *Gemeinsame Deutsch-Polnische Schulbuchkommission:* Empfehlungen für Schulbücher der Geschichte und Geographie in der Bundesrepublik Deutschland und in der Volksrepublik Polen. Braunschweig 1977 (*Schriften des Georg-Eckert-Instituts für Internationale Schulbuchforschung 22)* 6f.

2 Solchen Selbstdarstellungscharakter tragen auch die sog. Alternativ-Empfehlungen, siehe *Menzel, J. J., Stribrny, W.*, und *Völker, E.:* Alternativ-Empfehlungen zur Behandlung der deutsch-polnischen Geschichte in den Schulbüchern. Mainz o. J. (1978).

3 So hat *H. A. Jacobsen* auf der XIX. deutsch-polnischen Schulbuchkonferenz der Historiker 1986 in Saarbrücken (Bd. X, Braunschweig 1987) die Bedingungsfaktoren für das Verhältnis zwischen den deutschen Staaten und der Volksrepublik Polen gekennzeichnet. Sein polnischer Korreferent *M. Tomala* ist ihm darin im wesentlichen gefolgt. Gegenüber dieser Begründungsweise gab es jetzt in Posen, ein Jahr nach Saarbrücken, kaum Abweichungen.

4 Dieses Prinzip Bismarcks findet in der modernen deutschen Bismarck-Literatur, die lieber einen prinzipienfreien Bismarck hervorkehren möchte, kaum Berücksichtigung; siehe zuletzt die bekannten Bismarck-Bücher von *Lothar Gall* und *Ernst Engelberg.*

5 *Lawaty, A.:* Das Ende Preußens in polnischer Sicht — Zur Kontinuität negativer Wirkungen der preußischen Geschichte auf die deutsch-polnischen Beziehungen. Berlin/New York (1986) 239.

6 *Krasuski, J.:* W sprawie Prus (Zur Preußenfrage). In *Przegląd* Zachodni 4 (1965) 208 — zit. nach *Lawaty* (1986) 248.

7 Zit. nach *Lawaty* (1976) 242.

8 Ausführlicher *Zernack, K.:* Preußen — Polen — Rußland. Betrachtungen am Ende des Preußenjahres, in: Jahrbuch für die Geschichte Mittel- und Ostdeutschlands 31 (1982) 106—125; ders.: Die Geschichte Preußens und das Problem der deutsch-polnischen Beziehungen, in: Jahrbücher für Geschichte Osteuropas N. F. 31 (1983) 28—49.

9 Die Materialien der Tagung befinden sich im Druck.

10 *Nolte, E.:* Deutschland und der Kalte Krieg. München (1986^2) 149 ff.

11 *Lawaty* (1986) 239 ff.

12 Siehe dazu den Bericht von *M. G. Müller* im Jahrbuch für die Geschichte Mittel- und Ostdeutschlands 35 (1986) 365 f.

13 *Hoensch, J. K.:* Geschichte Polens. Stuttgart (1983) 337.

Bibliographie der deutsch-polnischen Schulbucharbeit 1972–1988

Veröffentlichungen des Internationalen Schulbuchinstituts/Georg-Eckert-Instituts für internationale Schulbuchforschung im Rahmen oder im Umkreis der Arbeit der deutsch-polnischen Schulbuchkommission.

begründet von Rainer Riemenschneider,
seit 1983 fortgeführt von Wolfgang Jacobmeyer

Abkürzungen
Jahrbuch = Internationales Jahrbuch für Geschichts- und Geographieunterricht
Internationale Schulbuchforschung = Internationale Schulbuchforschung. Zeitschrift des Georg-Eckert-Instituts (als Fortsetzung des Jahrbuchs)
Schriftenreihe = Schriftenreihe des Internationalen Schulbuchinstituts/Georg-Eckert-Instituts

I. Empfehlungen

Empfehlungen für Schulbücher der Geschichte und Geographie in der Bundesrepublik Deutschland und in der Volksrepublik Polen, hrsg. von der Gemeinsamen deutsch-polnischen Schulbuchkommission (Schriftenreihe Bd. 22) Braunschweig 1977 (zweisprachig); deutsche Ausgabe
– in: Jahrbuch XVII/1976, S. 158–184;
– als Sonderdruck des Jahrbuchs.

II. Fachkonferenzen

a) Geschichte

- ○ Deutsch-polnische Schulbuchkonferenz in Thorn/Toruń zum Deutschen Orden, in: Jahrbuch XVI/1975, S. 255–314.
- ○ Deutschland, Polen und der Deutsche Orden (Sonderdruck in Ergänzung zu Jahrbuch XVI/1975, Braunschweig).
- ○ Widerstandsbewegungen im nationalsozialistischen Deutschland und in Polen während des Zweiten Weltkrieges. X. deutsch-polnische Schulbuchkonferenz der Historiker. Lańcut 1977, in: Jahrbuch XVII/1977–78, S. 271–384; Neuauflage unter dem Titel:
- ○ Widerstandsbewegungen in Deutschland und in Polen während des Zweiten Weltkrieges (Schriftenreihe Bd. 22/I) Braunschweig 1979.
- ○ Die deutsch-polnischen Beziehungen 1831–1848: Vormärz und Völkerfrühling. XI. deutsch-polnische Schulbuchkonferenz der Historiker, Deidesheim 1978 (Schriftenreihe Bd. 22/II) Braunschweig 1979.
- ○ Die Rolle Schlesiens und Pommerns in der Geschichte der deutsch-polnischen Beziehungen im Mittelalter. XII. deutsch-polnische Schulbuchkonferenz der Historiker, Allenstein/Olsztyn 1979 (Schriftenreihe Bd. 22/III) Braunschweig 1980.
- ○ Polen und Deutschland im Zeitalter der Aufklärung. Reformen im Bereich des politischen Lebens, der Verfassung und der Bildung. XIII. deutsch-polnische Schulbuchkonferenz der Historiker, Münster/W. 1980 (Schriftenreihe Bd. 22/IV) Braunschweig 1981.
- ○ Schlesien und Pommern in den deutsch-polnischen Beziehungen vom 16. bis 18. Jahrhundert. XIV. deutsch-polnische Schulbuchkonferenz der Historiker, Zamość 1981 (Schriftenreihe Bd. 22/V) Braunschweig 1982.

○ Nationalgeschichte als Problem der deutschen und der polnischen Geschichtsschreibung. XV. deutsch-polnische Schulbuchkonferenz der Historiker, Braunschweig 1982 (Schriftenreihe Bd. 22/VI) Braunschweig 1983.
○ Industrialisierung, sozialer Wandel und Arbeiterbewegung in Deutschland und Polen bis 1914. XVI. deutsch-polnische Schulbuchkonferenz der Historiker, Warschau 1983 (Schriftenreihe Bd. 22/VII) Braunschweig 1983.
○ Die deutsch-polnischen Beziehungen 1919—1932. XVII. deutsch-polnische Schulbuchkonferenz der Historiker, Augsburg 1984 (Schriftenreihe Bd. 22/VIII) Braunschweig 1985.
○ Deutschland und Polen von der nationalsozialistischen Machtergreifung bis zum Ende des Zweiten Weltkrieges. XVIII. deutsch-polnische Schulbuchkonferenz der Historiker, Nowogard (Naugard) 1985 (Schriftenreihe Bd. 22/IX) Braunschweig 1986.
○ Die Beziehungen zwischen der Bundesrepublik Deutschland und der Volksrepublik Polen bis zur Konferenz üer Sicherheit und Zusammenarbeit in Europa (Helsinki 1975). XIX. deutsch-polnische Schulbuchkonferenz der Historiker, Saarbrücken 1986 (Schriftenreihe Bd. 22/X) Braunschweig 1987.
Enno Meyer, Wie ich dazu gekommen bin: Die Vorgeschichte der deutsch-polnischen Schulbuchgespräche 1948—1971 (= Schriftenreihe Bd. 56), Braunschweig 1988.

b) Geographie
○ Strukturwandel der Landwirtschaft und soziale Erosion im Raum Eschwege. Symposium der Arbeitsgruppe Geographie im Rahmen der VI. deutsch-polnischen Schulbuchkonferenz, Braunschweig/Eschwege 1974, in: Jahrbuch XVI/1975, S. 315–371.
○ Natürliches Milieu und ökonomische Entwicklung der Küstenregion am Beispiel der Dreistadt und ihrer Umgebung. Deutsch-polnisches Geographie-Symposium im Rahmen der IX. deutsch-polnischen Schulbuchkonferenz, Zoppot/Sopot 1976, in: Jahrbuch XVII/1976, S. 205–225.
○ Kultur- und wirtschaftsgeographische Probleme in Grenzräumen. Deutsch-polnisches Geographie-Symposium im Rahmen der X. deutsch-polnischen Schulbuchkonferenz, Münstereifel 1977, in: Jahrbuch XVIII/1977–78, S. 385–415.

III. Einzelveröffentlichungen und Abhandlungen in chronologischer Reihenfolge ihres Erscheinens

Geschichte und Geographie
○ *Gerard Labuda,* Umstrittene Fragen der deutsch-polnischen Beziehungen. Zehn Thesen über Polen und Deutschland bis 1939, in: Jahrbuch XIV/1972–73, S. 166–177.
○ *Maria Wawrykowa,* Revolutionäre Demokraten in Deutschland und Polen 1815–1848. Ein Beitrag zur Geschichte des Vormärz (Schriftenreihe Bd. 19) Braunschweig 1974.
○ *Dies.,* Deutsche Geschichte aus polnischer Sicht 1815–1848 (Schriftenreihe Bd. 21) Braunschweig 1974.
○ *Enno Meyer,* Stereotypen über Russen, Polen und die Bedeutung der Deutschen im östlichen Europa, in: Jahrbuch XV/1974, S. 62–78 (Auswertung deutscher Geschichts- und Geographielehrbücher vom Kaiserreich zur Bundesrepublik).
○ *Franciszek Ryszka,* Deutsch-polnische Problematik nach 1945 in Schulbüchern, in: Jahrbuch XV/1974, SS. 79–86 (vergleichende Analyse von je zwei deutschen und polnischen Geschichtslehrbüchern).

○ *Hans-Heinrich Nolte,* Die Empfehlungen zur Behandlung der deutsch-polnischen Beziehungen in Schulbüchern im Lichte der Lehrpläne für Geschichte in den Ländern der Bundesrepublik, in: Jahrbuch XV/1974, S. 87–96.
○ *Wilhelm Wöhlke,* Die Behandlung der Bundesrepublik Deutschland in den Erdkundebüchern der VR Polen, in: Jahrbuch XV/1974. S. 357–372.
○ *Wilhelm Wöhlke,* Die Bundesrepublik Deutschland: Staat und Wirtschaft. Wirtschaftsgeographische Selbstdarstellung der Bundesrepublik Deutschland, vorgetragen auf der VII. deutsch-polnischen Schulbuchkonferenz, Braunschweig 1975, in: Jahrbuch XVI/1975. S. 242–254.
○ *Irmgard Hantsche,* Die Rolle der Kirche bei der mittelalterlichen deutschen Ostsiedlung und ihre Darstellung in deutschen Schulgeschichtsbüchern der letzten Jahre, in: Jahrbuch XVI/1975, S. 35–49.
○ *Hagen Schneider,* Die Darstellung Polens in Schulgeschichtsbüchern des Kaiserreichs, in: Jahrbuch XVI/1975, S. 164–241.
○ *Wilhelm Wöhlke,* Über die Behandlung der Bundesrepublik Deutschland in den Erdkundebüchern der VR Polen, in: Jahrbuch XVI/1975, S. 396–407.
○ *Armin Dross,* Die Darstellung der polnisch-deutschen Beziehungen und der Bundesrepublik Deutschland in polnischen Geschichtsbüchern, in: Jahrbuch XVII/1976, S. 185–204.
○ *Jürgen Vietig,* Die deutsche Geschichte in den polnischen Geschichtsbüchern der Hauptschule bei Beginn der UNESCO-Schulbuchkonferenzen 1972, in: Jahrbuch XVII/1977–78, S. 103–161.

* *Wolfgang Jacobmeyer,* Die deutsch-polnischen Bemühungen zur Verständigung auf dem Gebiet der historischen und geographischen Unterrichtswerke, in: Internationale Schulbuchforschung, 1. Jg. 1979, H. 1, S. 23–31.
* *Enno Meyer,* Die Geschichte des südlichen Ostpreußens in polnischen Reiseführern, in: Internationale Schulbuchforschung, 1. Jg. 1979, H. 2, S. 5–17.
* *Walter Sperling,* Die kartographische Behandlung der Grenzen der historischen deutschen Ostgebiete – mit den Ergebnissen einer Befragung, in: Ebenda, S. 18–36.
* Forum zur Darstellung der deutschen Ostgrenzen in Schulbüchern und Schulatlanten (mit Beiträgen von *Gottfried Schramm, Jochen Abr. Frowein* und *Ingo v. Münch*), in: Ebenda, S. 78–91.
* Die deutsch-polnischen Schulbuchempfehlungen in der öffentlichen Diskussion der Bundesrepublik Deutschland. Eine Dokumentation eingeleitet und ausgewählt von *Wolfgang Jacobmeyer* (Schriftenreihe Bd. 26) Braunschweig 1979.
* *Rudolf Benl,* Die Darstellung der deutsch-polnischen Beziehungen im Zeitraum der mittelalterlichen deutschen Ostsiedlung in deutschen und polnischen Schulgeschichtsbüchern, in: Internationale Schulbuchforschung, 2. Jg. 1980, H. 2, S. 30–49.
* *Dieter Richter,* Geographische Bildung durch lernziel-thematisch-orientierten Geographieunterricht in der Bundesrepublik Deutschland und Intensivierung der Behandlung Polens, in: Internationale Schulbuchforschung, 2. Jg. 1980, H. 3, S. 26–45.
* Forum: „Deutsch-polnische Nachbarschaft im Schulbuch". Zur Kontroverse um die deutsch-polnischen Schulbuchempfehlungen (mit Beiträgen von *Josef Joachim Menzel* und *Klaus Zernack*), in Ebenda, S. 69–66.
* *Karl-Ernst Jeismann,* Zur Problematik der Kritik internationaler Schulbuchempfehlungen, in: Geschichte in Wissenschaft und Unterricht, 32. Jg. 1981, H. 3, S. 147–161.

* *Karl-Ernst Jeismann,* Politische Determinanten der deutsch-polnischen Schulbuchempfehlungen und ihre Aufnahme in der Öffentlichkeit, in: Geschichtsdarstellung (hrsg. v. K.-E. Jeismann und S. Quandt), Göttingen 1982, S. 102–122.
* *Jürgen Girgensohn,* Nordrhein-Westfalen und die Umsetzung der deutsch-polnischen Schulbuchempfehlungen, in: Internationale Schulbuchforschung, 4. Jg. 1982, H. 1, S. 62–69.
* *Enno Meyer,* Deutschland, die Deutschen und die deutsch-polnischen Beziehungen in den polnischen Geschichtslehrbüchern seit 1972, in: Internationale Schulbuchforschung, 4. Jg. 1982, H. 4, S. 261–274.
* *Ders.,* Die Festigung der Vaterlandsliebe als Lernziel in den Richtlinien für den Geschichtsunterricht der Volksrepublik Polen (1970, 1976, 1981), in: Ebenda, S. 275–279.
* *Rainer Riemenschneider,* Die Darstellung des deutsch-polnischen Verhältnisses in Geschichtslehrbüchern der Sekundarstufe I in der Bundesrepublik Deutschland, in: Ebenda, S. 280–301.
* Forum: Die Verkrampfung des deutschen Bewußtseins überwinden. Anmerkungen zum Beitrag von Jürgen Girgensohn *(Christoph Stollenwerk);* Die Verwirklichung der Empfehlungen in der Bundesrepublik Deutschland und in der Volksrepublik Polen *(Manfred Mack),* in: Ebenda, S. 302–312.
* Polnische Geschichtsbücher der Hauptschule über die Nord- und Westgebiete des Landes (ehemalige deutsche Ostgebiete). Dokumentation, zusammengestellt und eingeleitet von *Jürgen Vietig,* in: Ebenda, S. 345–363.
* *Georg W. Strobel,* Die deutsch-polnischen Schulbuchempfehlungen in der Auseinandersetzung um „Deutsche und Polen im Kaiserreich und in der Industrialisierung", in: Internationale Schulbuchforschung, 6. Jg. 1984, H. 1, S. 73–80.
* *Rudolf Jaworski,* Deutsch-polnische Feindbilder 1919–1932, in: Ebenda, H. 2, S. 140–156.

Die hier aufgeführten Veröffentlichungen werden (mit Ausnahme der mit * gekennzeichneten Titel) beim Georg-Eckert-Institut auf Anfrage kostenlos abgegeben.